KB042541

House Price of Seoul: Diagnosis and Policy Measures

서울 집값,
진단과 처방

김원중
윤주선
이혁주
이형주

박영사

추천사

    2020년 7월 서울 아파트 중위가격이 10억을 돌파하였습니다. 1월에 9억을 넘어서고 불과 6개월 만에 1억이 오른 것입니다. 문재인 정부 들어서 24번의 부동산 대책에도 불구하고 서울 아파트 중위가격 상승률은 60%를 넘어섰습니다.

    그러나 국민들이 체감하는 상승률은 그 이상입니다. 강남3구와 강동구, 동작구 그리고 마포구, 용산구, 성동구를 비롯한 강북 한강변 및 도심지역에서는 상승률이 대부분 100%를 육박하고 있고 특히 서민용 20평형대 아파트는 100%를 훌쩍 넘었습니다. 이러한 집값 상승은 비정상적인 폭등 수준이라고 하지 않을 수 없습니다.

    집값이 왜 이럴까요?

    문재인 정부 들어서 경제가 좋아졌을까요? 아니면 서울시 인구가 2배로 늘어났을까요? 그렇지 않습니다. 아무리 저금리 기조라 하더라도 집값이 폭등할 이유는 없었습니다. 그 이유는 박원순 시장 재임 10년간의 재개발 규제정책으로 공급이 급감하게 되었고 문재인 정부 들어서는 수요관리 차원에서 재건축사업 등에 규제정책이 강화되었기 때문입니다.

    이러한 정책은 서울에 더이상 공급이 없다는 신호가 되어 가수요를 촉발했고 재건축 이외에는 마땅한 공급방법이 없는 강남을 시작으로 강북의 마용성, 노도강 등 서울전역으로 확산되었습니다. 이후 서울지역에 대한 규제는 그 영향이 수도권 및 지방 대도시로 확산되었고, 다시 서울은 소위 30대 영끌이 등 실수요자들이 참여하면서 집값이 폭등수준으로 돌아옵니다.

건설주택포럼에서는 2020년 6월 26일 "서울 집값, 잡을 수 있는가?"를 주제로 세미나를 개최하고 수요가 있는 곳에 공급을 확대하여야 한다, 특히 서울의 재개발·재건축은 고밀도 개발하여 지속적인 공급확대에 대한 신뢰를 주어야 한다고 정책건의를 하였습니다. 그러나 정부는 공공이 참여할 때만 고밀도로 개발하는 정책을 가져감으로써 시장에 공급확대에 대한 믿음을 주지 못하고 있습니다. 고밀화는 민간까지 확대하여야 할 것입니다.

그러면 전세값은 또 왜 이럴까요? 역시 저금리가 그 원인이라고 하는 분들도 있지만 대부분의 전문가들은 임대차 2법과 재건축 실거주 의무 그리고 공공임대가 준비되지 않은 상황에서 민간임대를 선제적으로 축소한 것이 전세값 폭등의 주요 원인이라고 분석합니다. 한국감정원에서도 임대차 2법 이후 3개월 전세값 상승률이 매매가 상승률의 7배라는 발표를 하였습니다. 전세값 상승은 집값 상승과는 다르게 국민들의 주거안정에 지대한 영향을 초래합니다.

정부는 작금의 상황을 해결하기 위하여 전문가들과 소통하여야만 시장에서 작동할 수 있는 대책을 만들 수 있습니다. 이러한 중차대한 시기에 주택전문가 네 분이 "서울 집값, 진단과 처방"이라는 제목으로 책을 쓰셨습니다. 정부와 공공기관 그리고 주택 학계와 업계 등 많은 분들이 읽고 공감하실 수 있는 기회가 되었으면 합니다.

(사)건설주택포럼 회장 한정탁

머리말

    정부의 부동산정책에 따른 혼란은 어제오늘의 일이 아니다. 오죽하면 정부와 거꾸로 가야 돈을 번다는 말이 스스럼없이 나올까마는 이때마다 전문가로서 자괴감도 든다.

    지난 수십 년간 필자들은 도시·주택·건설·부동산 분야에서 대학, 공공기관, 금융기관, 건설사 등에서 이론을 가르치고 또 실무에 전념하면서 현 정부의 주택정책에 관해 깊은 논의를 하던 중에, 지난 2020년 6월에 (사)건설주택포럼과 (사)한국주택협회가 공동주최한 '서울 집값, 잡을 수 있는가?'라는 주제로 세미나를 개최하였다.

    세미나를 진행하면서, 발제자와 토론자, 그리고 방청객들은 우리나라 주택정책의 문제가 서울·수도권 집값에 대한 이해 부족, 주택정책의 이념성 강화, 공급대책으로서 밀도규제완화에 대한 두려움, 외국의 실험적 임대주택제도의 무분별한 도입 등이며 문재인 정부 주택정책이 세간의 비판을 받는 이유라는 것에 의견을 모았다.

    암 덩어리를 잘라내기 위해 칼을 잘못 대면 암 덩어리가 전신으로 퍼지듯, 주택정책을 내놓을수록 집값이 폭등하는, 치유할 수 없는 수준으로 이르게 한데는, 이 분야 전문가로서 책임감도 있다는 이심전심에서 "서울 집값, 진단과 처방"이라는 이름으로 책을 내기로 하였다. 그러나 각 장 필자들의 견해를 모두 하나로 녹이기에는 시간도 짧았고, 열정도 부족했기에 미흡한 부분이 있음을 현명한 독자들이 이해해 줄 것이라 믿는다.

    우리 사회가 안고 있는 불평등의 본질이 일부 계층의 토지독점에 있다고 하는 정치인들의 오래된 주장 때문에, 집값 문제에 대한 비판의 시선을 집권층의 이해부족과 판단의 오류로부터 일부 계층에게로 돌려도 국민은 익숙해져 비판은 고사하고 동조하기도 한다. 권부에 있는 자를 비난하고 가학하는 것이 정의로운 실천이라는 생각에서 벗어나지 않으면, 우리는 인류를 타락으로 모는 무지와 비과학을 방관하는 셈이다. 토지공개념을 무시하자는 것이 아니라, 집값의 실질적 과제와 불평등의 본질적 문제에 초점을 맞추어 보자는 제안이 이 책의 목적이다.

모든 정부는 주택시장의 안정을 원한다. 다만 그 목표를 실현하는 방법은 정권의 정치적 이념에 따라 달라진다. 따라서 건축 및 부동산 규제는 기술적 차원의 단순한 문제가 아닌 고도의 정치적 행위이자 동시에 과학이다. 주택시장이 웬만큼 안정된 스위스와 일본 사례는 집값 대책의 다양성을 일깨운다. 스위스 연방공화국은 강력한 지방분권제도를 통해서, 일본은 반대로 정부가 지방정부인 도쿄시의 반대를 무릅쓰고 도쿄에 주택을 대량 공급함으로써 집값 안정을 이뤄냈다. 정치인들이 희생양을 찾기보다 집값 안정의 의지를 갖고 방법을 찾도록 노력해야 한다. 정부는 각 지자체가 지역에 맞는 주택정책을 시행할 수 있도록 패러다임을 전환해야 한다.

자치권 확대와 더불어 지방정부가 지역 실정에 맞게 고밀화 등 주택공급 기반을 확대하는 경우의 문제점은 국토의 균형발전에 부정적 영향을 줄 수 있다는 것인데, 이것은 두 가지 주요 가치 판단에 달렸다. 첫째는 헌법에 사회권의 일종으로서 규정한 서울시민 주거권 신장의 가치다. 둘째는 지역균형발전이라는 무형의 가치다. 만약 이 두 가치를 같은 비중으로 평가하면 서울에 주택을 대폭 확충하는 것이 타당하다. 서울 집값이 전국 집값을 선도하기 때문이다.

집값 문제는 기본적으로 공급부족에서 온다. 우리나라 주요 대도시권, 특히 서울에서 집값이 높은 것은 어떠한 경제요인보다 아파트 단지에 대한 과도한 법적 밀도규제 때문이다. 그 결과 현재 서울에서 아파트 한 평당 공사비가 600만 원이지만, 그 시장가격은 몇 배나 된다. 공급가에 경관 파괴, 과밀·혼잡에 따른 사회적 비용을 더해도 집값의 70% 정도가 규제로 인한 공급부족에 따른 웃돈이다. 한 연구 결과에 따르면, 서울에서 아파트 단지의 주거밀도를 현재보다 최소 50% 높이는 것이 적정하다. 기본적으로 밀도규제 때문에 높아진 초과 가격은 무주택자가 유주택자에게 공급가 이상으로 지불하는 '잉여'가 된다. 토지공개념 미흡보다는 초과 지급되는 규모가 매우 크기 때문에 부익부 빈익빈으로 굳어진 것이다.

어느 정부를 막론하고 밀도규제 완화를 억제하고 있으므로 공급대책으로는 임대주택 확대, 3기 신도시 건설과 같은 물량 공세와 토지 공공임대제, 지대 전액 환수, 국토 보유세 등 급진적 토지공개념으로 일부 계층을 희생양으로 삼는다. 그 원인 중 하나는 정치인뿐만 아니라 이들에게 이론을 제공하는 계획가들의 편향적 인식이 큰 역할을 했다. 계획가가 철저히 생각을 바꾸지 않는 한 문제는 해결되지 않는다. 여기서 계획가는 중앙 및 지방정부의 공무원, 소속 연구기관의 연구원, 전국의 도시계획, 건축, 조경과 관련된 교수 및 전문가를 말한다.

지난 세기 동안, 경제학자들이 제공한 것은 유동성 원인론과 결합한 투기 원인론이다. 투기 원인론은 투기 억제와 불로소득 환수 차원의 주택수요 관리론이 되었다. 그러나 이것은 반증 가능한 형태의 사회과학적 명제로 기술된 적이 없고, 따라서 그 명제와 정책관은 비과학(non-science)이다. 그 결과 한국 사회는 점점 더 불평등 사회가 되고, 토지와 주택의 탈상품화 유혹은 더 커지게 된다.

서울의 고밀화를 통한 주택공급 확대 반대의 논거는 단순히 일극 중심의 부작용이다. 그러나 이 논거가 타당하려면, 현재의 밀도규제로 인해 세율 약 70%의 주택소비세를 짐지우고 있다는 점을 정당화할 수 있어야 한다. 이런 수준의 세율은 해당 활동과 소득을 "종식"하자는 의도로 극히 일부에게 부과된다. 인간의 삶에서 가장 중요한 의·식·주 가운데 하나인 주택이 담배와 같이 억제되거나 근절까지도 고려해야 하는 비가치재(demerit good)인가!

현재와 같은 주택정책의 기조는 우리나라 실정에 맞지 않는다는 것을 행정부, 정치권, 그리고 계획계 모두가 깨달아야 한다. 주택정책의 패러다임을 통째로 바꾸지 않으면 안 된다는 것이 필자들의 공통된 생각이다.

세미나 발표대로 '동심원 가격구조가 고착화'된 서울·수도권의 주택시장은 한마디로 서울의 특정지역에 진입하기 위한 대기수요 시장이다. 대기수요가 곧 실질수요이다. 사는 동네와 집이 계층처럼 되어버린 것이다. 이런 주택시장은 전 세계 대도시권에서 찾아보기 힘들다. 그나마 유사한 일본의 도쿄는 국토균형개발을 뒤로 미룬 채 고밀개발을 할 수밖에 없었던 것으로 보인다.

다시 말해, 서울 특정지역의 집값이 내려가지 않고 올라가는 한, 이와 연동해서 동심원 가격구조를 유지하면서 계속 집값이 상승하고 동심원 가격대 간 가격차는 점점 더 벌어진다는 것이다. 그런데 서울 강남권의 특정지역 집값은 이미 평당 1억을 넘은 지 오래고 이 지역에서 매물이 나오면 매번 가격을 경신하고 있다. 그리고 지방과 해외에서까지 투기의 대상이 되고 있어서 이 지역의 가격 상승을 멈추거나 상승률을 줄이는 방법밖에 없다는 것이 필자들의 공통된 생각이다. 다양한 방안 중에 본서에서는, 고밀개발, 제2, 제3의 강남 수준의 재개발·재건축, 기존 1기 신도시의 기능개선, 임대주택제도 및 공급의 현실화 등을 제안하며 더불어 혁신적 방안으로 국민 5대 보험으로 주택보험 주택제도를 도입하는 것도 제안하고 있다.

본서 정책의 편향 가능성을 검증하기 위해 설문조사를 실시했으나 전문가들의 의견도 이구동성이다. 설문조사 결과는, 지난 수십 년간 정부의 과도한 시장개입과 재개발·재건축 규제, 분양가 상한제 등 가격 규제가 결과적으로 공급축소와 시장 왜곡을 초래하여 오늘날의 주택문제를 불러왔음을 웅변하고 있다. 그리고 도시 토지의 용도변경과 대폭적인 용적률 상향 조정, 재개발·재건축 규제 철폐 등을 통해 살고 싶은 곳에 살고 싶어 하는 주택을 확대 공급해야 할 것이다. 아울러 1, 2, 3기 신도시의 기능개선과 효율 제고를 통해 서울에서 떠밀려 나가는 수요가 아닌 스스로 살기 좋은 곳으로 떠나는, 그래서 자연스럽게 도심 주택수요를 분산하는 것이 가장 효과적인 해결책임을 밝히고 있다.

한 권의 책이 구습과 전통, 그리고 확신 등을 쉽게 바꾸리라 생각하지 않는다. 하지만 이러한 논의가 필요한 시점에 있다고 판단하여 여러 가지로 부족한 필자들이 감히 선학들의 논리와 정부 정책을 비판한 것에 대해 넓은 마음으로 이해해 주실 것이라 믿는다. 반대로 본서에 대한 비판도 매우 클 것으로 생각하지만, 겸허히 수용하는 자세로 받아들여 서로가 힘을 합해 이 문제를 풀어나가려는 노력으로 승화되기를 바란다.

　끝으로 졸고를 아름다운 책으로 만들어주신 박영사의 안상준 대표님을 비롯해서, 독자들이 보기 좋게 편집하시느라 노고를 아끼지 않으셨던 편집부의 조보나 대리를 포함한 직원분들에게 진심으로 감사드리며, (사)건설주택포럼을 대표해서 추천사를 써주신 한정탁 회장님에게도 깊은 감사의 말씀을 드린다.

2021년 2월
집필자를 대표하여
윤주선 씀

목 차

2부 ## 처방

CHAPTER 04
주택시장 정상화를 위한 제언 이형주

CHAPTER 08
지역 균형발전 대(對) 서울 시민의 주거권

이혁주

1부 진단

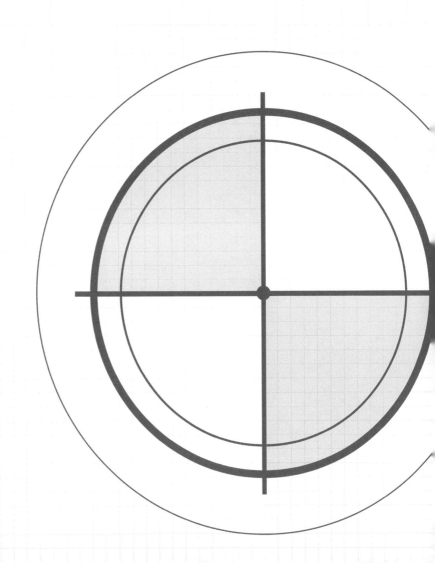

제 **1** 장

진보의 부동산정책은
왜 실패하는가?

서울 집값, 진단과 처방

1. 들어가는 글

2020년 11월 기준 문재인 정부는 정권 출범 이후 24번의 크고 작은 부동산시장 안정 대책을 발표했다. 그러나 정부가 내놓은 대책은 대부분 수요 억제 중심의 규제이어서 그 효과는 일시적이었다. 한 시민단체는 2020년 여름 역대 정부 중에서 "노무현 정부 시절의 집값 상승률이 1위이고 문재인 정부는 상승액 1위"라고 주장하여 이제까지 부동산 대책을 가장 많이 내놓은 현 정부를 강력하게 비판했다. 어쩌다가 이 지경이 되었을까. 경제정책을 이념 측면에서 접근했기 때문은 아닐까. 제1장은 이 질문에 대한 해답을 찾아보는 과정을 다뤘다.

<그림 1-1>은 김수현 전 청와대 정책실장의 저서('부동산은 끝났다')에 있는 내용이다. 이 그림에 있는 용어들은 우리에게 낯설지 않다. 그동안 언론 매체를 통해 많이 들어봤기 때문이다. 이 그림에서 우리는 주택정책을 바라보는 시각이 정치적 성향에 따라 달라질 수도 있음을 느낀다. 진보는 정부의 역할 확대를 중시하는 '개입주의' 성향을 띄는 반면 보수는 정부의 역할 축소와 시장의 역할을 강조하는 '시장주의' 정책을 지향하는 식이다.

〈그림 1-1〉 주택정책 인식의 패러다임

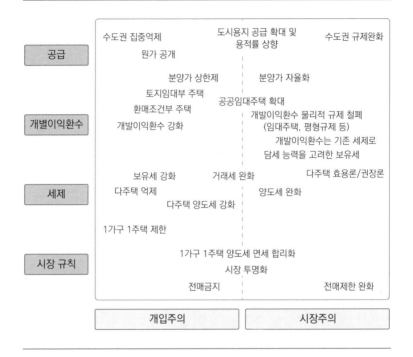

제1장은 그림에 명시된 여러 부동산정책 대안 중에서 우리 사회에서 크게 이슈가 된 내용을 중심으로 그 본질을 살펴보는 형식으로 구성됐다. <그림 1-1>에서 개입주의 정책의 하나로 분류된 '수도권 집중 억제'에 대한 고민은 제2장의 결론에서 다뤘다.

2. 다주택자들은 주택 부족의 원흉인가

정부는 2020년 8월 18일 '민간임대주택에 관한 특별법'(이하 민특법)을 개정했다. 4년 임대 등록제도 폐지, 보험료의 75%를 집주인이 부담하는 전세보증금반환 보증보험 가입 등을 개정안에 포함시켰다. 정부의 임대인 압박은 이뿐만이 아니다. 집주인이 전월세 전환율 5% 인상이라는 규제를 어기면 그 뒤 2년간 '종합부동산세 배제' 혜택을 받지 못하고 과거에 경감받았던 세금과 그 이자까지 되갚아야 한다. 정부는 임대사업자와 다주택자들을 주택 부족과 집값 상승의 주범으로 몰아가고 있다. 다주택자들은 정부가 말하는 것처럼 주택 부족의 원흉일까?

2.1 임대사업자들이 반발하는 이유

임대사업자들은 '최초 임대료'의 기준을 놓고 강력하게 반발한다. 이유는 이렇다. 법제처는 2018년 "임대주택 등록 후 처음 계약하는 경우가 최초 임대료"라고 유권해석을 내렸다. 그래서 임대사업자들은 민특법에 따라 사업자로 등록한 뒤 체결하는 첫 번째 임대차계약은 상한제의 적용을 받지 않는 최초 계약으로 판단했다. 그런데 국토교통부가 집주인이 사업자로 등록되기 전에 이미 거주하고 있던 임차인의 경우라면 그 계약은 최초 계약이 아닌 '갱신 계약'이라고 해석을 내린 것이다.

임대사업자들은 국토부의 견해는 법제처의 과거 유권 해석을 뒤집은 것으로, 특별법인 민특법과 일반법에 해당하는 임대차보호법이 충돌하면 특별법이 일반법을 우선한다는 법질서를 파괴하고 임대사업자의 재산권을 침해해 위헌이라고 강력 반발하고 있다. 국토부가 임대차법 해설서를 통해 임차인을 맹목적으로 편 들자 집주인들은 관련 법령을 만든 법무부와 국토교통부를 상대로 집단민원을 넣고 집단행동까지 벌일 태세다. 혼란의 원인은 정부가 민특법을 졸속 통과시키느라 주택임대차보호법과의 충돌 사항을 면밀하게 조정하지 않은 탓이다.

한편 법인 임대사업자는 세금 폭탄에 절규하고 있다. 정부가 7·10 대책을 통해 임대사업자에게 보유 주택 공시가격 합계액의 7.2%에 해당하는 종합부동산세를 부과했기 때문이다. 정부는 어쩌다가 임대시장을 혼란 속으로 몰아넣어 주택 부족을 스스로 자초하게 되었을까.

현 정부의 임대주택정책을 살펴보자. 문재인 정부는 2017년 12월 '집주인과 세입자가 상생하는 임대주택 등록 활성화 방안'을 내놓았다. 정권이 출범한지 6개월 만에 내놓은 임대사업자 양성화 계획으로 지방세, 소득세, 양도세 등 각종 세금을 대폭 감면했다. 그런데 3년이 지난 지금 정부의 태도는 180도 바뀌었다. 임대사업자가 집값 상승의 주범이라는 프레임을 씌워 다주택자들에게 벌을 주고 있는 것이다.

그렇다면 2017년 말 정부는 어떤 생각을 갖고 다주택자들에게 온화한 제스처를 취한 것일까. 이유는 돈 때문이었다. 국가가 임대주택공급을 책임질 때 뒤따르는 막대한 규모의 국가 채무를 떠안을 수 없어서 민간임대사업자에게 파격적인 세제 혜택을 주고 주택공급을 늘리려 했던 것이다. 2017년 정부가 관련 정책을 입안할 때 청와대 사회수석비서관이었던 김수현 전 청와대 정책실장은 "임대사업자가 임대소득세를 납부하는 조건으로 다주택자의 양도소득세율을 일반 양도세율로 조정"할 필요가 있다고 강조했다. 그는 임대주택 1채, 2채 등을 갖고 세를 놓고 있는 영세한, 그러나 규모로는 무시할 수 없는 수많은 다주택자들을 민간임대사업으로 편입시키기 위해 양도세를 낮춰주는 대신 임대소득세를 받는 형태로 빅딜을 꾀했다.

김수현 전 실장은 "민간임대주택을 다주택자라는 시각이 아니라 국민에게 적절한 주거를 제공하는 공급자라는 관점으로 전환"한 뒤, "규제와 지원을 병행해 민간임대 부문을 공공이 개입하는 영역으로 변화시켜야 한다."고 역설했다. 즉 김수현 전 실장은 민간임대사업자들이 예뻐서 세제 혜택을 파격적으로 준 것이 아니고 공공이 임대주택 재고를 빨리 늘릴 수 없으므로 민간임대주택을 제도권으로 편입시켜 규제하려 했던 것이다.

공공임대주택을 가장 많이 짓는 LH의 부채 현황을 알면 김수현 전 실장의 고민을 이해할 수 있다. 2019년 기준 LH 부채는 126조 7000억 원이다. 공공임대주택 1호를 지을 때 투입되는 국가 재정을 빼고도 1채를 공급할 때 LH의 부채는 1억 2천만 원이 늘어난다. 현 정부는 2018년부터 2022년까지 65만호의 공공임대주택을 짓겠다고 발표했다. LH는 전체 65만호에서 45만 5000호를 공급하고 지자체가 나머지 30%를 짓는다. LH가 45만호 공급을 완료하면 부채는 54조6000억 원이 폭증해 현 정권의 임기가 끝나는 2022년 LH의 총부채는 181조3000억 원으로 눈덩이처럼 불어난다. 그 부채는 누구의 것인가? 국민의 부채다. 누가 책임져야 하는가? 현 정권이 책임질까? 아니다. 현 정권은 임기가 끝나면 그만이지만 국민의 책임은 끝나지 않는다. 부채에 대한 책임은 오로지 남겨진 국민들에게 넘어간다.

한국경제연구원이 지난 7월 발표한 '국가채무 국제비교와 적정수준' 보고서에 따르면 한국의 적정 부채 규모는 40%다. 그런데 현재 한국의 국가 부채는 세 차례에 걸쳐 코로나19 추경을 편성한 탓에 올 연말 45%에 육박한다. LH와 한국전력 등 공기업 부채와 연금충당부채를 모두 더하면 국가부채는 이미 60%를 돌파했다. 한경연은 한국의 GDP 대비 국가 부채는 105%에 도달해 OECD 국가 평균 부채 수준이라고 지적했다. 세계 최저 수준의 출산율과 세계 최고 수준의 고령화 속도를 감안하고 기축통화국이 아닌 소규모 개방 경제 국가라는 사실에 비춰볼 때 정부의 재정 여건은 안심할 수 없는 상황이다. 이런 사실을 잘 아는 김수현 전 실장은 민간임대주택부문을 제도권으로 끌어들이려 한 것이다. 임대사업자가 준공공임대주택을 8년 임대할 때 장기특별공제를 확대해 기존 50%에서 70%까지 늘려주고, 기존 5년 임대에서 8년 임대로 임대기간을 연장할 때 양도세 중과 배제, 장기특별공제와 종부세 합산 배제 대상을 축소한 것은 민간사업자를 유인하기 위한 '당근'이었던 셈이다. 김수현 전 실장의 정책에는 시장상황에 대한 나름대로의 고민이 녹아있었다고 할 수 있다.

그런데 최근 집값 급등의 원인을 두고 시민단체와 여당이 다주택자들을 비판하는 과정에서 여권에서는 김수현 전 실장에 대한 비난이 상당했다는 소식이다. 다주택자들인 임대사업자에게 파격적인 혜택을 제공하는 정책을 펼쳤다는 이유에서다. 비난했던 사람들은 주택시장에 대해 한번이라도 제대로 파악해본 뒤에 목소리를 높인 것일까? 김 전 실장의 임대사업자 우대 정책은 옳았다. 그의 패착은 서울 도심의 주택공급정책을 병행하지 않아 매물 잠김 현상이 가속화되었다는 점에 있다.

2.2 박근혜 정부가 임대사업자를 육성한 배경

박근혜 정부 시절에도 임대시장의 상황은 좋지 않았다. 2016년 1월에 발표된 국토교통부 보도자료('내수 진작 및 수출활성화를 위한 주거안정 강화 및 민간투자 활성화 방안')에 따르면 수도권 전세가격은 2015년 7.1%나 올랐다. 2012년 전세가 인상률 2.1%보다 3배 넘게 뛴 것이다. 가계소득 대비 주거비 비중도 늘어나 2008년 17%였던 주거비 부담은 2014년 20.3%로 커졌다. 장기 거주할 수 있는 등록 임대주택은 매우 부족했다. 2013년 전국적으로 임차 가구는 전체 1,800만 가구의 44.4%인 800만 가구였다. 전 국민의 44%가 남의 집에 세를 살았던 것이다. 800만 임차 가구 중에서 161만 가구 (20.1%)는 제도권에 등록된 임대주택에 거주하고 비제도권인 민간 임대주택에 80%인 655만 가구가 거주했다. 공공임대가 메꾸지 못한 임대주택의 부족을 민간임대가 메꾸고 있었던 셈이다.

그런데 민간부문의 등록 임대주택 재고는 매년 감소하는 모습을 보였다. 2006년 84만호에서 2013년 64만호로 줄어든 것이다. LH와 지자체의 공공부문 임대주택 제고는 2006년 49.2만호에서 2013년 97.7만호로 증가했다. 정부가 재정 투입을 힘쓴 결과다. 박근혜 정부의 중산층을 위한 임대주택공급정책은 이 과정에서 탄생했다. 지난 정부가 '뉴스테이(New Stay) 사업', 즉 기업형 임대주택 사업을 주택정책의 전면에 내세운 이유는 국민 세금을 쓰지 않고 감소 추세인 민간임대 재고를 늘려 중산층의 주거안정을 확보하려는 데에 있었다. 당시에도 차고 넘쳤던 시중 유동성을 리츠 등 금융 상품 투자로 끌어들여 임대주택공급을 확대하려 한 것이다.

지금 되돌아보면 민간 부문의 역할을 인정한 보수 정부다운 태도였다. 후손들에게 두고두고 부담을 줄 수밖에 없는 국채를 잔뜩 발행해 공공임대주택을 대규모로 짓겠다는 생각에 빠져 재정건전성은 관심사가 아닌 현 정부와는 달라도 너무 달랐다.

민특법은 2015년 1월 제정되고 그 해 8월 개정됐다. 민특법의 개정 이유는, 정부가 서민과 중산층의 주거불안문제를 완화하기 위해서는 공공부문에 의한 공공임대주택의 공급뿐 아니라 민간부문에 의한 민간임대주택의 공급도 필요하다고 깨달았기 때문이다. 이 법안을 개정한 입법자는 "민간부문이 기존의 임대주택법에 따라 임대주택을 건설하면 주택도시기금에서 건설자금을 융자받거나 공공택지를 공급받을 때 공공임대주택으로 간주되어 임차인 자격, 초기 임대료 제한, 분양전환 의무 등 규제가 과도하고 금융, 세제 혜택 등 인센티브를 부여하는 데 한계가 있었다"고 평가했다.[1]

기업형 임대주택의 찬성론자들은 뉴스테이 사업이 적정 수익률을 달성하기 위해서는 중산층 이상의 가계를 겨냥해야 하고 그 과정에서 저소득층의 주거비 부담을 완화시키는 효과가 있다는 입장이었다. 경제적 여유가 있는 중산층 이상이 갓 지은 민간임대로 옮겨가면 저소득층이 거주할 수 있는 주택이 늘어나 임대료가 떨어진다는 논리다. 아울러 뉴스테이 사업은 소규모로 운영되던 임대업을 기업들의 체계적인 운영 관리를 통해 미국, 일본이 하듯이 산업으로 육성하고자 했다.

그러나 비판론자들은 뉴스테이 사업을 민간 기업에 대한 특혜로 단정한 뒤 강력하게 반대했다. 이들은 민간이 임대주택공급을 확충해 주거불안 문제를 해소하는 데 기여할 것이라는 사실에는 동의했다. 그러나 '8년 임대 후 분양전환'은 기존 10년이었던 장기 공공임대를 8년으로 줄인 것으로 장기임대주택의 확보라는 취지에 맞지 않다고 날선 비판을 거듭했다. 그런데 이런 비판은 자본시장의 구조를 모르는 무지에서 비롯되었다고 할 수 있다.

우리나라에는 장기 채권시장이 없다. 미국은 30년 만기 재무부 채권이 발행되지만 우리는 정부가 발행하는 10년물 국고채가 만기가 가장 긴 채권이다. 채권시장 규모가 워낙 작아 해외 투자자를 제외하면 장기 채권을 사 줄 국내 투자자가 없는 탓이다. 이 상황에서 민간 기업이나 개발 시행사가 임대주택을 짓겠다고 10년짜리 사채를 발행하면 채권이 팔리겠는가? 해외투자자는 정부나 공기업이 발행한 채권에는 관심이 있으나 건설 관련 채권은 포트폴리오에 담지 않는다. 같은 시각에서 50년 만기 장기할부주택금융 상품을 만들면 자가 보유율을 90%로 끌어올리고 집값을 잡을 수 있다는 서울대 박재윤 명예교수의 주장은 희망적인 메시지이지만 실현 가능성이 낮다.

뉴스테이 비판론자들은 민간사업자가 사업 대상 토지 면적의 80% 이상을 매입했을 때 공익사업자로 인정해 토지수용권을 부여하고, 85m^2 미만 주택을 8년 임대했을 때 장기보유특별공제를 최대 80%까지 허용한 것을 두고 특혜라고 맹공을 퍼부었다. 정부가 공공임대사업자에게나 제공하는 많은 혜택을 민간 기업에 준다는 비난이었다. 심지어 한 법학자는 2020년 초 발표한 논문에서 박근혜 정부의 민간임대 활성화 정책에 대해 "민간 임대주택 활성화를 통해서 주거의 안정화를 이루겠다는 유혹적이지만 실현불가능한 목표를 경제적 이윤추구를 위해 버렸다"고 힐난했다. 그는 "민간임대주택은 주택공급이나 주거안정화라는 공적 기능을 담당하는 것처럼 포장되어 있지만 필수재인 주택을 가지고 최대한 영리를 추구할 수 있도록 제도를 설계했다."고 주장한 뒤, "임대사업자에게는 각종 특혜를 부여하고 국민 전체에게는 주택가격 상승과 주거불안이라는 짐을 안겼다."고 궤변을 늘어놓았다. 그의 주장을 궤변이라고 평가 절하한 이유는 설령 기업들이 8년 임대 뒤 처분하고 떠나더라도 주택 재고는 증가해 누군가는 거주할 것이기 때문이다. 정부가 국민을 위해 할 역할을 영리를 추구할 수밖에 없는 민간 기업이 대신하는데 일정한 수익률 보장 없이 누가 나서서 하겠는가. 그의 주장은 주택시장 상황과 국가의 재정 상황은 안중에도 없는 '우물 안 개구리' 식견에 불과하다.

2.3 2019년 인구주택총조사의 시사점

통계청은 지난 8월 말 '2019년 인구주택총조사' 결과를 내놓았다. 2019년 11월말 기준 인구는 5,178만 명이고 이 중에서 2,589만 명이 서울 및 수도권에 거주하는 것으로 조사됐다. 1년 새 수도권의 인구는 18만 명 증가해 수도권 인구 비중은 2018년의 49.8%에서 50%로 증가한 것이다. 매년 수도권 인구가 증가하는 현실은 정치권이 수십 년 동안 외친 '지역 균형 발전 추진'이라는 구호가 '종이호랑이'에 불과하고 관련 정책은 '백약이 무효'였음을 말해준다. 일자리와 전국 최고의 교육, 의료 시설 등이 수도권에 몰려 있어서 인구 집중을 막지 못한 것이다.

수도권의 가구 수 증가율은 인구 증가율보다 컸다. 수도권에는 전체 가구의 49.3%(1029만 가구)가 분포해 2018년보다 25만 가구 (2.5%)가 늘었다. 수도권의 가구 증가율이 인구 증가율보다 빠른 이 유는 무엇 때문인가. 1~2인 가구가 많이 증가해서다. 2000년 1~2 인 가구는 전체 가구의 35%에 불과했으나 2019년 55.3%를 차지할 정도로 그 비중이 커졌고, 특히 1인 가구는 2019년 전체의 30.2% 나 됐다.

〈그림 1-2〉 연도별 1인 가구 규모(2000~2019)

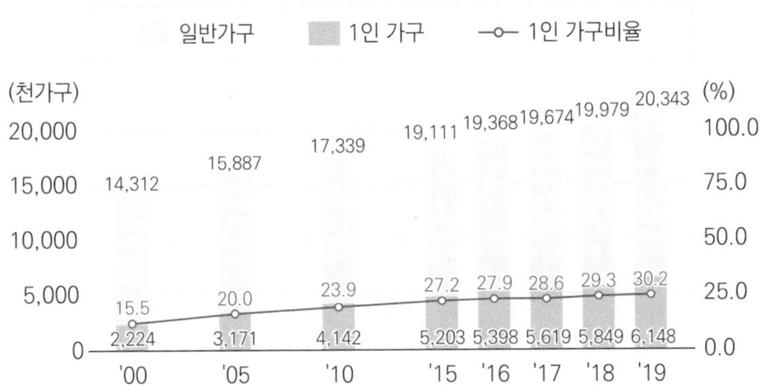

	일반가구	1인 가구	1인 가구비율

(천가구)									(%)
20,000				19,111	19,368	19,674	19,979	20,343	100.0
15,000	14,312	15,887	17,339						75.0
10,000									50.0
5,000	15.5	20.0	23.9	27.2	27.9	28.6	29.3	30.2	25.0
0	2,224	3,171	4,142	5,203	5,398	5,619	5,849	6,148	0.0
	'00	'05	'10	'15	'16	'17	'18	'19	

자료: 통계청

4인 가구의 비중은 2000년 31.1%에서 2019년 16.2%로 확 줄 었다. 2005년 이전 표준은 4인 가구였으나 2010년에는 2인 가구로 변했고 2015년 이후에는 1인 가구로 바뀌었다. 4인 가구 중심의 중 대형 아파트가 많은 분당 등 1기 신도시를 2인 가구 중심의 소형 아파트로 재편해 주택공급을 확대하자는 제안이 나온 이유다.

흥미로운 현상은 3인 가구의 비중은 시간이 흘러도 변하지 않았다는 사실이다. 3인 가구는 2000년 조사에서 20.9%를 차지했는데 2019년 통계청 조사에서 20.7%의 비중을 기록했다. 자녀 1명을 둔 가정이 '스탠다드'라는 뜻이다. 2019년 평균 가구원수는 2.39명으로 2018년 2.44명보다 0.04명 감소했다. 가구 규모가 계속 줄어들고 있음을 가리킨다. 1~2인 가구 비중 증가와 4인 가구 비중 감소는 주택시장에 던지는 시사점이 크다. 1954~1963년에 태어난 베이비부머들이 대거 내 집을 장만했던 1990년 전후 주택은 4인 가구 기준으로 지어진 중대형 아파트 비중이 높기 때문이다.

〈그림 1-3〉 1인 가구의 거처 종류

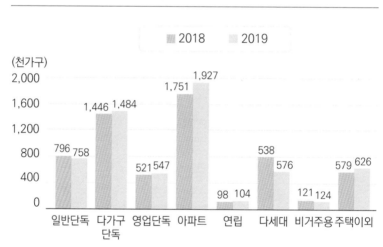

자료: 통계청

2019년 총 주택의 수는 1,813만호이다. 이 중에서 공동주택은 1,400만호, 단독주택은 392만호이고 나머지는 오피스텔, 고시원 등 비거주용 건물 내 주택이다. 아파트는 1,129만호로 공동주택에서 가장 큰 비중을 차지했다. 단독주택에 거주하는 비율은 31.0%로 전년대비 1.1% 감소한 반면, 아파트에 거주하는 가구 비율은 51.1%로 2018년보다 1% 증가했다. 1인 가구 시장에서도 아파트는 가장 선호하는 주택으로 조사됐다. 따라서 정부가 최근 다주택자를 때려잡겠다고 오피스텔에 취득세 8%를 부과한 것은 정책 실패다. 1인 가구에게 오피스텔은 아파트를 대체하는 상품인데 향후 주택공급원이 사라질 것이기 때문이다.

〈그림 1-4〉 건축연도 및 거처종류별 평균 주거용 면적(2019)

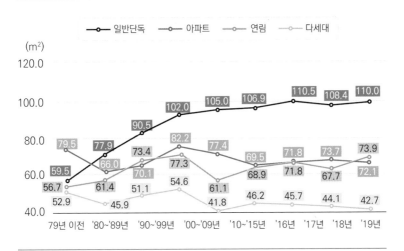

자료: 통계청

연면적을 기준으로 주택 특성을 분류했을 때 단독주택, 아파트, 연립주택은 60m² 초과~100m² 이하가 가장 많고, 다세대 주택은 40m² 초과~60m² 이하가 가장 많았다. 아파트의 평균 연면적은 74.8m²이고 2000~2009년에 지어진 아파트의 평균 연면적이 82.2m²

로 가장 컸다. 2006년 발코니 확장이 합법화된 뒤 실내면적이 5~6평 커지면서 2010년 이후 신축 주택을 작게 공급한 것이다.

이제 서울의 주택 수급상황을 파악하는 데 가장 중요한 주택보급률을 확인하자. 2019년 기준 주택의 수는 295만 4천호로 비거주용 건물내 주택 3만호가 포함된 수치다. 서울에 거주하는 가구는 총 389만 6천 가구이므로 서울의 주택보급률은 75.8%이다. 정부는 주택보급률이 100%를 넘는다고 말하지만 서울의 보급률은 아직 80%도 안 된다. 통계청이 철거용 주택으로 분류한 23,000호를 빼면 서울의 주택보급률은 75.2%로 떨어진다. 여기에 쾌적한 거주가 어려운 1989년 이전 건축된 비거주용 건물내 주택 69,000호까지 차감하면 주택보급률은 73%로 추락한다. 서울의 주택 부족이 심각한 것을 알 수 있다. 날로 늘어나는 노후주택 역시 큰 문제다. 30년을 경과한 서울의 노후주택은 55만 1천호로 전체 주택 295만 4천호의 18.7%이고 20년이 넘은 주택은 45.4%인 1,342천호나 된다. 건축한지 20년이 넘은 낡은 주택이 전체 주택의 60%를 차지한다는 통계는 서울 집값이 왜 급등하고 있는지를 말해준다. 김현미 전 장관은 과연 이런 사실을 알면서도 3년 내내 수요억제 정책을 고집한 것인가.

시민단체와 여당이 집값 급등의 주범으로 낙인찍은 다주택자 현황을 보자. 2018년 기준 강남구와 서초구 거주자 중에서 2주택 이상을 보유한 다주택자는 56,000명이었고 서울시 거주 주택보유자(246만 명) 중 다주택자 비율은 16%(38만 9,000명)에 불과했다. 설령 다주택자들이 자기가 살 집을 제외하고 38만호를 처분한다고 해서 서울의 주택보급률이 늘어날 수는 없다는 뜻이다. 2018년 기준 49%인 자가보유율이 조금 좋아질 뿐이다. 결국 다주택자와 임대사업자를 집값 급등의 원흉으로 몰아간 시민단체는 제대로 된 분석을 거치지 않은 채 대중을 호도한 것이고 시민단체의 선동에 맞장구를 친 정부여당은 자신들의 정책 실패를 숨기는 위선적인 행동을 한 것이다.

3. 징벌적 세금으로 집값 잡을 수 있나

정부는 2020년 7월 10일 취득세, 양도소득세, 종합부동산세를 일제히 인상했다. 현 정부가 2017년 8월 도입했던 임대사업자 양성화 정책을 스스로 뒤집은 것이다. 그러나 7·10 조치에 임대사업자 등의 반발이 거세지자 임대사업자에 대한 세제 혜택은 유지하겠다면서 한 발 물러섰다. 불과 1개월 만에 세금 규제를 일정 부분 없던 일로 번복한 셈이다.

정부가 많은 비난을 무릅쓰고도 '패키지 세금 인상'을 추진한 이유는 무엇일까? 그 이유를 알려면 현 정부의 일란성 쌍둥이인 참여정부의 부동산정책을 되새겨 봐야 한다. 김현미 전 장관은 "세율 인상의 목적은 증세가 아니라 불로소득 차단"이라고 주장했다. 불로소득 차단 목적의 세금 부과는 참여정부에서 유래되었다. 참여정부가 실시했던 보유세 강화, 종합부동산세 등을 현 정부가 다시 시행하고 있기 때문이다. 특히 노무현 대통령의 경제 멘토로서 참여정부의 부동산정책을 설계한 뒤 초대 청와대 정책실장을 지낸 이정우 경북대 명예교수의 부동산관(觀)을 주목할 필요가 있다.

그가 청와대 정책실장에서 물러난 뒤 참여정부의 마지막 해인 2007년 9월 『응용경제』(제9권 2호)에 발표했던 '한국 부동산 문제의 진단: 토지공개념 접근방법'이라는 논문은 그의 부동산 세계관을 파악할 수 있는 좋은 자료. 이 학회지에는 집값을 잡으려면 세제를 강화해야 한다고 주장한 이정우 전 정책실장의 논문과 함께 집값을 안정화하는 데 세금 규제의 효과를 의문시하는 학자들의 논문이 함께 실려 있어 좋은 대조를 이룬다. 양측의 주장을 함께 읽어보면 현 정부가 집값을 잡기 위해 시행중인 징벌적인 세제 정책의 효과와 한계를 이해할 수 있다.

3.1 참여정부 부동산 과세 정책의 탄생

이 전 청와대 정책실장은 "참여정부 부동산정책의 핵심은 보유세 인상＋거래세 인하, 양도세 강화 등에 있다."고 주장했다. 그러나 반론을 주장한 측에서는 "참여정부의 세제 개편은 가장 급진적인 대안들을 보완 조치 없이 도입했다"고 비판했다. 학계에서는 부동산 조세 체계를 개편할 때 보유세를 올리는 만큼 거래세를 낮추거나 과표를 현실화하는 대신 세율은 낮추는 방안을 제안했다. 그러나 참여정부는 보유과세의 세율, 과표, 누진구조를 모두 높이고 거래세는 겨우 과표 인상을 상쇄하는 정도로 낮춰 세금 부담을 과도하게 늘렸다는 것이다. 심지어 참여정부가 도입한 세제는 시민단체의 요구에 맞춰 더욱 강경하게 수정됐다고 꼬집었다. 이것이 바로 징벌적인 세금이라는 말이 만들어진 이유다.

그러나 이 전 정책실장은 "참여정부의 정책은 우리나라의 부동산 문제를 최초로 옳은 방향으로 접근한 것"이라고 강조한 뒤,

"참여정부의 정책은 토지공개념이란 간판은 달지 않았으나 1989년 토지공개념 3법에 비해 공개념에 더 가깝고 향후 부동산정책의 성패는 일관성 유지 여부에 달려 있다."고 주장했다. 이 대목에서 우리는 이 전 실장이 노태우 정부의 토지공개념 3법을 기초로 부동산 정책을 설계했음을 알 수 있다. 그는 노태우 정부의 1989년 토지공개념 3법인 토지초과이득세, 택지소유상한제, 개발이익환수제 통과를 높게 평가했다. 토지공개념 3법이 그 후 10년간 부동산 투기를 잠재우는 데 크게 기여했다는 이유에서다.

그렇다면 그의 주장은 사실일까? 나대지 취득은 토지공개념 3법 시행으로 줄어들었지만 그가 말한 부동산 투기에 주택까지 포함한다면 얘기는 달라진다. 이 시기 주택시장이 안정화된 것은 정부가 1989년 집값 폭등을 경험하면서 116만 명이 거주할 수 있는 1기 신도시를 건설하고, 서울시 용적률을 기존의 200%에서 400%까지 올려 주택을 대량 공급한 덕분이다.

건국대 손재영 교수는 1987~91년의 부동산 가격 급등기에 "전국 모든 지역의 주택과 토지 가격은 뛰고 전세가도 꾸준히 올랐는데 이후 주택의 대량공급으로 집값은 하락 내지 안정됐다"고 분석했다. 손 교수는 주택가격이 정점에 달했던 1991년 5월을 100으로 할 때 1996년 11월 실질가격 지수는 전국 60.1, 수도권 63.9, 서울 64.5로 하락했다고 지적했는데 이것은 이 전 실장이 극찬했던 토초세 등의 세금 규제 효과가 주택시장에는 영향을 미치지 않았음을 뜻한다. 게다가 이 전 실장은 자신의 주장을 입증할 데이터를 제시하지 못한 채 그저 자신이 신념이라고 믿고 있는 고정관념을 결론으로 비약시키는 오류를 저질렀다.

참여정부는 2003년 10·29대책에서 종합부동산세, 다주택자 양도세 중과 등으로 집값 상승을 차단하고자 했다. 종합부동산세는 이정우 교수가 초대 청와대 정책실장으로서 마련했던 세제다. 이전 실장은 참여정부가 부동산에 무겁게 과세한 이유를 "부동산에서 발생하는 양도차익은 자본소득이고 불로소득이므로 불로소득에 고율의 세금을 부과하는 것은 문제될 게 없다."고 본 것이다. 그가 자본소득을 불로소득이라고 단정한 것은 자본은 땀 흘려 일하는 노동만큼의 가치가 없어서 '자본소득＝불로소득'이라는 뜻이다. 그런데 그의 주장은 경제학 원론과 정면으로 충돌한다. 경제학 원론에서 '생산의 3요소'는 재화를 생산하는데 '토지, 노동, 자본'이라는 3가지 요소가 필요하다고 본다. 이 전 실장의 논리대로라면 자본 없이도 집과 공장 등을 지어야 하는데 그것이 가능할 수 있을까?

3.2 보유세 강화로 집값을 잡을 수 있나

참여정부의 주택정책은 실거래가를 파악하고 과세 체계를 정립하는 등 시장을 투명하게 하는 데 공헌했다. 또한 국민임대주택 건설과 다가구 주택 매입으로 공공 임대주택을 늘리는 등 서민들의 주거 안정에 크게 기여했다. 그러나 투기억제를 명분으로 과도하게 시장에 개입하고 조세원리를 벗어난 세제개편으로 집값 안정에 실패했다는 비판을 피할 수 없다.

서강대 김경환 교수는 집값을 잡기 위해 종부세 신설 등 보유세 강화가 필요하다는 주장에 매우 비판적이다. 김 교수는 "참여정부의 수요 억제 정책의 핵심은 보유세 강화다. 보유세가 오르면 세금 부담이 늘어나 늘어나는 세금에 상당하는 현재가치만큼의 주택가격이 하락한다. 그러나 이 같은 효과는 일회성으로 나타나고 이후에 집을 사는 사람들에게는 영향이 미치지 않는다. 그러므로 재산세 인상으로 집값을 낮춘다는 발상은 통할 수 없다"고 말했다. 또한 김 교수는 토지와 주택을 동일한 잣대로 판단하는 것은 큰 문제라고 지적했다. 토지 보유세는 토지를 보유한 사람이 피할 수 없이 부담하지만 건물 보유세는 건축물 공급에 악영향을 미친다는 것이다. 즉 건물에 대한 보유세 부과는 건물 소유자의 수익률을 하락시켜 건물 공급 감소로 이어지기 때문이다. 건물 감소의 결과는 임대료 상승을 낳고 그 피해는 임차인의 피해로 돌아간다. 2003년 부동산세수는 18조 7,385억 원에서 2007년 31조 9,818억 원으로 70.7% 증가했고 같은 시기의 서울 주택가격은 평균 56.6% 올랐다. 결국 세금을 올려 집값을 잡을 수 있다는 주장은 허황된 생각이고 정책 실패 원인을 호도하는 것에 불과한 셈이다.

참여정부의 보유세 인상 목적 역시 비판을 받았다. 서승환 연세대 교수는 "보유세 실효세율 수준 자체가 정책 목표가 되어서는 안 된다."고 비판하면서 정부가 실효세율 1%의 벤치마크로 삼은 미국 사례를 소개했다. 그는 미국이 시행중인 '재산세 유예'는 "연령과 소득수준을 결합해 재산세 납부를 연기해주고, 주택 소유자의 연령이 65세가 되면 재산세가 더 이상 증가하지 않도록 동결"하는 데 반해 참여정부는 실효세율 1%를 주장하면서 이 부분에 대한 논의가 전무하다고 비판했다.

3.3 과격한 세율 인상은 공정한가

정부의 급격한 세율 인상도 논란거리다. 미국의 주택관련 세율은 거의 변함이 없다. 캘리포니아 주는 1978년 주민투표로 주택공시가격을 정해 최초 주택가격의 1.25%를 연간 재산세로 정한 뒤 지금까지 그 세율을 유지하고 있다. 명목숫자만 봐서는 세율은 높지만 동일인이 소유한 기간에 공시가격이 시장 가격 변화에 관계없이 유지된다면 얘기는 달라진다. 우리처럼 과격한 공시지가 인상이 만든 '약탈적인 세금'을 부담할 일이 없기 때문이다. 고가주택에 대한 누진적 재산세도 없다. 소득 수준에 따라 누진세를 적용하므로 주택가격에 따른 누진세는 이중과세라는 이유에서다.

납세자가 크게 반발하지 않을 수준으로 재산세를 올려야 한다는 공감대는 독일에도 있다. 1997년 독일연방최고법원은 재산세에 대해 위헌판결을 내렸다. 독일 법원은 "재산세는 다른 조세부담 등과의 복합적 작용에 의해 재산의 근간을 침해하지 않도록 해야 하고, 기대할 수 있는 수익으로 재산세를 지불할 수 있어야 한다. 그렇지 않으면 보유세는 그 부담이 과도해지면서 납세의무자의 재산 상태를 손상시키는 점진적 몰수에 해당될 수 있다."고 판결했다.[2] 이와 같은 선진국 사례를 참고해볼 때 불로소득 환수라는 편협한 정책을 목표로 징벌적 조세를 부과하는 것은 정상이 아니다. 정부가 반대급부를 제공하지 않은 채 국민의 세 부담만 늘린다면 향후 국민이 추가로 납부해야 하는 세금 부담액은 자본화되어 그만큼 정부의 곳간은 늘어날 것이다. 반면에 정부에 의해 탈탈 털린 국민의 호주머니는 그만큼 가벼워진다는 뜻이다.

3.4 부동산을 바라보는 이중적 시각

부동산을 바라보는 고위공직자나 집권 여당의 시각 역시 비판을 받는다. 손재영 교수는 "부동산은 자산이므로 자본이익을 고려하지 않는 부동산 매매와 보유가 있을 수 없다."고 말한다. 즉 고위

공직자 임명 때 흔히 위장전입, 농지거래 규제 위반, 부동산 과다보유, 탈세 등의 의혹이 제기되는 데서 보듯이 개인적으로는 누구나 부동산을 자산으로 운용하면서 공적으로는 부동산을 통해 돈을 벌면 안 된다는, 즉 부동산은 자산이 아니라는 주장을 하는 것은 "집단적인 위선"이라고 성토했다. 즉 투기 행위가 공공의 복리를 해친다는 논리적, 경험적 증거가 없다면 "부동산을 이용한 돈벌이를 억제하는 정책개입은 불필요하다."는 것이 손 교수의 지적이다. 정부는 '부동산은 자산이 아니다'는 허위의식을 기초로 민간 주택 영역까지 개입하여 세금과 가격 규제로 옥죄지 말고 오직 사회적 약자를 위한 주거 복지에 충실해야 한다는 지적인 것이다.

4. 진보가 신봉하는 부동산정책

부동산 대란은 현재 진행형이다. 정부와 여당이 만들고 있는 혼란이다. 여기에 정부여당의 비전문가들이 던지는 '훈수'로 국민은 더욱 혼란스럽다. 여당 진성준 의원은 방송 토론에 참석해서 공개적으로는 정부의 부동산 대책을 추켜세운 뒤 비공개적으로는 "집값은 결코 안 떨어질 거"라고 발언해 구설수에 올랐다. 소관 부처도 아닌 추미애 법무부장관은 금융의 산업 지배를 막기 위한 금산분리제도처럼 금융과 부동산을 분리하자는 황당무계한 '금부분리 정책'을 제안해 눈총을 받았다. 비전문가들의 정책 비평은 여기서 그치지 않았다. 2020년 7월 한 방송은 한 시민단체의 인사와 현 정부의 부동산정책을 두고 대담프로를 진행했다. 그가 속한 시민단체는 청와대 인사들의 주택 보유 현황과 평가 차익을 폭로해 주목을 받았었다. 과연 그 단체가 부동산 대책을 두고 방송에서 주장한 내용이 타당한지 따져보겠다.

4.1 원가공개 주장과 분양가 상한제의 허점

시민단체는 먼저 분양 원가 공개를 주장했다. 그들이 분양 원가를 공개하라고 주장한 취지는 신축 아파트의 원가 공개를 의무화하면 집값 거품이 빠지고 집값 상승이 멈출 거라는 희망에서 비롯됐을 것이다. 그들에게 묻고 싶다. 귀하는 커피를 사 먹을 때 원가를 확인한 뒤 구입하는가.

생산의 3요소는 토지, 노동, 자본이다. 따라서 공사원가를 공개하자는 주장은 아파트를 지을 때 투입된 생산 3요소의 원가를 밝히라는 의미이다. 생산 3요소를 투입해 아파트를 짓는 건설사, 시행사의 재정 상황은 결코 같을 수 없다. 그 결과 자금을 조달할 때 기준이 되는 신용등급과 조달금리는 달라진다. 또한 개발 사업을 시작할 때의 자재가격, 금리, 물가 등 대부분에서 차이가 나므로 설령 투입된 원가를 공개하더라도 그 가격은 결코 같을 수 없다. 공사 원가 공개를 통해 집값을 잡을 수 있다는 주장은 근거 없는 억지 주장에 불과하다.

분양 원가를 공개하더라도 아파트가격은 변동한다. 아파트는 커피처럼 상품이므로 수요와 공급의 상호작용에 따라 가격이 변하기 때문이다. 필자는 원가 공개를 요구하는 인사들에게 이제까지 원가를 공개한 제품이 있었는지 되묻고 싶다. 사회주의 국가도 아닌 자본주의 경제 체제에서 원가를 공개하라는 요구는 상식을 벗어난 요구다. 어디 그뿐인가. 공급부족에서 비롯된 집값 급등의 본질을 회피하기 위한 물타기에 불과하다.

다음은 분양가상한제와 관련된 문제다. 분양가상한제와 관련해서 현 정부의 초기 부동산정책을 설계했던 김수현 전 청와대 정책실장이 그의 저서(『부동산은 끝났다』)에서 주장한 내용을 토대로

이 제도의 문제점을 지적하고자 한다. 김수현 전 청와대 정책실장은 그의 책에서 "전국적으로 1,500만개의 청약통장이 있는 나라는 정상이 아니다"라고 주장하며 "세계 최고 수준의 집값은 공급문제가 원인이 아니고 부동산에 대한 과다한 집착, 부실한 세제" 등에서 비롯됐다고 주장했다(200쪽). 그의 말이 맞다. 인구 5,200만 명의 국가에서 1,500만개의 청약 통장이 있는 것은 비정상이다. 그럼 누가 이 같은 비정상을 일상화시켰는가? 바로 대한민국 정부다. 신축 아파트의 분양가를 주변 낡은 아파트의 시세와 엇비슷하게 판매하라고 강제하니 '로또분양'이 나오는 것이다. 요즘처럼 살기 팍팍한 시절에 로또분양에 당첨되면 최소 수억 원을 앉은 자리에서 벌 수 있으니 너도나도 청약통장에 가입하는 것이다. 이런 현상을 벌어지게 한 원인은 그 제도를 시행한 역대 정부에 있다. 그들은 공급 규제를 목적으로 분양가상한제와 청약통장이라는 제도를 만들어 놓고 국민이 부동산에 과도하게 집착한다고 욕하고 있는 셈이다.

경실련의 발표에 따르면 김수현 전 청와대 정책실장이 소유한 아파트는 현 정부에서 12억 원이 올랐다고 한다. 도심혼잡을 핑계로 도심 고밀도 개발을 막는 사이에 자신의 집값은 더 뛰었으니 영락없는 님비(Nimby)현상이고 '내로남불'인 것이다. 주택공급이 적을수록 집값이 뛰는 것을 도시계획을 전공한 학자가 모를 리 없다. 결국 그들이 소유한 집값을 올리기 위해 도심혼잡과 서울 스카이라인 유지를 핑계 삼아 공급을 고의적으로 억제한 것이다. 청와대 비서실장과 국회의장 역시 강남의 '똘똘한 한 채'를 챙기는 모습을 국민들에게 여과 없이 보여줬기에 정부여당이 추진하는 부동산정책을 신뢰하지 않는 것이다.

4.2 민간택지에서는 불가능한 반값 아파트

시민단체는 '반값 아파트(토지임대부 주택)'를 제안했다. 국가나 서울시가 갖고 있는 토지에 주택을 지어 일정 기간 거주하는 토지임대부 주택, 이른바 '반값 아파트'를 제안한 것이다. 그 예로 용산정비창 부지를 들었다. 공공이 철도청 부지 소유권을 보유한 채 장기의 공공임대아파트를 짓자는 것이다.

토지임대부 주택의 한계는 공공이 소유한 토지에서만 시행 가능하고 민간토지에서는 불가능해 일반화할 수 없다. 토지임대부 주택은 토지는 국가가 소유하고 건물은 불특정 다수의 개인이 소유하기 때문에 토지 – 건물의 소유권 분리가 영속될 수 없다는 약점이 있다. 외국에서는 토지와 건물의 소유권이 나뉜 형태가 흔하지만 우리는 흔치 않아 제대로 된 거래 시장이 없다. 팔기 어려운 조건의 부동산을 살 사람이 몇이나 될까.

토지임대부 주택의 가장 큰 약점은 앞으로의 주택 수요는 도심에 집중될 것인데 공공이 보유한 국공유지가 서울 도심에 얼마나 있는가 하는 것이다. 토지임대부 주택의 또 다른 약점은 건물이 노후화되어 재건축 이슈가 현실화될 때 각 세대의 건축면적에 변화를 주려고 해도 이것이 쉽지 않다는 것이다. 각 가구의 토지 지분이 자동적으로 변동하여 대지의 지분 정리가 쉽지 않기 때문이다. 결국 토지 임대부 주택의 건설 효과는 제한적인 것이다.

4.3 선분양제 vs. 후분양제 논쟁

시민단체는 또한 아파트 선분양제의 폐단을 지적한 뒤 폐기를 주장했다. 그들의 주장대로 선분양제를 폐기하고 후분양제를 시행하면 과연 소비자의 후생은 증가하고 부작용은 없을까.

선분양제는 1977년 주택법을 개정한 뒤 도입한 제도이다. 주택 건설에 융통할 수 있는 자금이 부족하자 공급을 활성화하기 위해 만들었다. 선분양제에서 소비자는 계약금을 10~20%만 준비하면 은행이 중도금을 집단대출 형태로 해결해주니까 잔금만 준비하면 되고, 건설업체는 착공 전 분양 확정으로 공사대금 확보가 가능해서 선호했다. 소비자와 건설업체 모두가 만족하는 '윈윈제도'였다.

시민단체는 주택 관련 하자가 발생하거나 집값이 급등하면 그 원인이 선분양제도에 있다고 줄곧 말해왔다. 물론 주택 하자와 관련해서는 선분양제도에서 비롯된다는 주장이 옳다. 시민단체는 선분양제가 시행되는 탓에 투기꾼들이 계약금을 치른 뒤 분양권을 사고 팔아 시세차익을 독식해 실수요자의 내 집 마련이 어렵다고 주장한다. 과연 그 주장은 정확한 것일까? 그들은 몇 건의 분양권 전매 거래를 조사했으며 투기꾼이 얼마나 많은 이익을 챙겼는지 파악한 뒤에 이 같은 주장을 하는지 의문은 들지만 일단 투기자들이 시세차익을 얻었다는 부분에 대해서는 논외로 하자.

과연 시민단체의 주장처럼 집값 급등이 선분양제 시행 때문에 발생하는 것인가? 선분양제를 없애고 후분양제를 시행하면 과연 집값은 떨어질 것인가? 선분양제를 금지하고 후분양제를 강제화해 시행한다면 소비자는 완성된 상품을 보고 살 수 있어 만족할 것이다. 대신 사업비 증가로 인한 분양가 상승은 불가피하다. 사업자는 분양할 때까지 필요한 사업비 일체를 직접 감당해야 하므로 그만큼 사업 위험이 증가하기 때문이다. 따라서 후분양제가 시행되면 소형 건설사들은 소외되고 대형 건설사 중심으로 시장은 재편될 가능성이 높아진다. 구매자들은 브랜드 가치가 있고 디테일에 강한 대기업을 선호하고 중소기업을 외면할 것이기 때문이다. 잘못하면 서울은 '순흥카이(Sun Hung Kai)' 등 소수의 대기업 부동산 재벌이 시장을 쥐락펴락해 집값 세계 1위가 된 홍콩의 판박이가 될 수도 있다. 후분양제가 요술방망이가 아니라는 얘기다.

후분양제를 선택할 것인지 선분양제를 유지할 것인지는 소비자와 개발회사가 스스로 선택하도록 시장에 맡기는 것이 맞는다. 사실 현재의 규정으로도 사업자는 후분양제를 선택할 수 있다. 소비자들이 후분양제를 선호한다면 기업들은 후분양제를 선택할 것으로 시민단체가 정부에 법적 규제를 강요한 일이 아니다. 만약 후분양제 도입 취지가 소비자 보호에 있다면 주택 하자 처리에 있어서 소비자 보호를 더욱 강화하고 부실 시공사를 보다 엄격히 규제하는 것이 옳다.

4.4 누구를 위한 용적률 제한인가

한국에서 본격적으로 아파트 건설의 시작은 1970년대 초 강남 개발로 거슬러 올라간다. 1971년 건축한 반포아파트가 대표적이다. 반포아파트는 5층으로 용적률은 100%가 되지 않았으나 1980년대로 접어든 뒤 용적률은 2배로 뛰어 용적률 200%, 15층 아파트를 지었다. 그로부터 불과 10년이 지나지 않은 1989년 전후에 집값 폭등을 겪으면서 용적률은 400%까지 올라갔다. 1980년대 말 집값 폭등은 정부가 1983년에 정해놓은 분양가를 당시 3저 호황으로 유동성은 넘쳐나는데 1980년대 말까지 고정시켜 놓아서 발생했다.

그런데 400%까지 허용됐던 용적률은 2000년 전후해서 도시 경관을 훼손한다는 이유로 200%로 줄였다. 게다가 서울시는 전국 평균 용적률보다 50%를 낮춘 150% 용적률을 적용했다. 당시나 지금이나 도시계획가들은 서울 용적률을 낮춘 이유로 남산 한강 스카이라인 유지와 도심 혼잡 방지를 내민다.

도시계획가들은 "국가는 국토의 효율적이고 균형 있는 이용 개발과 보전을 위해 법률이 정하는바에 따라 필요한 제한과 의무를 과할 수 있다."는 헌법 122조를 근거로 도시계획을 '규제'가 아닌 공동체 유지를 위한 '규칙'이라고 주장한다. 또한 도시계획을 침범할 수 없는 권한이라는 의미에서 '계획고권(計劃高權)'이라고 부른다. 감히 범접할 수 없는 신성한 영역이라는 것이다.

도시계획의 목적은 국민 행복 추구에 있다. 도시계획의 수단인 용적률이 과거 시대적 요구에 따라 변해왔다는 사실을 상기한다면 주택 부족으로 부동산 대란이 발생한 지금 용적률 규제를 대폭 풀어 주택을 대량 공급하는 것이 사회 정의다.

요즘 청년들은 주택을 분양받기 전까지 결혼을 미루거나 혼인신고를 연기한다고 한다. 아파트 청약 당첨 가능성을 높이기 위해서라는 것이다. 얼마나 기가 막힌 현실인가. 아파트를 분양받으려고 청년시절부터 꼼수 아닌 꼼수를 부려야 하는 세상을 도대체 누가 만든 것인가.

이런 기가 막힌 현실을 타개하기 위해서 국가는 용적률 상향에서 발생하는 개발이익을 임대주택 등으로 가져가고 대신 서울 도심 전역에 걸쳐 고밀도 재개발, 재건축을 추진해야 한다. 용적률 상향을 부분적으로 시행하면 집값을 자극할 수 있어도 용적률 상향지역을 대폭 확대하면 집값은 분명히 떨어진다.

시민단체는 역세권의 용적률 상향을 주장했다. 서울의 역세권 용적률 상향 추진은 이미 2년 전부터 청년주택공급과 관련해 발표된 터라 뉴스가 아니다. 정부는 도심 고밀개발 활성화와 관련해 현재 전철역 인근 반경 250m인 역세권을 350m로 확장할 계획이다.

역세권을 확장하고 고밀개발하면 미혼의 청년들이 거주할 주택은 증가할 것이다. 그런데 자녀가 있는 신혼부부 가정을 위한 정부의 주거대책은 무엇인가? 어린 자녀가 있는 가구는 도보 거리에 유치원과 초등학교가 있어야 하는데 350m 역세권은 그 범위가 좁고 복잡해 위의 교육시설이 있을 수 없고 어린 자녀를 키우기에는 부적합한 환경이다. 결국 어린 자녀가 있는 가구에 역세권 고밀개발은 불충분조건인 것이다. 따라서 재개발 등의 도시정비 사업은 필연인 것이다.

용적율을 낮추는 것이 친환경적 개발이라는 개념은 1993년 '뉴어바니즘(New Urbanism)'이 태동한 뒤 세계적으로 한물간 이론이 됐다. 그런데 이 땅의 도시계획가들은 환경단체 등의 입김으로 아직도 이 틀에서 헤어나지 못하고 있다. 스마트도시는 친환경도시를 포함한 의미이므로 용적률을 따지는 것은 넌센스이다. 결국 현 정부가 만들어낸 집값 폭등은 1980년대의 철 지난 도시계획이론에 머물고 있는 인사들이 정책을 지휘해 벌어진 재난이라고 할 수 있다.

5. 진보의 부동산정책은 왜 실패하는가

5.1 진보와 보수의 부동산정책의 차이점

부동산정책은 정권별로 어떤 특징을 보였을까. 노무현 정부 이전 시기의 정책은 생략한다. 그 이유는 최초의 문민정부인 김영삼 정부나 제2공화국 이후 36년 만에 여야 정권 교체를 이뤄냈던 김대중 정부의 부동산정책은 기존의 정부정책과 별 차이점이 없기 때문이다.

사실 한국에서 국가적 어젠다를 두고 진보와 보수를 구별하는 것은 의미가 없다. 적자가 눈덩이처럼 불어나 미래 세대에 엄청난 부담을 줄 수밖에 없는 국민연금 등 4대 연금 개혁을 차일피일 미룬 것은 보수 박근혜 정부나 '공정'을 밥 먹듯이 노래하는 진보 현 정부나 똑같기 때문이다. 어디 그 뿐인가. 코로나19로 인해 사업의 호기를 맞이한 원격의료는 1990년부터 지금까지 30년째 시범사업만 하고 있다. 본 사업이 지체되는 이유는 대통령들이 유권자의 표심을 잃어 권력을 잃을까봐 두렵기 때문일 것이다. 그래서 취임하자마자 의료계의 반발을 무릅쓰고 원격진료사업을 적극적으로 추진하는 일본 스가 요시히데 총리가 달리 보인다. 이 땅에는 어찌해서 권력을 탐하는 정치꾼만 있고 나라와 국민을 걱정하는 진정한 정치가는 없는 것인지 안타깝다.

최광 한국외국어대 명예교수는 진보·보수의 판별 기준으로 '개인을 강조하거나 중심에 두면 보수이고, 공동체나 집단을 강조하면 진보'라고 해석한다. 진보는 집단, 공동체를 강조하여 정치적으로는 인민민주주의 체제, 경제적으로는 사회주의 지시(계획)경제체제를 신봉하는 반면, 보수는 정치적으로 자유주의 사상, 경제적으로 자본주의 자유시장 경제체제를 추구한다는 것이다.[3]

경제정책은 가치 판단의 문제다. 정책 입안과 집행권한을 가진 자의 이념적 성향이 경제정책에 반영된다. 진보와 보수는 경제정책을 대하는 이념적 접근이 다르다. 진보는 시장경제가 무질서하여 시장실패가 발생하므로 정부가 해결사 역할을 하는 큰 정부가 필요하다고 주장하고 증세(增稅)를 선호한다. 반면 보수는 정부 역할의 확대는 필연적으로 정부 조직의 비효율, 권력 남용, 부패를 일으키고 정부실패로 이어진다고 비판한다. 그래서 보수는 작은 정부와 감세(減稅)를 지향한다. 즉 보수는 기업 활동의 독과점이 낳는 폐해는 국가가 심판자로 나서 해결하지만 치안, 사법 등 각종 행정권한을 국가가 독점하면서 발생하는 정부의 무능과 부패는 치유가 불가능하므로 작은 정부를 만들어 정부 권한을 축소해야 한다는 입장인 것이다.

진보의 관점으로 본다면 현 정부의 부동산정책을 이해할 수 있다. 분양가상한제와 전월세상한제 등을 실시한 것은 시장은 실패했다고 인식했기 때문이다. 따라서 더불어민주당 한 의원이 "주거권은 기본권이고, 주택은 필수 공공재"라고 말하고, "부동산정책의 기본 목표는 1가구 1주택이면 충분하다."는 주장은 온전히 진보의 세계관이다. 그 결과 다주택자는 공적(公敵)이라는 논리가 만들어진다. 수요측면의 논리를 정리하면 진보는 '우리가 남이냐'며 공동체를 중시하므로 주택은 1가구 1주택이면 충분하다로 귀결된다.

진보는 공급 측면에서 공공의 역할을 강조한다. 시장은 '악'이고 '공공'이 선이라고 이미 선을 그어놓았기 때문이다. 따라서 주택 공급은 공공이 해야 하는 일이고 만일 민간이 공급한다면 개발업체와 분양받는 개인의 이익은 최대한 회수해야 한다는 입장이다. 그들이 이 같은 주장을 하는 이유는 부동산의 이익은 공공이 도로 등의 생활 인프라 시설을 깔아줘서 가능한 것이라고 인식하고 있기 때문이다.

참여정부의 정책을 되돌아보자. 노무현 대통령은 제주 해군기지 건설, 이라크 파병, 한미 FTA와 같은 국정 과제에서는 실용주의에 입각한 보수적 접근을 했다. 그러나 부동산정책에서는 진보의 모습을 보였다. 참여정부는 처음으로 종합부동산세를 시행했고 재산세율 인상, 분양가상한제, 아파트 원가 공개 등 기존 정부에서는 볼 수 없었던 규제를 한꺼번에 쏟아냈다.

그렇다면 현 정부는 참여정부의 부동산정책과 어떤 차이점이 있을까? 문재인 정부는 참여정부가 도입했다가 이명박, 박근혜 정부가 들어선 뒤 폐기되었던 종부세, 분양가상한제 등을 부활시켰다. 게다가 새롭게 전월세 상한제, 계약갱신청구권제, 임대차신고제를 시행하거나 관련 법령을 통과시켰다. 또한 2020년 10월말 수도권 주택을 매입할 때 거래가액을 불문하고 자금조달 계획서 제출을 의무화했다. 중국 등 전체주의 국가에서나 있을 규제가 버젓이 자유민주주의 국가에서 시행되고 있는 것이다.

보수는 정부의 역할은 국방, 치안, 공중 보건 및 교육 등의 분야에 치중돼야 한다고 생각한다. 다만 자본주의가 고도로 발전하면서 어쩔 수 없이 나타나는 빈부 격차 확대 등의 후유증을 제거하기 위해 사회 보장제도와 소비자 보호에 힘쓰고 기업의 반독점 행위 감독 등에서 추가적인 역할이 필요하다는 입장이다.

보수는 이 같은 시각에서 부동산정책을 펼쳤다. 이명박 정부는 집권한 뒤 노무현 정부가 심어놓은 규제 제거를 시작했고, 박근혜 정부가 들어선 다음에서야 그 규제는 해소될 수 있었다. 규제 설치는 순식간이었지만 제거하는 데는 5년 이상 걸린 것이다.

그렇다면 진보와 보수의 부동산정책 중 어느 쪽의 선택이 옳았을까. <그림 1-5>의 서울 아파트 매매가와 전세가의 상승률 추이를 보면 부동산 규제가 많았던 참여정부와 현 정부에서 집값은 오히려 급등했음을 알 수 있다. 진보의 규제 위주 정책이 잘못됐음을 알려주는 증거인 것이다.

5.2 이념의 포로가 된 진보의 부동산정책

그래프상의 집값, 전셋값 상승률은 각 시점에서의 전년 대비 상승률이다. 참여정부 시절 집값과 전셋값은 모두 상승했다. 이명박 정부 시절의 평가는 제외하겠다. 왜냐하면 2008년 9월 발생한 미국 금융위기로 인해 미국 주택시장은 2011년까지, 한국 주택시장은 2012년경까지 정상적인 시장 상황이 아니었기 때문이다. 보수 정부였던 박근혜 정부 시절의 매매가와 전세가 추이를 보면 진보 노무현 정부 시절과 차이가 있다. 박근혜 정부에서 매매가와 전세가 상승률은 한 방향으로 움직이지 않았다. 매매가와 전세가격이 동반

〈그림 1-5〉 2003-2020 서울 아파트 매매가와 전세가 상승률

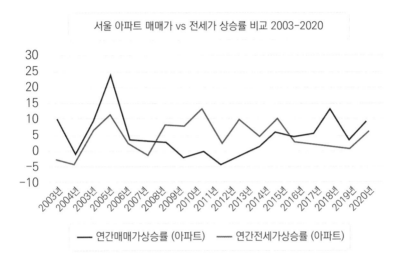

서울 아파트 매매가 vs 전세가 상승률 비교 2003-2020

30
25
20
15
10
5
0
-5
-10

2003년 2004년 2003년 2006년 2007년 2008년 2009년 2010년 2011년 2012년 2013년 2014년 2015년 2016년 2017년 2018년 2019년 2020년

—— 연간매매가상승률 (아파트) —— 연간전세가상승률 (아파트)

자료: KB부동산 리브온

상승하지 않은 것이다.

문재인 정부의 집권기간의 상승률을 보라. 현 정부는 2017년 6월 출범했다. 2017년~2018년 초까지 매매가는 급등해 2018년 가격 상승률의 정점을 찍었다. 그 뒤 2018년 말까지 매매가는 하락했으나 2019년 이후 매매가는 거침없이 상승하고 있다.

위 그래프는 2020년 9월까지의 데이터를 반영한 것이다. 2020년 8월 부동산 시장을 뒤흔든 대형 사건이 있었는데 바로 전월세 상한제, 계약갱신청구권제 시행이다. 전월세 상한제가 8월부터 시행되었기에 상한제가 아파트 매매가격에 미치는 영향은 최소한 내년까지는 더욱 커질 것이다. 30대를 중심으로 '패닉 바잉'이 계속 이어지고 있기 때문이다. 따라서 주택매매가격의 상승 탄력은 시간

이 지날수록 더욱 강해져서 참여정부 시절의 매매가 상승률을 추월할 것으로 우려된다.

전세가격 동향은 각 정권에서 어떠한 모습을 보였는가? 보수 정부 시절과 진보 시절의 매매가와 전세가의 추이를 비교해보면 보수 정부 시절 매매가와 전세가격이 한꺼번에 상승한 경우는 거의 없었다. 있더라도 일시적인 현상에 그쳤다. 그러나 2019년 초부터 매매가와 전세가는 동반 상승 행진을 거듭하고 있다.

아래의 서울 민간 분양 아파트의 착공 실적과 사용검사 실적을 보면 알 수 있듯이 현 정부 출범 이후 민간 분양 아파트 착공은 지난 정부와 비교할 때 많이 줄었다. 따라서 아파트 전세물건은 매우 희귀해져 향후 전세가 상승률은 역대 최고를 기록할 것이고 그 결과는 매매가 상승으로 나타날 것이다. 서울 도심 전역에 걸쳐 용적률 확대 적용이 필요한 이유다.

〈그림 1-6〉 서울 민간분양 아파트 착공실적

자료: 통계청

〈그림 1-7〉 서울 민간분양 아파트 사용검사실적

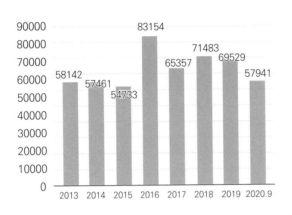

서울 민간 분양 사용검사실적

자료: 통계청

1) 이순배, 2017, '기업형 임대주택사업의 공익성과 수혜귀착에 관한 연구', 「토지공법연구」 제77집, pp.55−94, 한국토지공법학회.

2) 최명근·김상겸, 2005, 「우리나라 보유세제 개편을 위한 연구: 종합부동산세 도입 정책에 대한 평가 및 정책제언을 중심으로」, 한국경제연구원.

3) 최광, 2012, '큰 정부 vs. 작은 정부, 정부의 규모와 역할에 대한 보수, 진보의 관점', 「제도와 경제」, 제6권 제2호, pp.57−96.

제 **2** 장

토지 및 주거공개념과
주택문제의 진단

서울 집값, 진단과 처방

1. 들어가는 글

인류가 삶을 영위하기 위한 필수적 요소로서의 땅을 인식하기 시작한 것은 태초이며, 땅은 곧 개인의 생명인 동시에 공동체의 지속적인 삶의 터전이다. 땅은 인류가 만들어낸 창작품이 아닌, 자연의 하나로서 신의 선물이라고 믿어온 증거는 매우 다양하며 풍부하다. 이러한 땅이 개인별 소유권을 갖게 된 것은 유럽에서는 16세기 즈음이며 우리나라에서는 고려후기나 조선초기로 지구의 긴 역사에 비해 그리 오래되지 않았다.[1] 그러므로 토지공개념의 역사도 생각보다 길지 않다.[2]

땅(earth)이 토지(land)라는 이름을 갖게 된 것은 흙(soil)이 벽돌(brick)이 된 것처럼 부가가치가 있는 자원으로서 인식하기 시작한 때가 아닐까 생각한다. 땅이 토지를 넘어서 부동산으로 불리기 시작한 것은 일본에서 프랑스어 'immobile'를 '부동산'으로 번역한 이후이다. 그래서 땅으로 불릴 때는 자연이라는 의미가 강하며, 토지라는 용어로 쓰일 때는 자원이라는 개념이 내포되며, 부동산은 그 단어 자체가 자산의 성격을 말한다.

다시 말해, 토지라는 단어 안에는 크게 나누어 자연(자원), 자산이라는 두 가지의 속성이 포함되어 있으므로 토지공개념이라는 용어를 습관적이고 무분별하게 사용해서는 안 되며, 특히 학문 및 정책적 측면에서 사용할 때는 명확한 용어의 정의를 하는 과정이 필요하다. 작금의 우리나라 부동산정책을 들여다보면, 당국자나 언론, 그리고 학자들까지 토지공개념의 정확한 뜻을 모르고 남발하고 있을 뿐만 아니라, 토지공개념 확대 정책이 부동산정책의 만병통치약처럼 쓰이고 있는 것이 너무 안타깝다.

2020년에 들어서는 토지공개념을 넘어서서 '주거공개념'이라는 의미를 갖는 주택정책이 발표되어 많은 사회적 파장을 일으키고 임대주택사업자들이 거리로 나와 집단행동을 벌이는 일까지 나타나고 있다. 필자의 글이 '중국에도 없는 주거공개념 광풍'이라는 제목으로 다음과 같이 문화일보에 실렸다(윤주선, 2020). 이 글로 '주거공개념'의 확대로 치닫고 있는 토지공개념 정책의 문제점을 지적하고 이 책을 쓰게 된 배경을 전하고자 한다.

> 우리나라에서 내 집은 성공의 기준이 된 것 같다. '의·식·주' 중 '의·식'은 겉치레로 포장할 수 있지만, 주택은 그 사람의 실제적 형편을 드러내기 때문이다. 부동산 소유의 목적 중에는 경제적 요인 외에도, 자부심과 신분 과시, 취미, 성향 등 개인의 심리적 이유가 점차 중요해지고 있다.
>
> 미국과 같이 자유시장경제체제로 운영되는 국가에서는 의·식·주에 대해 개인의 다양한 의사결정과 자유로운 소비 행위를 최대한 존중하고 있지만, 의·식·주의 평등을 지향하는 카를 마르크스의 자본론을 기초로 형성된 북한과 같은 공산주의 체제에서만 의·식·주를 집권당이 관장한다. 중국과 같은 사회주의 국가에서도 덩샤오핑(鄧小平) 이후에 국가는 중장기 계획만 담당하고 경제주체들의 자유로운 경제활동, 즉 토지소유권을 제외한

의·식·주에 대한 자유는 보장되고 있으며, 최근 국회를 통과한 임대차 3법과 같은 제도는 없는 것으로 알고 있다.

우리나라 정치인들과 국민의 상당수가, 주택과 같은 부동산은 공공재이므로 토지공개념(公槪念)이 좀 더 강하게 적용돼야 하고, 그 이용을 마음껏 규제해도 무방하다고 생각하는 것 같다. 토지공개념은 정권 안보 차원에서 주택문제를 바라본 노태우 정부에서 부각됐지만, 헌법 불일치 판결로 폐지돼 잠잠해지다가 다시 노무현·문재인 정부에서 대두됐다.

부동산의 속성은 크게 두 가지로 나뉜다. 자산이란 속성과 자연이란 속성이다. '국부론'을 쓴 애덤 스미스는 토지의 자산적 속성에 비중을 두고, 산업의 3대 요소로 토지·노동·자본의 가치를 주장했다. 이를 기반으로 서구사회는 세계적 부를 창출하는 선진국으로 발돋움했지만, 아메리카 대륙에서 서양인들에게 토지를 빼앗긴 한 인디언 추장의 "어떻게 저 새소리, 물소리, 바람을 담는 땅을 소유하려고 하느냐"는 푸념엔 토지를 자연으로만 보는 인식이 있었으니, 그들은 이제 그 종족의 보존조차 어렵게 된 것이다.

처음부터 '부동산 공개념'이 아닌 토지공개념이라고 명명한 것은 토지의 자연적 속성에 따른 가치의 공유를 주장하는 것이지 자산의 가치를 공유해야 한다는 건 아니다. 그뿐 아니라, 가치적 개념이지 형법적 개념은 아니다. 그런데 어느 순간부턴가 도시학·사회학·경제학에서까지 자연의 공개념과 자산의 공유를 혼동하며 써 왔다. 그 결과가 공개념이란 미명 아래 입법기관인 국회가 제도화된 입법 절차도 제대로 거치지 않고, 독재국가에서나 있을 법한 집권당 단독의 만장일치로 의·식·주에 대한 극히 개인적 자유의 한 부분을 허물기 시작한 것이다.

주택은 토지와는 또 다른 성질의 공공재이면서 사유재다.

공공재이므로 이미 국토계획법, 주택법, 건축법, 경관법, 공공용지취득법, 세법 등 수많은 법적 장치로 매우 엄격하게 다루고 있다. 사유재로서의 주택은 라이프를 보장하는 은밀한 사적 공간이다. 개인의 라이프에는 물적 공간을 넘어 주거(住居) 형태, 거래 방식, 이웃 관계, 취향과 추억 등 국가가 관장해선 안 되는 부분이 많다. 임차인을 보호한다는 명분으로 개인의 주거생활에 개입하는 정부는 과연 누구와 무엇을 위해 이런 일을 하는지 자문해 봐야 한다.

언론 등에서 제기하는 임대차 3법의 부작용을 여기서 거론하고 싶지 않다. 의·식·주라는 매우 사적인 영역에 뛰어든 국가의 목표에 대해 묻고 싶다. 주택에서 이뤄지는 개인의 주거생활에 개입하면서 얻는 국민적 이득이 뭔지를 알고 싶을 뿐이다. 국민과 전혀 합의도 없이 말이다.

토지공개념이라는 용어에 너무 익숙한 나머지, 이를 무감각하게 받아들이거나, 이것이 사회경제적 정의를 구현할 구세주처럼 쓰이는 것이 안타까워 이 글을 쓰게 되었다. 우리 사회가 안고 있는 불평등의 본질이 일부 계층의 토지독점에 있다고 하는 정치인들의 선동 때문에[3] 집값 문제에 대한 비판의 시선을 집권층의 무지와 판단의 오류로부터 일부 계층에게 돌리는 데도 익숙하다. 권부가 있는 자를 비난하고, 가학하는 것이 정의적 실천이라는 생각에서 벗어나지 않으면, 우리는 인류를 타락시키는 사탄의 역할을 하는 셈이다. 토지는 유한하며 공공재라는 것부터 시작하는 상투적 토지공개념에 관해서는 잠깐 접어두고, 더 넓은 시각과 더 따뜻한 시선으로 나와 내 주변의 삶을 돌아보자. 토지공개념을 무시하자는 것이 아니라, 집값의 실질적 과제와 불평등의 본질적 문제에 초점을 맞추어보자는 제안이 이 책의 목적이다.

2. 토지공개념

2.1 토지공개념이란

　토지공개념에 관한 정의는 다양하지만, 목표는 유사하다. 토지의 소유와 처분을 공익을 위해 제한할 수 있다는 개념이다. 토지의 개인적 소유권은 인정하되 이용은 공공복리에 적합하여지도록 하자는 것으로, 토지시장이 제대로 작동하지 못할 때 정부가 토지시장에 개입하는 것을 말하며,[4] 토지의 배타적 사용권과 처분권을 보장하면서도 토지 가치는 공유해야 한다는 것으로 토지를 공공재로 인식하는 부동산정책이다.[5] 전자의 설명은 소유권 인정과 이용의 공공성의 균형을 말하고 있으며, 후자의 설명은 토지의 가치에는 공공적 이용성이 포함되어 있다는 의미이다.

　서울특별시에서는, 토지는 그 성격상 단순한 상품으로 다룰 것이 아니라 자원으로서 다루고 토지가 갖는 사적 재화로서의 성격과 함께 공적 재화로서의 성격도 함께 고려하여 그 배분 및 이용과 거래가 정상화되도록 하자는 하나의 토지 철학이라고 해설하고 있다(서울특별시, 2015). 여기서는 사적 재화와 공적 재화라는 표현을 씀으로서 자산의 속성까지도 정부가 개입을 할 수 있도록 정의하고 있다.

토지공개념에 관한 논쟁은 1815년에 영국에서 제정된 곡물법 논쟁과도 그 궤를 같이 한다.[6] 지주자본가 측의 맬더스와 산업자본가 측의 리카르도가 영국 의회에서 격돌한 이슈 중 하나는 불로소득이다. 당시 지주의 불로소득이 경제발전에 필수 불가결하다는 논지로 지주들에게 유리한 곡물법이 제정되었지만, 1846년에 폐지됨으로써 결과적으로는 산업자본가의 손을 들어주게 된다.

불로소득에 대한 비판적 인식은 현재까지도 이어지고 있다. 애덤 스미스는 불로소득과 관련하여 그의 국부론에서 지대(ground – rent) 또는 토지임대료를 주인이 아무런 노력도 없이 얻는 소득(enjoy without any care or attention of his own)이라고 하며, 이에 대한 과세는 경제에 아무 해도 끼치지 않을 뿐 아니라 이러한 세금이 가장 좋은 세금이라고 하였다.[7] 하지만 이것을 받아들이는 일부 현대인들은 애덤 스미스가 말하는 지대가 임대료 전액을 의미한다고 보고 헨리 조지의 단일 토지세[8]까지, 도입하자는 지경에 이르게 되었다.

경제가 발전하고 사회가 복잡해질수록 가진 자에 대한 불만과 양극화 대책에 대한 압력이 거세지고 사회적 불평등에 대한 국가 시스템의 변혁을 요구하는 집단이 늘어나고 있지만, 자유민주주의와 자유시장경제 체제를 유지하고, 사유권에 대한 헌법적 보장을 하는 선진국일수록 이러한 국민적 요구를 해결할 수 있는 대안은 점점 한계에 부딪히게 된다. 따라서 토지공개념이라는 다소 관념적이고 철학적인 용어를 내세워, 국민의 도덕성에 호소하는 한편, 한계집단의 정서를 어루만져주는 정책을 추진할 수밖에 없는 처지가 되어 가고 있다.

한 개인이나 한 기업의 소득에 불로소득이라는 것이 과연 존재하는가에 대한 의문을 품고 있는 사람들도 많다. 불로소득(不勞所

得, unearned income)은 노동의 대가로 얻는 임금이나 보수 이외의 소득으로 이자, 배당, 임대료 등의 투자수익, 유가증권이나 부동산 등의 매매차익 등을 포함하는 재산 소득 외에, 상속, 연금, 복지 등을 포함한다고 한다.9) 그러나 이자, 배당, 임대료를 받기 위해서는 노동의 대가로 얻은 임금이나 보수 일부를 저축함으로써 이자도 받고, 주식 등의 투자에 대한 배당도 받고, 부동산을 구매함으로써 임대료도 받는 것이라고 본다면 쓰지 않고 모은 돈이 불로소득의 원천이라고 보는 것이라서 그러한 의문을 품는 것은 일리가 있다. 그들은 그러면 돈을 모으지 말고 다 써야 한다는 것인가 하고 볼멘소리를 하기도 한다.

유가증권이나 부동산 매입비도 마찬가지로 쓰지 않고 모은 돈이며, 매매차익이 생기는 것은 국가 경제발전의 혜택이므로 투자수익에 대해서는 그 혜택을 베푼 국가에 일정한 세금을 내고 있다. 상속세가 이중과세라는 비판도 있다. 보유세도 내고 또 상속세도 내야한다는 것이다. 상속재산은 부모 등으로부터 물려받은 재산을 말하며, 이것도 불로소득이라고 한다. 그러면 부모로부터 물려받은 것으로 절세미인, 운동선수, 예술가로 돈을 많이 버는 것도 불로소득이라고 하는 것과 같다. 또한 연금은 내가 다달이 부은 것에 대한 환원이고, 복지는 나라에 낸 세금에 대한 환원이다. 따라서 선진적 국가 경영을 하는 현대국가에서 정상적인 생활인에게 불로소득은 존재하지 않는다고 보는 주장이 더 타당하다고 느끼는 것은 무리일까?

회계·세무 용어사전에 보면 소득자의 적극적인 경제활동 없이 그의 소유에 귀속되는 소득, 즉 소득의 원인이 소득자 외에 있는 것일 때 이에 대하여 부과하는 조세를 불로소득세라 하며, 조세공평의 원칙상 높은 세율을 적용하는 것이 통례이며 주로 부동산 가격의 상승·상속·증여·당첨 등과 같은 것이 불로소득에 속한다고 한

다.[10] 양도소득세, 상속세 등이 여기에 해당된다. 즉, 적극적 경제
활동이 없는 소득을 말한다면, 주식투자, 부동산 투자만큼 위험요소
가 많은 적극적 경제활동이 있는가 하는 반론을 제기하고 싶다. 노
동의 대가만이 정상적 소득이라고 한다면, 힘든 노동으로 벌기에
아끼고 아껴서 모은 노후대비 자산도 불로소득인가!

극단적 토지공개념을 주장하는 학자나, 시민의 입장에서 필자
의 이러한 논지를 들으면, 토지의 독점으로 인한 불평등을 해소하
는 것이 정의라고 하며, 날선 비판을 할 것이다. 에드워즈 글레이저
(E. Glaeser, 2017)는 그의 저서『도시의 승리(Triump of the City)』에
서 "도시의 빈곤 현상은 도시를 불평등과 박탈의 장소로 낙인찍지
만, 도시에 존재하는 가난은 도시의 약점이 아니라 강점을 드러낸
다."라고 하였으며, 히로 후지타(1995)는 그의 저서『도시의 논리』
에서 "도시의 권력을 얻기 위해서 이촌향도하였지만, 끝없는 인간
의 욕구로 인해 스스로 억압받는다. 권력은 이들의 쾌적한 생활을
보장해주어야 유지가 된다."라고 하였다. 즉, 권력은 정의를 실현하
는 것을 목적으로 하는 것이 아니라, 권력을 유지하기 위한 수단에
집중한다는 것이다. 그래서 토지공개념이 사회경제적 정의에 다가
가려는 또 다른 제안들을 막는 것은 아닌가를 논의해보는 장이 되
길 바란다.

2.2 우리나라 토지공개념의 실태

지난 수십 년간 토지이용규제와 손실보상 등 사유재산권과 공
공성에 관한 연구는 셀 수 없을 정도로 진행됐으며, 급기야 노태우
정부에서 토지초과이득세, 택지소유상한제, 개발이익환수제(개발부

담금제) 등 토지공개념 3법이 발의되고[11] 1990년 건설부에서 토지공개념업무처리요령이 발간되어 지자체에서 운용되기도 했다(국토연구원, 1991). 그러나 각각 1994년, 1998년, 1998년에 헌법불합치 판결로 폐지되었다.

토지공개념 관련 제도에 대한 의식조사 결과, 토지공개념을 시행한 효과에 대해 64.5%가 긍정적으로 평가하였으나 대부분이 그 효과는 크지 않은 것으로 평가하였다(박헌주 외, 1998). 그 이유는 1992~97년 12월까지 토지시장의 전반적인 안정세와 89년 이후의 경기침체가 가장 많고(40.7%), 토지공개념의 확대 도입을 이유로 지적한 응답자는 적었다(24.1%). 토지공개념 완화 후의 보완과제로는 부동산종합전산망의 확대구축(21.7%), 토지이용규제완화에 의한 가용토지공급확대(20.6%), 보유과세의 증과 등 세제강화(17.8%)를 제시하였다. 향후 토지정책의 방향으로는 자율적인 토지시장과 계획적인 이용·개발에 중점을 두어야 한다(49%)는 의견이 가장 많이 나타났다.

토지공개념은 이러한 이유로 사회적 이슈로는 멀어져 있었지만, 노무현 정부는 2003년 종합부동산세 및 주택거래신고제의 신설, 2005년 개발부담금제의 재도입, 2007년 분양가상한제[12] 등의 도입으로 다시 토지공개념이 수면 위로 부상되었다. 이러한 제도들도 결국 헌법에 명시된 재산권 보호 앞에서는 힘을 잃게 되어, 2006년부터 종합부동산세 과세 기준이 인별 합산방식에서 세대별 합산방식으로 바뀌었다가 2008년 말 세대별 합산 부분이 위헌결정을 받음에 따라 다시 개인별 합산으로 환원되는 등 우여곡절을 겪어 왔으며, 주택거래신고제도 2015년에 폐지되었으나 2017년 8·2 부동산 대책을 통해 재시행 되었다. 2008년 글로벌 금융위기 이후 분양시장 침체가 심화되자 분양가상한제의 폐지가 제기되어 2015년 분양가상한제 시행이 중단되었으나, 2020년 7월 30일부터 서울과 광명·하남·과천 등에서 다시 시행되었다.

박근혜 정부에서는 2014년 민간택지에서 분양가상한제 탄력운용, 재건축초과이익환수제 3년 유예, 재건축조합원 3주택 분양허용 등 건설경기 활성화를 통해 2008년 세계경제위기로부터 국가경제를 회복시키기 위한 정책을 펴나갔다. 이 신호를 바탕으로 아래 <표 2-1> 및 <그림 2-1>과 같이 미분양 아파트들의 재고가 급격히 줄어들기 시작했으며(연합뉴스, 2009), 이를 계기로 국내 부동산경기 활성화에 대한 기대도 높아졌다.13)

❙〈표 2-1〉악성미분양의 감소추세

	전국	서울특별시	경기도	6개 광역시	여타 지역
2007.12	2.6%	0.0%	0.7%	2.3%	6.2%
2008.12	7.6%	0.1%	0.8%	9.3%	14.7%
2009.12	9.1%	0.7%	1.7%	11.6%	14.5%
2010.12	7.9%	1.6%	4.2%	10.7%	11.4%
2011.12	6.0%	1.5%	4.4%	8.7%	7.9%
2012.12	6.4%	1.9%	7.2%	6.3%	7.6%
2013.12	5.4%	1.1%	6.0%	5.0%	7.7%
2014.12	3.7%	0.5%	6.2%	3.1%	3.7%
2015.12	2.0%	0.3%	3.6%	1.9%	1.6%

주: 준공 후 미분양은 2~3년 분양물량의 영향을 받기 때문에 2~3년 전 분양물량계 대비 현재 준공 후 미분양 비중을 계산

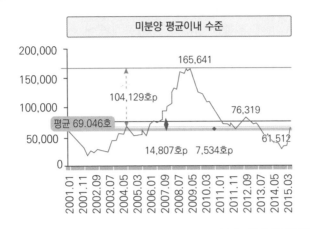

자료: 국토교통부

　　문재인 정부에서는 역대 정부들과는 다른 측면과 다른 강도로 토지공개념을 강력하게 밀어붙이면서, 문정부가 출범한 2017년 5월 부터 2020년 8월까지 3년여 동안 약 27회의 부동산대책을 발표했 는데도 집값을 잡지 못했다는 언론의 비난을 받고 있다.[14] 다른 측 면이라고 함은 헌법 불일치 판결을 받은 토지문제보다 서민의 공감 을 쉽게 얻을 수 있는 주택문제에 집중하면서 이른바 '주거공개념' 을 확대해나가기 시작한 것이다. 한편 토지에 대해서는 헨리 조지 의 단일 토지세 같은 극단적인 방법을 더불어민주당 추미애 대표가 언급했지만, 정권 초기임에도 국민의 거센 반발로 법제화까지 이르 지는 못했다. 다른 강도라고 함은 전월세신고제, 전월세상한제, 계 약갱신청구권제 등을 핵심으로 하는 '주택임대차보호법' 개정안과 '부동산거래신고 등에 관한 법률' 개정안 등 소위 "임대차 3법"을 속도감 있게 처리한 것이다.

국민의 기본권인 사유재산권의 침해가 토지를 넘어서 주택에까지 확장된 것이다. 노태우 정부에서 본격적으로 도입된 토지공개념이 30년 만에 문재인 정부의 '주거공개념'에 이르는 과정에는 시민단체들의 지속적인 요구가 있었다.[15] 가진 자와 없는 자의 양극화된 경제적 여건을 해소하려는 시민단체의 노력은 문재인 정부에서 법제화되었지만 이로 인한 서민들의 고통은 더욱 가중되는 현상으로 나타난 것은 아이러니한 일이 아닐 수 없다.[16]

우리나라 토지공개념 문제가 다시 국민 초미의 관심으로 등장하게 된 것은 문재인 대통령 취임 후에 꺼내든 헌법 개정(안) 때문이다.

현행 헌법 제122조는 "국가는 국민 모두의 생산 및 생활의 기반이 되는 국토의 효율적이고 균형 있는 이용·개발과 보전을 위하여 법률이 정하는 바에 의하여 그에 관한 필요한 제한과 의무를 부과할 수 있다."라고 되어 있지만, 대통령 개헌(안) 제128조는 "① 국가는 국민 모두의 생산과 생활의 바탕이 되는 국토의 효율적이고 균형 있는 이용·개발과 보전을 위하여 법률로 정하는 바에 따라 필요한 제한을 하거나 의무를 부과할 수 있다. ② 국가는 토지의 공공성과 합리적 사용을 위하여 필요한 경우에 한하여 특별한 제한을 하거나 의무를 부과할 수 있다."고 하였다.

대통령 개헌(안)의 토지공개념은 제128조의 ② 특별한 제한과 특별한 의무를 추가하는 것을 골자로 하고 있다. 헌법이 너무 구체적이라는 법조계의 지적도 있었지만, 이 '특별한' 조항을 삽입한 이유가 '국가가 원하면' 개인의 재산권을 마음대로 사용할 수도 있다는 의미로 국민에게 다가옴으로써 세간의 많은 비난을 받았다.

현행 헌법에서 이미 경제민주화를 위해 국가가 공공 필요성과 규제 차원에서 재산권의 사회 구속성을 광범위하게 인정하고 있으나, 토지공개념에 대해서는 명시적으로 규정하고 있지 않다. 경제민주화 관련 조항은 제119조 제2항으로 "국가는 균형 있는 국민경제 성장 및 안정과 적정한 소득의 분배를 유지하고, 시장의 지배와 경제력의 남용을 방지하며, 경제주체 간 조화를 통한 경제의 민주화를 위해 경제에 관한 규제와 조정을 할 수 있다."라고 명시돼 있다. 따라서 허영 경희대 석좌교수는 "경제민주화와 관련해선 이미 현행 119조 제2항만으로 충분하다."며 "자유와 창의를 존중하는 것을 원칙으로 해야 한다."라고 주장했다.[17]

최근의 토지공개념 확립의 필요성을 주장하는 학계 동향을 몇 가지만 살펴보면, 첫째, 주택가격 상승에 따른 이득은 주택소유주에게 귀속되나, 주택 가치를 유지하는 주변 환경정비 소요 비용은 국가(지방정부 포함)가 부담하고, 그 비용의 재원이 되는 보유세는 주택소유주가 매우 낮게 부담하고 있는 현실에서 주택의 소유 욕구는 증대될 수밖에 없다고 생각된다. 따라서 개발이익환수 장치 및 보유세율에 대한 국민적 합의가 필요하다.[18]

둘째, 토지공개념이 '사유재산 침해'라든가 '반시장적'이라는 비판은 맞지 않으므로, '시장친화형 토지공개념'을 제안하는데, 토지소유자로부터 금융이자 이상의 수익이 나지 않도록 '이자공제형 지대세'를 제안한다.[19]

셋째, 절대적 토지소유권 관념으로 보면 토지소유권은 토지소유자가 배타적으로 지배하여 사용, 수익, 처분할 수 있는 완전한 권리이지만, 개발권을 별도로 분리할 수 있다면, 토지소유자에게 현재 토지에 대해 이용권만 인정하고 장래 토지 개발에 관한 권한은 다른 사람이나 국가에 독립적인 권리로 양도하거나 보유하게 할 수 있게 하면 된다.[20]

물론 위 세 가지에 대한 비판도 만만치 않다. 비판의 중요한 관점은 주택의 가치를 올리는 데 필요한 환경정비의 비용 대비 주택소유자의 보유세를 올리거나, 토지소유자가 이자 수준의 임대료만 받는다면 임대주택의 공급은 더 축소되어 집값은 더 상승할 것이며, 또한 토지 개발권의 분리 및 공유화는 현실성이 부족하다는 것이다. 무엇보다도 토지공개념 확대 주장의 궁극적 목표가 토지국유화로

❙〈표 2-2〉악성미분양의 감소추세

박정희 정부 (1963~1979년)	• 1977년 신형식 건설부 장관, 토지공개념 처음 거론 "토지의 소유와 이용 분리해야" • 1978년 8·8 대책에서 토지거래 허가제 및 신고제, 국공유지 확대 등 첫 제도화 • 국토이용관리법 개정, 토지공개념의 법제화(개발부담금제, 개발이익금제 실시)
노태우 정부 (1988~1993년)	• 1989년 택지소유상한제, 개발이익환수제, 토지초과이득세 등 토지공 개념 3법 도입
김영삼 정부 (1993~1998년)	• 1994년 토지초과이득세법 헌법 불합치 판정
김대중 정부 (1998~2003년)	• 1998년 개발이익환수에 관한 법률 관련 조항 위헌 판정, 택지소유상한제 폐지 • 1999년 택지소유상한에 관한 법률 위헌 판정
노무현 정부 (2003~2008년)	• 2003년 10·29대책 토지공개념 도입 정책(종합부동산세 신설, 주택 거래허가제, 분양권전매금지 실시) • 2005년 8·31대책 개발부담금제 재도입 등 토지공개념 확대
문재인 정부 (2017년5월~)	• 2017년 추미애 더불어민주당 대표 국회 대표연설에서 "토지 불로소득은 세금으로" • 2018년 대통령직속 국민헌법자문특위 '헌법에 토지공개념 강화' 의견

출처: 서울경제, 위헌논란 '토지공개념' 또 꺼내, 강광우, 2018.3.15.

가려는 것이 아닌가 하는 국민의 불안을 잠재워야 할 것이다.[21]

중국식 토지국유화에 대한 환상을 버려야 한다. 아파트를 구매한 사람의 토지사용권은 2003년부터 2073년까지 70년간임에도 투기가 만연한다. 중국인 중 어느 사람도 중국 헌법에 있는 '토지공개념'을 믿지 않기 때문이다. 중국 변호사는 "중국 사람들은 사용기한이 만료되더라도 개인이 수십 년간 살던 아파트를 정부가 회수해 갈 것으로 생각하지 않는다."라는 토지공개념에 대한 비판도 있다.[22]

2.3 외국의 토지공개념의 실태

외국의 토지공개념은 그 방향과 인식에 있어서 우리나라와 많이 다른데, 그 이유는 토지에 대한 가치관과 생활방식의 차이 때문이다. 그리고 각국은 또 다른 법률과의 연계적 보완성을 갖고 국가 시스템의 하나로 움직이므로 선진국의 제도라고 해서 그 규정을 본받아야 한다면 또 다른 부작용을 일으킬 수 있다고 필자는 여러 차례 경고를 해왔다.

미국의 경우, 텍사스에서 보유세가 1.9% 정도인데 51개주 중에서 6번째로 높다.[23] 그러므로 우리나라는 현재보다 더 많은 보유세를 부담해야 한다고 주장하는 사람들이 있다. 그러나 자세히 들여다보면, 미국에서는 납부한 보유세에 대해서 100%를 소득공제해 준다. 어떤 사람의 연봉이 10만 달러인데 주택 보유세로 1만 달러를 냈다고 하면 9만 달러에 대해서만 소득세를 부과하게 된다. 이러니 보유세를 많이 낼수록 근로소득세를 적게 내는 구조가 되는셈이다. 보유세의 과세 기준이 정부에서 일방적으로 정하는 기준시가가 아니라 실거래가, 즉 취득가이다. 이 때문에 주택을 장기 보유할수록 유리하다. 예를 들면 어떤 집이 10년 사이에 집값이 두 배가 올랐다고 하더라도 보유세는 1년에 2%씩 10년간 20%밖에 오르지 않는다는 것이다. 보유세는 중앙정부인 연방정부가 가져가는 것이 아니라 지역자치단체의 몫이다. 그 보유세 중 상당 부분은 교육 관련 예산이나 그 지역 사회기반시설 투자예산으로 활용된다.[24]이러한 사회적 인식과 국가 시스템을 모른 채 부과율만 보고 우리나라의 보유세가 너무 적다고 주장하는 것은 국립대학교의 등록금과 사립대학교의 등록금이 왜 차이가 나느냐고 어깃장을 놓는 것과 같다.[25]

성경학자에 따르면, 창세기 이래 모든 토지는 국가의 소유였던 것이 구약시대에 12지파에게 분할이 되고, 이 토지는 각 부족 공동체의 소유였으며, 각 부족은 부족의 번영에 공을 세운 사람들에게 부족 소유의 일부를 보너스 형식으로 분배하게 된다. 하나님의 땅이 각 부족의 땅이 된 것이다. 그래서 토지를 서양에서는 하나님, 곧 왕의 땅(real estate)이라고 불렀다. 레알(real)은 주(主, lord)를 의미하므로 이미 그 이름 속에 토지공개념이 포함되어 있다.

그래서 영국의 토지소유권은 기본적으로 두 가지로 구분된다. 하나는 소유권(freehold)과 또 하나는 차지권(leasehold)이다. 캐나다의 경우, 2년 이상의 차지권은 등기하도록 하고 있으며, 소유권은 세 가지 형태가 있는데 완전소유권 토지(estate of freehold), 무유언 사망 시 국가귀속 토지(fee simple estate), 생전에만 소유권 토지(life eatate)로 나뉜다.[26]

미국의 토지제도는 단독소유(sole ownership)와 공동소유로 구분되며, 공동소유 방식은 5가지이다. 공동생존자 승계토지(joint tenancy), 부부생존 승계토지(tenancy in common), 개별지분 공동소유 토지(tenants by entirety), 부부공동 소유토지(community property),

생존시 소유권토지(life estate)이다.[27]

일본은 왕의 땅(real estate)이라는 용어가 아닌 프랑스의 토지(움직이지 않는 자산, immobile)를 부동산으로 번역하여 사용하기 시작함으로써, 국가의 개입으로부터 자유로워지게 되었고, 개인의 소유권을 전 세계에서 가장 보장하는 나라가 되었다. 일제 시대에 우리나라에서도 부동산 조사를 통해 이 용어를 사용함으로써 일본 다음가는 사적 소유권을 확립하게 되었다.

1) 독일[28]

헨리 조지의 영향 아래 이루어진 세계의 토지개혁운동 가운데, 아돌프 다마슈케가 중심이 된 독일 토지개혁가연합이 그 이전의 운동에 비해서 독일 여러 도시에서의 토지가치 상승분에 대한 과세 입법, 세습지상권법 입법, 그리고 바이마르헌법 제155조의 개발이익환수 규정 제정 등의 여러 가지 성과를 거두었다고 할 수 있다. 다마슈케의 토지개혁운동이 여러 동조자를 만들고 정치적으로도 어느 정도 영향을 미친 것은 그 원류인 헨리 조지의 지대조세제 이론을 교조적으로 받아들이지 않고 토지의 가치 증가분에 대한 과세를 주장하는 등 유연한 모습을 보였기 때문일 것이다. 그리고 1920년대 이후 세계 경제공황과 1930년대 나치 독일의 등장, 1945년 제2차 세계대전 이후 이러한 토지개혁운동이 지속되지 않고, 독일 대중들에게서 잊혔다는 점에서, 장기적 관점에서는 성공하였다고 보기 어렵다.

2) 영미[29]

최근 시장친화적 토지공개념 제도로서 대두되고 있는 공동체 토지신탁(CLT, Community Land Trust)이 운용되고 있다. 이 제도는 사회적으로 생산된 토지 가치가 토지 및 건축물의 사유화로 인하여 공익으로 회수되지 못한 채, 개인 소유자의 불로소득이 되는 문제에서 벗어나고자 고안되었다. 이 또한 헨리 조지의 주장을 기반으로 하고 있으나, 랄프 보소디(Ralf Borsodi)의 '토지임대형 공동체(Land Trust)'의 개념에서 시작하여 로버트 스완(Robert s. Swann)이 발전시켰다.

토지는 비영리단체가 소유하여 영구적으로 사용할 수 있는 재원으로 만들어, 그 위에 저렴한 임대주택을 지어 공급하며, 이 모든 개발행위를 신뢰를 통해 형성된 지역공동체 회원들이 운영하는 방식이다. 2012년 현재 미국의 37개주 240여 곳에서 운영 중이며, 영국은 7개 지역이 운영되고 있다. 그리고 설립을 계획 및 준비인 지역이 39개 지역이다. 우리나라에서는 서울 강남구 자곡동에 도입되었던 토지임대부 주택과 유사하나 크게 인기는 없다.

3) 일본

일본의 경우엔 우리의 토지임대부 방식과 같은 '정기 차지권'을 활용해 민간 건설 임대주택을 공급하고 있다. 민간사업자는 지자체 등으로부터 토지임대료를 내고 공유지를 빌려 임대주택을 지은 후 세입자에게 임차해 수익을 얻는다. 공공은 관리 주체로서 일부 민간에 위임하지 않는 업무만 수행하고, 건물 운영 등 관리는 전적으로 민간이 맡는 형태다.[30] 차지인이 지주에게 계약이행 조건으로 보증금이나 권리금을 납부하고 계약 종료 시 이를 돌려받는다.[31]

임대료는 지방정부의 지침에 따라 저렴하게 책정되며, 대부분의 지방정부는 저소득층을 위한 저렴한 주택공급을 위하여 임대료 수준을 일반 임대료의 약 60~70% 선에서 책정하도록 규정하고 있다. 이 또한 우리나라의 토지임대부 주택과 유사하지만 수요자들이 외면하고 있는 정책이다.

3. 주거공개념

3.1 주거공개념이란

'주거공개념'이라는 용어는 필자가 임대차 3법의 성격을 한마디로 정의하고자 사용하기 시작한 것이다.[32] 왜냐하면 현 정부가 실행하고 있는 임대차 3법은 세계인권위원회가 권고하고 있는 '주거권'을 도입하고자 하지만, 실제로는 권고사항과 맞지 않는 내용일 뿐더러, '주거권'을 국민들의 귀에 익숙한 토지공개념으로 포장하여 주택이라는 극히 사적 공간의 가치를 훼손하려 하기 때문이다. 주택이 사는 집이라는 물리적 형태를 주로 일컫는다면, 주거는 사람이 사는 환경을 의미한다. 주택환경이라는 용어보다 주거환경이라는 용어가 훨씬 더 삶의 질과 연결되어 있다.

토지는 자연(자원), 자산의 두 가지의 속성이 있다고 언급한 바가 있다. 자연이라는 속성에는 공개념의 가치가 포함되어 있지만, 자산은 타인과 공유하거나, 공적이든 사적이든 소유권자의 승인 없이 사용하는 것은 불법이다. 마치 인간의 육체와 영혼이 하나로 되어 있어서 고용주가 어떤 인간의 육체만 고용할 수 없듯이, 토지도 이 두 가지 속성 중의 한 가지만을 분리해서 공개념을 적용할 수 없다. 각 속성을 분할할 수 없기에 일괄적으로 공개념이 적용되지만, 고용주가 고용인의 영혼까지 조정하지 못하는 것처럼, 국가가 개별 토지의 자산적 가치를 비합리적으로 사용할 수 없는 것이다.

'공익사업을 위한 토지 등의 취득 및 보상에 관한 법률'에 따르면 제1조 목적에 "공익사업에 필요한 토지 등을 협의 또는 수용에 의하여 취득하거나 사용함에 따른 손실의 보상에 관한 사항을 규정함으로써 공익사업의 효율적인 수행을 통하여 공공복리의 증진과 재산권의 적정한 보호를 도모하는 것을 목적으로 한다."라고 되어 있다. 즉, 공익사업을 위해 개별 소유토지를 수용 또는 사용을 하더라도 재산권, 즉 자산적 가치의 적정한 보호를 하도록 하고 있다.

특히, 주거라는 용어는 주택이라는 물리적 건축물과 생활이라는 정신적인 영역이 함축되어 있다. 예를 들어, 다가구 임대주택사업자가 3층에 거주하고 있으면서, 나머지 부분은 임대하며 그 임대료를 자신의 경제적 원천으로 삼고 살아가고 있을 때, 그 공간들의 청결도, 노후도, 외관, 임대인들의 출입, 외부 주차관리, 각종 설비의 수리, 방수, 방화, 방범, 재해예방 등 모든 거주 요소를 관리하는 일상이 그의 삶의 일부이다. 임대인은 그 거주 요소들을 관리하는 노동의 대가를 포함해서 시장에서 정하는 임대료를 받는 것이다. 그 관리의 일부를 위탁한 경우에도 마찬가지이다. 이 임대료를 정부가 관리하겠다는 임대료의 사회적 관리를 주장한 학자의 글을 보고 깜짝 놀란 적이 있다.[33]

샐러리맨이 직장에서 급여를 받는 것과 주식투자자들이 투자 이익을 갖는 것, 그리고 임대주택소유자가 월세를 수입으로 받는 것의 차이는 무엇이 있기에, 임대료에 대해서는 특별히 많은 규제를 하려는 것일까? 똑같은 경제활동의 일환임에도 불구하고 지탄과 규제의 대상이 되는 이유를 생각해보면, 첫째는 임대료는 '불로소득'이라는 경제적 시각, 두 번째는 임대인의 '갑질'이라는 도덕적 시각, 셋째는 임대인은 전통사회의 '지주'라는 사회적 시각, 넷째는 임대인과 임차인 간의 '가진 자의 착취'라는 계급적 시각이 있는 것이 아닌가 한다. 또한 다섯째는 임대인은 부자이므로 '부패와 불의의 연결고리에 있는 자'라는 정의적 시각, 그리고 여섯째는 그릇된 정치인이나 언론이 심어준 '졸부'라는 왜곡된 시각으로 임대인을 바라보게 하는 선전·선동이 주요 원인이라고 생각된다.

임대인에 대한 위와 같은 시각은 '1가구 1주택'이라는 표제가 주택 분야에서 쓰이기 시작하면서부터라고 본다.[34] 원래 '1가구 1주택'이라는 용어의 뜻은 정부가 주택정책의 목표로 삼고 있는 하나의 지표이다. 즉 국민 1가구당 1호의 주택을 공급한다는 것을 의미하였는데, 이 용어가 언제부터인가 '1가구 2주택' 이상을 소유하게 되면, 정부의 주택정책에 반하는 것처럼 쓰이기 시작한 것이다. 이 시점은 1가구 2주택 이상에 다주택소유자에 대한 세금을 강화하기 시작하던 때이다.

1974년에 소득세법을 전면개정하면서, 양도소득세를 별도로 구분하여 세금을 부과하게 되었는데, 이때 개정문을 보면 '고가주택이 늘고 주택의 종류가 다양해짐으로 주택의 양도과정에서 투기목적의 잘못된 풍토를 사전에 방지하기 위하여 법률 근거를 마련했다.'라고 되어 있다. 이때 1가구 1주택에 대한 비과세가 특례가 생겨났다.

다시 말해, 1가구 1주택은 우리나라 주택정책의 목표인데, 2가구 이상을 가지려는 잘못된 욕망 때문에 국가의 주택정책이 제대로 실현되지 못하고 있다는 명분을 내세워서 희생양을 찾아내기 시작한 것 같다. 그리고 세원을 확보하는 데도 도움이 되니까 정부로서는 일거양득의 효과가 있었을 것이다. 이렇게 정부정책의 한계를 국민의 욕망 탓으로 돌리는 당국자들의 인식 때문에 지난 수십 년 간 주택문제가 해결되고 있지 않은 것이다.

수요와 공급이라는 생활경제 차원의 문제를 지금까지도 국민의 도덕적 문제로 몰고 옴으로 주택문제를 제대로 해결할 수 없을 뿐만 아니라, 국민을 분열시키는 매우 위험한 정책이 되어 버렸다. 그런데 이것을 당하는 국민이 정부를 향해 '이건 아니다!'라고 말해야 하는데 대부분 1970~80년대는 내 집이 없던 시절이라 그 말을 믿고 싶어지게 되고, 셋방살이의 한풀이가 된 것이다. 이 당시 학자들도 이러한 정책이 잘못되었다고 목소리를 높이지 않았던 것은 이때 서울시의 자가 보유율은 30%~40% 정도에 불과했고, 다른 뾰족한 대안이 없었기 때문이 아닐까 한다.

민주화 과정을 거치면서 경제정의실천연합 등 시민단체를 중심으로 한 학자들이 이런 인식을 강단에서 주장하다 보니까 결과적으로 이념화가 된 것이라 생각한다. '1가구 1주택'은 정부의 정책지표이지 이념이 되어서는 제대로 문제의 요체를 파악할 수 없다. 따라서 정부는 속히 이념적 주택정책을 버리고 실질 수요 기반의 역동적 주택정책을 펴야 집값을 잡을 수 있을 것이다.

서구에서 경제 분야가 발전한 이유는 인간의 기본적인 욕망에 근거를 두었기 때문이며, 동양이 그보다 못한 이유는 인간의 도덕성에 집착했기 때문이다. 그렇다고 무한정의 욕망을 만족시켜야 한다는 뜻은 아니고, 국민의 실질적인 수요는 감안해야 한다는 것이며, 실질적 수요라는 것은 투기 수요와 달리 정년퇴직, 결혼, 직장 등을 위해 필요한 수요를 말한다.

다주택자를 부도덕한 투기꾼으로 모는 것의 더 큰 피해는 2주택 이상의 소유자에게 있는 것이 아니라, 무주택자에 있다. 우리나라 자가주택 보유율이 약 60% 정도인데, 만일 1가구 1주택 이상은 소유할 수 없다고 하면, 나머지 집 없는 사람들은 어디에서 살 것인가. 그리고 60% 모두에게 1가구 2주택까지 소유를 허락해주어도 무주택자가 임대할 집은 거의 1:1 정도에 불과하므로 임대료가 올라가는 것을 막을 수 없는 것이 자명하다. 그래도 1가구 3주택 정도가 되면 임대주택공급과 임차수요 비율이 2:1 정도가 되므로 임대시장에서 임차인들에게 경쟁력이 생기게 될 것이다. 정부가 주택시장의 문제의 원인을 1가구 다주택자들의 도덕성에 전가하고 있는 한 집값을 잡는 것은 요원하다고 본다.

더구나 2020년 12월 집권여당 국회의원이 발의한 이른바 '1가구 1주택법'은 사유재산침해의 위헌적 발상이라는 비판에도 불구하고 신임 국토교통부 장관 후보자가 이러한 조항이 포함된 주거기본법의 개정에 긍정적인 반응을 보이고 있어서 향후 우리나라 주택문제를 더 꼬이게 할 것이라는 예측을 하게 된다.

3.2 우리나라 주거공개념의 실태

토지공개념을 한 단계 넘어서는 '주거공개념'은 진보측의 '주거권' 확보 주장을 이해하기 쉽도록 필자가 만든 용어이다. 최근 '주거권'이라는 용어는 "집은 인권이기도 하다."라고 주장하며, 1948년 세계인권선언의 "모든 사람은 자신과 가족의 건강과 행복을 위해 적절한 생활수준에 대한 권리를 가지고 있다. 여기에는 의·식·주와 의료, 필수적인 사회서비스가 포함된다."라는 내용과 1991년 유엔 사회인권위원회가 발표한 '적절한 주거에 대한 권리'를 설명하면서 임대차보호제도의 개선을 요구한 글에서 다시 크게 부각되었다.[35] 세계인권선언을 통해 도입된 '주거권'은 우리나라에서 '최저

주거기준'을 제정해서 운영해오고 있으며 2018년 개정하여 1인당 면적도 상향하는 조치가 이루어진 바 있다.[36]

개인의 적절한 생활수준이라는 '주거권'이, 더욱 급진적인 '주거공개념'으로 전이한 이유는 '주거권'과 '주거공개념'을 혼돈하고 있는 데서 발생한 것이라고 본다. '주거권'은 사람답게 살 권리이지만, '주거공개념'은 주택이라는 자산의 가치를 공유하자는 데 있는 것이다. 2018년 토지공개념이 성문화된 헌법 개정(안)이 등장했을 때, 참여연대 등이 낸 논평에는 "한국의 '주거권' 현실은 유엔 사회인권위원회의 일반논평 4(점유의 안정성, 적정한 주거기반시설 및 서비스, 부담가능성, 최저기준 확보, 접근 가능성, 적절한 위치, 문화적 적절성)에 비추어 미흡한 부분이 적지 않다."[37]라고 한 바 있다. 이를 토대로 문재인 정부는 2020년 7월 임대차 3법을 발표하게 되면서 세계인권선언의 '주거권'이 '주거공개념'으로 전이한 것이다. 이 역시 정부가 해야 할 일을 민간에게 부담시키는 방식이다. 마치 '1가구 1주택'이라는 정부의 주택정책 목표를 정부가 지키기 어렵게 되자, 다주택자들을 희생양으로 삼는 것과 같다.

유엔 사회인권위원회의 일반논평 4는 국가를 운영하는 정부에게 요청하는 것이지 민간부문에게 요구하는 것이 아니다. 또한 단지 및 주택설계자에게 필요한 계획 지표이지, 사용자에게 준수할 의무를 지우는 것은 아니다. '주거권'을 자산가치와 연동시키는 것은, 정부가 인허가를 내어준 주택을 매입해서 임대하는 임대사업자에게 이 '주거권'을 준수하라고 하는 셈이다. 정부가 인허가를 내어줄 때 이미 '주거권'에 맞는 최저주거기준의 주택을 공급한 것이므로 인허가까지가 정부 개입의 마지노선인데, 정부가 일반논평 4의 기준을 지키라고 임대사업자에게 강요하는 것이다. 아무리 살펴보아도 이 기준을 임대사업자의 의무라고 보는 것은 무리이다.

유엔 사회인권위원회의 '적절한 주거에 대한 권리' 일반논평 4
는 다음과 같다.

- 모든 사람들은 자신들의 경제적 처지에 적합한 주거를 구할
  수 있어야 한다.
- 모든 주거는 깨끗한 물, 전기, 채광, 상·하수도, 도로, 요리
  를 위한 에너지 사용, 세면시설, 음식물 저장 등의 필요한 설
  비 등을 갖추고 있어야 한다.
- 모든 주거는 노인, 장애인, 어린이, 환자 등이 이용하기 쉬워
  야 한다.
- 모든 주거는 일자리와 가까워야 하며, 보건소, 학교, 탁아소
  등의 사회적 시설들로부터 인접한 곳에 있어야 한다.
- 주택은 그 재료나 형태 등이 문화적으로 다양하다는 점을 인
  정해야 한다.

참여연대 등은 토지공개념에 대해서는 이미 헌법재판소가 "재
산권은 토지소유자가 이용가능한 모든 용도로 토지를 자유로이 최
대한 사용할 권리나 가장 경제적 또는 효율적으로 사용할 수 있는
권리를 보장하는 것을 의미하지 않으며, 입법자는 중요한 공익상의
이유로 토지를 일정 용도로 사용하는 권리를 제한할 수 있다."고 여
러 차례 확인(89헌마214, 90헌바16, 97헌바78)한 바 있다고 하면서,
"이번 헌법 개정 논의를 계기로 '주거권'을 국민의 헌법상 기본권으
로 명시하는 것과 동시에 '주거권'이 공허한 권리가 되지 않도록 정
부는 주거권을 내용적으로 실질화하는 조치를 취하여야 한다."[38]라
고 주장한 바 있다.

토지공개념과 '주거권'을 연계함으로써 '주거권'이 재산권을 침

해해도 되는 공익인 것처럼 설명하고 있으며, '주거권'을 실질화하는 조치로서 '주거공개념'을 정부에 건의하고 있는 것으로 보인다. '주거권'이 개인 재산권의 양보를 받으려 하기보다 정부가 '주거권'이 확보된 주거환경의 주택을 공급하도록 유도해야 한다. 민간임대주택이 밀집해 있는 지역에서 생활 SOC를 공급하는 것은 정부의 몫이며, 정부는 도시계획 및 단지계획 차원에서 '주거권'을 보장하도록 예산을 집행해야 한다.

주택시장에서는 일반논평 4의 '주거권' 확보의 수준에 따라 임대인과 임차인 간의 협상에 의한 임대료 차이로 나타난다. 정부가 임대료 인상률의 상한을 정하게 되면 임대인이 보장해 줄 수 있는 생활환경수준이 개선되기보다는, 시간이 지날수록 저하될 가능성이 크므로 정부 개입의 역작용으로 '주거권'이 점점 악화할 수도 있다.

유엔 사회인권위원회가 제시한 '주거권'의 내용에 '안정적인 거주기간'에 대한 규정은 없는데도 불구하고, 거주기간을 보장할 것을 '주거권'에 있는 것처럼 정부에 법안을 만들라고 요청함에 따라 이른바 임대차 3법이 발의되어 통과되었고 그 결과는 임차인들을 더욱 힘들게 만들고 말았다. 시장의 역습을 당한 꼴이다.

임대차 3법이란 전월세신고제, 전월세상한제, 계약갱신청구권제 등을 핵심으로 하는 '주택임대차보호법' 개정안과 '부동산 거래신고 등에 관한 법률' 개정안을 말한다. 계약갱신청구권제와 전월세상한제를 담고 있는 주택임대차보호법은 2020년 7월 30일 국회를 통과한 데 이어 7월 31일 국무회의를 통과하면서 바로 시행됐다. 또 전월세신고제의 근거가 되는 '부동산 거래신고 등에 관한 법률' 개정안은 7월 28일 국회 국토교통위원회 전체회의를 통과해 8월 4일 본회의를 통과했다.[39)]

국민의 힘 부동산시장 정상화특별위원회에서는 2020년 10월

28일 부동산정책방향으로 국민주거권 실현 및 주거복지 보장을 내세우며, 세부 입법 추진방향 중에 주거취약계층을 위한 공공임대주택 확대와 임차인 주거권을 강화하겠다고 한 바가 있다.[40] 앞으로 세부 입법내용을 살펴보아야 하겠지만, '주거권'에 대한 정확한 인식 위에 입법(안)이 마련되기를 바란다.

'주거권'은 헌법상의 사유재산권을 침해하는 공권력을 정당화하기 위해 선언된 것이 아니라 국가의 주거복지 정책의 방향성을 제시한 것이며, '안정적인 거주기간'에 관한 내용은 포함되어 있지 않다. 이미 대한민국은 지난 70여 년 동안 '주거권'의 보장을 위해 국토 및 도시계획, 그리고 건축 등과 관련되는 수많은 법과 규정을 통해 주거취약계층의 복지 향상을 위해 많은 노력을 해왔다. 아직도 부족한 것이 많이 있지만 일반 임차인의 거주기간 연장 문제를 '거주권'에 끼워 넣어 부작용이 많은 법안을 양산하는 것은 국가의 책무를 민간의 의무인양 포장하는 것이라 매우 안타까울 뿐이다.

임대차 3법의 시행과 함께, 전세가의 폭등 및 전세 물건 실종, 계약갱신청구권과 관련된 웃돈 거래 등 그 부작용이 심하게 나타나 가뜩이나 어려운 임차인들의 생활의 질을 악화시키는 모양으로 나타나고 있다. 이와 관련된 필자의 글이 '홍남기 권리금과 주거의 질(質) 추락"이라는 제목으로 일간신문에 실렸다.[41]

'홍남기신드롬'이라는 말이 있다고 한다. 홍 부총리 겸 기획재정부 장관이 현재 살고 있는 전셋집에는 집주인이 들어온다고 하니 이사를 가야 하는데, 본인이 소유하고 있는 경기 의왕 소재 아파트에 살고 있는 전세권자가 2+2 계약갱신청구권을 쓰겠다고 해 오도 가도 못하는 상황이었다. 그런데 며칠 전에 의왕 아파트의 세입자가 계약갱신청구권을 철회해 다행히 본인 소유의 아파트로 들어가게 됐는데, 언론 보도에 따르면 웃돈을 줘 내보냈다고 한다.

웃돈이 얼마였는지 모르나 지급한 게 사실이라면, 권리금처럼 굳어지는 것 아닌가 하는 우려를 하지 않을 수 없다. 많은 전문가가 부작용을 우려했던 임대차 3법이, 상가(商家)권리금시대를 넘어 한 번도 경험해 보지 못한 주택(住宅)권리금시대를 열게 되는 셈이다.

지난달 28일 문재인 대통령은 국회 국정연설에서 "국민의 주거(住居)안정에도 특별한 노력을 기울이겠다."며 "임대차 3법을 조기에 안착시키고 질 좋은 중형 공공임대아파트를 공급해 전세 시장을 기필코 안정시키겠다."고 했다. 임대차 3법의 부작용을 측근이 경험하고 있는데도 그것을 개선하려 하기보다 행정부서에는 이를 더 빨리 시행하고, LH, SH, GH 공사 등 공공주택 건설기관에는 85㎡ 수준의 공공임대아파트 공급을 확대하라고 지시한 격이다.

성공하려면 시계보다 나침반을 들고 가라는 말이 있다. 주택 안정에 국가수반이 특별한 관심을 갖고 있다는 건 잘 알겠지만, 그 방향이 국민의 삶의 현장과 동떨어져 있다면, 공허한 선언에 불과할 것이다. 임대차 3법 때문에 가장 힘들어하는 계층은 다주택자가 아니고 임차인임은 이미 알려져 있다.

부동산시장은 공간시장과 자산시장으로 나뉜다. 공공임대주택은 자산시장과는 거리가 멀다. 공공임대주택은 국가의 재원으로 짓게 되며, 많이 지을수록 각 공공기관의 부채는 늘고, 그 부채를 줄이기 위한 수고는 임대주택단지의 질적 저하를 초래한다. KTV 보도에 따르면, 우리나라의 공공임대주택 비율은 최근 OECD 평균 8%를 밑돌고, 유럽의 사회주택 평균 공급률은 20%에 가까우며, 네덜란드 32%, 오스트리아 23%, 덴마크 19%

라고 한다. 그리고 세계에서 가장 삶의 질이 좋다는 오스트리아의 수도 빈은 공공임대주택 비율이 40%나 된다고 한다. 그러면 이 지역들의 주택가격은 안정됐는가?

'유럽의 초저금리 정책으로 주요 도시의 20년 만기 주택담보대출(모기지) 금리는 1% 아래로 내려간 것으로 나타났으며, 독일 프랑크푸르트와 스웨덴 스톡홀름 등 유럽 주요 도시에서는 집값이 최소 30% 급등했고, 포르투갈과 룩셈부르크, 슬로바키아, 아일랜드 등 일부 국가에서는 40%나 폭등한 것으로 나타났다'는 뉴스핌의 기사를 보면 공공주택공급률과 주택 안정성은 비례하지 않는 것으로 보인다. 주거공간의 질적 차이로 인해 공공이 건설하고 있는 유럽 평균 20%의 공간시장 가격이 자산시장에 큰 영향을 주지 않기 때문이다.

간단한 사례만으로도, 80%나 되는 공간시장을 차지하고 있는 민간주택공급을 활성화하지 않으면 자산시장의 안정을 바라볼 수 없음은 자명하다. 전 세계 어느 나라든 정부가 반드시 도와줘야 하는 20%가량의 주택소비 취약계층이 있다. 이들을 위한 주택정책은 공공(公共)임대주택의 공급과 더불어 민간(民間) 임대시장을 정상화하는 것뿐이다.

3.3 외국 주거공개념의 실태

노벨 경제학상 수상자인 폴 크루그먼 교수가 미국 정부의 신종 코로나바이러스 감염증(코로나19)에 따른 추가 부양책 합의 지연을 두고 글로벌 금융위기보다 더 큰 대침체(The Greater Recession)가 올 것이라고 경고했다.[42] 한 국가의 경제발전은 그 나라의 토지 가격 등 자산 가격으로 나타나고, 축적된 개인의 자산은 경제침체

시기를 극복하게 한다. 국가이건 개인이건 투자의 욕구는 미래에 숨어있을지도 모르는 위기에 대한 가장 적절한 방어 수단이다. 현재 정부가 추진하고 있는 '주거공개념'과 같은 정책들이 사적 자산 축적의 기회를 감소시킨다면, 대침체의 시기를 어떻게 감당할 수 있는지에 대해 자문해 보아야 한다.

더구나 최근 우리나라 임대차 3법은 다른 글에서 다시 설명하겠지만 우리나라와는 전혀 다른 환경을 갖는 외국의 임대차보호법을 거의 그대로 원용한 것인데 독자들이 비교해 보도록 원문을 그대로 소개한다.[43]

아래와 같은 외국의 임대차보호법은 전국적 규제도 아닐뿐더러 규제효과도 없어 실효성이 떨어지고, 실험 중인 제도도 많이 있다.

1) 독일

독일에서 임대차계약을 주로 규율하는 법안은 민법이다. 임대차계약 최단기간은 1년으로 보고 있고, '특별한 사유'가 없으면 기한이 없는 계약관계로 체결되는 것이 일반적이다. 임차인이 계속 거주할 의사만 있다면 종신계약도 가능하다. 임대료는 기본적으로 집주인과 세입자의 합의로 결정되는데, 인상에는 제한을 두고 있다. 기본적으로 3년에 20% 넘게 올릴 수 없으며, 주정부의 판단에 따라 인상률을 15%로 더 제한할 수도 있다.

주거난이 심한 곳에서는 아예 처음 계약할 때 정하는 임대료도 규제할 수 있는 조항이 지난 2015년에 생겼다. '지역상례적 비교 임대료'를 정하고 이보다 10%를 초과하여 월세를 받지 못하도록 하는 강력한 조항이다. 즉 세입자의 '계속 거주권'이 강하게 보호되고 있다고 할 수 있다.

2) 프랑스

프랑스는 '임차관계 개선을 위한 법률'을 중심으로 임차인에 대한 보호를 시행하고 있다. 임대차 기간은 일반인의 경우에는 최소 3년, 법인의 경우에는 최소 6년의 임대차 기간이 보장된다. 이보다 짧은 계약기간은 법적으로 인정되지 않고 이보다 긴 기간만 인정된다. 계약 연장을 하지 않으려면 세입자는 만기가 되기 3개월 전까지 해지 의사를 통보하면 되며, 반면 집주인은 6개월 전까지 세입자에게 해지 의사를 통보해야 한다. 해지통보는 등기우편, 공증 등의 엄격한 형식을 거쳐야만 유효하다.

연장하지 않으려면 정당한 사유도 있어야 하는데 집주인이나 가족이 그 집에서 살아야 하는 경우, 세입자가 월세를 연체하거나 주거가 아닌 목적으로 사용하거나 이웃에게 큰 피해를 주는 등 세입자에게 귀책사유가 있는 경우 등으로 한정된다.

임대료 인상에도 제한이 있다. 국가통계경제연구원이 소비자물가지수를 고려해서 분기마다 기준임대료지수를 발표하는데, 이 지수를 초과해서 임대료를 인상할 수 없다. 또 프랑스에서도 주거난이 있는 인구 5만 명 이상 지역에는 임대료 상한과 하한을 정해 임대료 자체를 규제하기도 하며, 새로운 세입자와 계약을 할 때 이전 세입자가 내던 임대료도 계약서에 적게 해 과도한 임대료 인상을 방지하는 장치를 두고 있다.

3) 영국

영국은 1988년 제정된 주택법이 중요한 분기점이 된다. 그 이전에 체결된 계약은 규제를 받지만, 그 이후 체결된 계약은 규제를 거의 받지 않는다. 먼저 규제를 받는 임대차 계약의 경우, 계속 집에 머무르려는 세입자를 내보내려면 법원의 판단이 필요하다. 법원은 세입자가 다른 집으로 이사 갈 수 있다면 계약을 종료시킬 수 있고, 집을 훼손하거나 월세를 연체하거나 이웃에게 큰 피해를 준 경우에도 계약 종료를 명할 수 있다.

공정임대료(fair rent)개념도 있다. 시장 가격을 기초로 주택 연한, 집의 상태, 가구 등 추가로 제공되는 옵션 등을 고려해 결정된다. 집주인과 세입자가 임대료 합의에 이르지 못하면 감정평가청에 소속된 임대료 사정관이 나와서 공정임차료를 산정하게 되는데 그러면 집주인은 이 공정임대료 이상으로는 월세를 받을 수가 없다. 또 세입자가 사망하면 배우자가 계약을 승계하는 등 세입자의 권한이 높은 수준으로 보호받는다.

하지만 1988년 법안 이후, 즉 1989년 1월 이후 맺은 임대차 계약은 별다른 임대료 규제를 받지 않는다. 임대료 산정위원회가 있기는 하지만 시장의 시세를 따르도록 되어 있어 규제 효과가 있는 편은 아니라는 평가를 받고 있다.

4) 미국

미국은 일종의 모범안이라고 할 수 있는 '통일 주택임대차법'을 기반으로 각 주별로 각자의 임대차 관련 법을 운영하고 있다. 임대료 규제가 가능한 주는 뉴욕, 뉴저지, 워싱턴DC, 캘리포니아 등으로 알려져 있다. 개정안 제안 이유에 나온 뉴욕주의 경우를 살펴보면 세입자의 계약갱신청구권을 인정하고 있다. 집주인은 본인이나 가족이 세를 줬던 집에 들어가 살려고 하는 경우, 재건축을 해야 하는 경우 등에 계약 갱신을 거절할 수 있다. 이는 독일, 프랑스 등과 비슷하다.

임대료 규제는 뉴욕도 약간 복잡하다. 먼저 1947년 2월 이전에 지어진 오래된 아파트에는 임대료 상한제가 적용되며, 2년마다 최대기준임대료가 고시되는데 그 기준 안에서 월세를 정해야 한다. 1947년부터 74년 사이에 지어진 공동주택 일부에 대해서는 임대료 안정화 조치가 적용된다. 집주인에게 재산세에 대한 세액공제 혜택을 주는 대신 시세 이하로 월세를 받도록 규제하고 있다.

4. 토지 및 주거공개념 차원의 진단

4.1 토지공개념이 해법인가

토지공개념을 통해서 집값 문제가 해결된다면 전 세계에서 주택문제 때문에 노심초사하는 나라는 많이 줄어들 것이다. 우리나라의 어떤 정치인은 중국과 같은 공공토지임대제로 해결해야 한다고 주장한 바 있으며 또 헨리 조지의 단일 토지세 도입을 하자는 의견도 있었다.[44] 그 당시 국민의 합의를 끌어내는 데는 실패했지만, 여당의 대표가 한 말이기 때문에 전문가를 중심으로 우려의 목소리가 컸었다. 토지공개념이 적용되는 범위의 확대는 보수인가 진보인가에 따른 진영의 문제가 아니라 국가 체제의 문제와도 직결되는 매우 중대한 사안이다.

토지공개념의 양극단은 공산주의와 방임주의이다. 자유시장경제와 자유민주주의를 수호하고 있는 국가에서는 그 사이에서 어떤 지점을 선택할 것인가에 대한 고도의 정치적 판단이 필요하다. 이 판단의 결과는 머지않아 집권당에 대한 표로 나타나게 된다. 무주택자이거나 주거 취약계층은 토지소유권에 대한 부정적 인식이 크며, 그래도 살만한 집 한 채라도 갖고 있으면 정부의 개입을 탐탁하지 않게 여기게 마련이다. 전문가들의 의견도 분분하다.[45]

토지공개념의 도입이 국가의 정의로운 개입이라고 생각하는 것은 어려운 사람 편에서 서 있다는 일종의 만족감에 불과하고, 그들이 카타르시스를 느끼는 만큼 지지층으로 편입되기 때문이다. 그러나 이로 인한 사회·경제적 파급효과와 부작용을 예측할 수 없을 만큼 크고 방대하다. 토지의 자연(자원)과 자산이라는 속성 중에서 특히 자산의 가치를 현저히 낮추는 토지공개념일수록 법적으로는 국민의 기본권을 훼손하며, 경제적으로는 노후 대비 경제력을 취약하게 하며, 사회적으로는 열심히 일하려는 근로의욕을 저감시킴으로써, 국가는 치유할 수 없는 경제적 침체로 들어가게 될 것이다.

한 전문가는 "정부가 토지공개념 도입을 시사한 것은 추가 규제에 대한 시그널을 준 것과 마찬가지로 지나치게 규제 일변도로 가면 부동산시장은 장기침체에 빠질 수밖에 없다." 또 "부동산, 건설산업 투자가 침체가 되면 서민경제에도 영향이 있는 만큼 토지공개념 도입과 규제에 신중을 기해야 한다."라고 지적했다.[46]

다른 전문가는 "서유럽 등 선진국에서는 오래전부터 토지 공공성을 기본이념으로 하고 있다. 부동산이 돈벌이 수단이 되다 보니 돈이 부동산에만 몰리고 불로소득을 특정계층이 다 가져가는 불공평한 현상이 발생하는 것"이라며 "토지공개념이 강화되면 집이 돈벌이가 아닌 삶의 터전이라는 의식이 자리 잡히고 투기가 차단돼 시장이 안정화될 수 있다."라고 내다봤다.[47]

그러나, 토지공개념이 확대된 후의 최근의 부동산시장은 '영끌'이라는 용어가 등장할 정도의 '바잉패닉'으로 1년 사이에 서민들의 집 걱정이 더 깊어지고, 이제는 서울에 진입하기도 어려운 시대가 되었다는 푸념이 나오는 지경이 되었다. 토지공개념의 강화를 주장하는 전문가와 정치인들은 이에 대한 해답을 내놓아야 국민들의 집 걱정이 누그러질 것이다.

후생경제학이 다루고 있는 '분배'[48]와 존 롤스의 '평등'[49]에 관한 이론들은 매우 중요한 시사점을 주고 있지만, 어떤 방법으로 분배할 것이며, 어떤 분야에서 어떻게 분배하고 평등하게 할 것인가 하는 것은 오래된 과제이다. 1975년 아더 오쿤의 저서 『평등과 효율(Equality and Efficiency, The Big Tradeoff)』은 이 논쟁을 새롭게 조명하고 있다. 평등과 효율은 서로 거래관계(tradeoff)에 있으며, 더 많은 노력을 통해 얻는 추가 소득은 분명히 여가를 희생한 데 대한 공정한 보상일 뿐 아니라 노력하게 만드는 동기로도 유용한 것이라고 한다.[50]

우리나라는 아직도 이 논쟁의 한 가운데 서서, 국민을 가진 자와 없는 자로 나누고, 국민의 도덕성에 기대는 토지공개념 정책으로는 연일 고공 행진하는 집값을 잡을 수 없다고 본다. 다른 나라와 달리 우리나라 국민의 잘 살아보자는 열망이 컸었기 때문에 우리나라가 70여 년 만에 6.25의 폐허를 딛고 원조를 받던 빈국에서 원조를 주는 부국이 된 것이다. 토지공개념의 확대를 원하는 학자들의 의견대로, 30여 년 전부터 활발히 논의되었던 주거 평등 사회를 만들고자 한다면 토지공개념에서 자연의 가치에 더욱더 초점을 맞추는 정책이 필요하다. 그동안 우리나라가 개인의 사유권을 헌법으로 확실히 보장을 받지 못했다면 부국 대한민국은 존재하지 않았을 수도 있다고 생각한다. 내집마련을 목표로 씨앗자금을 만들기 위해 여가를 반납하고 땀 흘린 덕분에 한 채의 집이라도 장만할 수 있었던 것이다.

토지공개념에서 땅이 갖는 자연의 가치를 공유할 방안은 너무

도 많이 있다. 서울시가 2012년 공유도시를 선포하고, 2017년 '서울도시건축비엔날레'를 개최하면서 내세운 공기, 물, 불, 땅을 감지하고, 소통하며, 움직이고, 만들어, 다시 쓰는 친환경적 공유도시51)가 이제 4차 산업혁명기술로 점점 가능해졌다. 친환경적 공개념만 하더라도 추구해야 할 일이 태산 같은데, 자산의 가치까지 공개념에 포함시키려는 것이야말로 성경이 말하는 탐욕이 아닐까?

4.2 주거공개념이 해답인가

국가가 보장해야 하는 '주거권'을 국민에게 그 부담을 전가하는 '주거공개념'은 토지공개념보다 더 사유재산권을 침해할 뿐만 아니라, 주거생활이라는 극히 개인적인 삶의 영역에까지 정부가 개입하려는 의도가 담겨 있다고 본다. 가진 자는 주거 삶의 한 부분이라도 양보해야 한다는 논리는 궁색할 뿐만 아니라, 무책임하다. 국민이 세금을 내는 가장 큰 이유는 안정된 삶을 보장받고자 하는 것이다. 안정된 삶이라는 것은 예측 가능한 미래가 기준이 된다.

임차인이나 임대인이나 모두 국민이다. 임차인에 대한 배려는 자칫 임차인을 더 힘들게 하기도 한다. 비정규직 차별을 막기 위해 만든 규정이 비정규직을 더 양산한 사례가 있으며, 임차인을 보호하기 위한 법이 임대주택시장을 얼어붙게 만든 실태를 우리는 눈으로 보고 있다. 임차인이 임대인에게 을의 처지에 서게 된 이유는 오직 한 가지이다. 임대 물건의 수가 임차인의 수보다 적기 때문이다.

임대 물건의 공급자는 다주택자들이다. 국가가 공급하기에는 오랜 세월이 걸린다. 정부가 지금이라도 민간임대주택사업자들에게 인센티브를 주어 임대주택을 많이 짓도록 해야 한다. 당장은 민간

임대주택의 공급이 적기 때문에 주택을 통해 많은 이익을 챙기는 것 같지만 공급이 늘어나면 수익도 저절로 줄고, 임차인들의 임차 기회가 많아지므로 임대료도 낮아지는 것이다. 정부가 부담하는 공공임대주택은 주거취약계층을 위한 것에 한정하고 나머지 임대주택은 민간의 자금으로 짓게 되면, 정부의 재정지출도 줄이면서 임대시장도 안정화되는 두 마리 토끼를 다 잡을 수 있는 정책이다.

앞서도 언급을 했지만, 공공임대주택이 많아진다고 해서, 집값을 잡을 수 있는 것이 아니다. 민간임대주택과 공공임대주택은 수요에 따른 시장이 다르다. 민간임대주택도 일반 민간임대주택이 있고 공공지원 민간임대주택이 있다. 일반 민간임대주택은 개인소유의 주택을 임대하는 경우이고, 공공지원 민간임대주택[52]은 8년 이상 의무임대 후 대부분 기존 임차인이 분양을 받는 형식이다. 민간임대주택과는 시장이 다른 공공임대주택에 공공지원 민간임대주택을 포함해야 하는지는 아직 공공지원 민간임대주택이 활성화되거나 분양 후 입주한 사례가 거의 없어서 판단하기는 어렵다. 하지만 임대주택 전문기업이 임대 후 분양한 아파트의 경우, 시공 부실과 단지의 질의 문제가 있어 선호도가 많이 떨어지므로 공공지원 민간임대주택을 민간임대주택의 시장에 포함하는 것은 시기상조라고 본다.

조시 라이언-콜린스 등의 저서 『땅과 집값의 경제학』[53]에서 저자는 "땅 위에 있는 부동산의 소유는 '자유'의 한 형태이자 '도둑질'인 셈이다. 이 책을 접한 독자들은 자유주의적, 자유시장 지향적 접근법으로 땅 문제를 다루는 것은 이치에 맞지 않는다고 생각하게 되었으면 한다."라고 주장하며, 우리 삶의 불평등의 시작은 땅과 집에서 비롯되었다고 쓰고 있다. 이에 대한 대책으로 토지의 공적 소유, 공동체 토지신탁(CLT), 조세제도 개혁, 토지와 금융의 분리, 다양한 주택 보유 형태 확산, 경제이론에 지대의 포함 등 다양한 방안을 제시하고 있다. 반면, 저자는 이 대책들의 한계와 문제점들도 적시하고 있지만 여기서 일일이 열거하지는 않겠다.

우리나라 정부의 부동산정책은 외국에서도 검증이 제대로 안 되었거나, 부작용이 많은 제도가 검증 없이 적용된 '주거공개념'을 급히 일시에 도입하고자 함에 따라, 파열음이 어느 때보다 크게 울리고 있다. 전세난이나 주택 가격급등의 문제는 지난 수십 년 동안 정부가 해야 할 도심재개발은 민간에게 맡기고 민간이 해도 될 택지개발사업을 공공이 함으로서 드러난, 강남북 도심 공공임대주택의 절대부족에서 나타나는 현상이다. 지금이라도 지난 수십 년 누적된 부작용을 민간부문의 탓으로 돌리지 말고, 공공부문이 해야 할 본연의 임무라고 할 수 있는 주거취약계층과 젊은 직장인이 살고 싶은 곳에 임대주택 비율을 늘려나가는 실질적 주택정책을 펴야 한다. 시장의 힘을 빌리지 않고 주택문제를 해결하겠다는 것은 저 넓고 거친 태평양을 바람의 힘을 빌리지 않고 돛단배로 항해하려는 것과 같다.

토지 및 주거공개념과 관련된 연구를 하다 보면, 대부분 그 기원으로 나타나는 인물이 헨리 조지(Henry George)이다. 2020년은 '임대차 3법'으로 세간이 떠들썩했던 한 해이었다. 그 끝에 한 여권 정치인이 헨리 조지의 저서 『진보와 빈곤』을 소개하면서 그를 '거리로 내려온 예수님'이라는 표현을 쓰며, "더는 땅을 사고팔면서 부자가 된다는 생각조차 할 수 없는 세상이 되었으면 좋겠다."라고 했다. 이에 대해 한 야권 정치인이 "정반대의 정책만 내놓으면서 시장을 이겨 먹으려 들어서는 안 된다."라고 응수함으로써 불붙은 헨리 조지의 토지단일세에 대한 논쟁은 2021년에도 지속될 것이라는 예감이 든다.[54]

두 정치인의 논쟁은 접어두고, 독자들의 이해를 돕기 위해 『진보와 빈곤』의 핵심 내용을 정리해보면, 첫째, 다른 세금을 걷지 않아도 모든 세금은 토지세로 단일화하는 것으로 충분하다는 것과 둘째, 노동과 자본은 충분히 보상을 받아야 하므로 건축 등 토지개선에 들어간 비용에 대해서는 세금을 면제해야 노동과 자본을 촉진해 생산을 활성화한다는 것이다.[55]

앞에서는 헨리 조지를 예수로 비유하면서 뒤에서는 예수가 하신 말씀 중에 정권에서 필요한 것만 골라 사용함으로써, 토지세는 토지세대로 부과하고, 보유세, 거래세, 상속세, 개발부담금, 초과이익환수 등 각종 세금 및 준조세까지 부담시킴에 따라, 우리나라 토지 및 주거공개념은 사실상 정부에 의한 국민착취라는 비판을 받을 지경에 이른 것이다. 심지어 내가 소유한 집에서 무상으로 사는 것이 아니라, 국가에 비싼 월세를 내고 사는 것이라는 푸념이 나오는 것이다.

2020년은 토지 및 주거공개념이 징벌적 세금을 통해 결과적으로 모든 소유권을 국유화하려는 속셈이라는 것과 정권의 기반이 되는 계층에 카타르시스를 주려는 정책은 반드시 부작용을 가져오게 된다는 것을 모든 국민에게 정확히 알려준 한 해였다. 2021년에는 이 한권의 책이 주는 통찰력을 통해 부디 공개념이 시장에서 순기능을 할 수 있기를 염원해보는 것이 학문적 욕심만이 아니길 기원한다.

1) 고려 후기나 조선 초기에는 실질적으로 토지의 관리권을 집권 계층이나 대토지소유자가 가지게 되어 매매를 할 수 있는 사실상의 토지소유권이 이들에게 인정되었다고 볼 수 있다(강진철, 1995).

2) 토지공개념과 토지국유화는 다르다. 토지국유화는 국민의 개인별 소유권을 인정하지 않는 제도이나, 토지공개념은 공익을 위해 개인의 소유권을 제한하는 것을 말한다. 따라서 공산주의 국가에는 토지공개념이 존재하지 않으며, 그 원조를 따지자면 고대 중국의 정전제까지 거슬러 올라가나, 단일 지대조세제를 주장하여 유명해진 미국의 정치경제학자 헨리 조지(Henry George, 1839~1897)를 사상적 기원으로 보는 것이 일반적이다(참조: 대한민국 역대 정부별 부동산 대책, 나무위키, 네이버).

3) 윈스턴 처칠은 '토지독점은 모든 독점의 어머니이다.'라고 했으며, 존 로크, 윌리엄 블랙스톤, 토마스 칼라일, 아브라함 링컨 등 정치사상가들은 유사한 표현으로 자신들의 과오보다 희생양을 찾으므로 지지층을 결집해 왔다(참조: 뉴스앤조이, '토지 신유와 평균 지권' 박창수의 성경과 역사의 땅(3)).

4) 시사상식사전, pmg 지식엔진연구소(네이버 지식백과)

5) 한국민족문화대백과, 한국학중앙연구원 (네이버 지식백과)

6) 파스칼·세계대백과사전 제2권, 동서문화사, 1996.6, 1192~1193쪽.

7) 위키백과, 2020.8, 여기서 말하는 지대란 임대료 전액을 말하는 것이 아니라, 지주가 해당 토지를 사용했을 때 얻을 수 있는 수익을 초과하는 부분을 말한다. 즉, 해당 토지를 이용하여, 지주가 해당 토지를 활용했을 때 창출되는 부가가치를 초과 창출할 수 있는 세입자가 있다면, 지주의 최소요구수익을 초과하는 임대료를 지불하고자 할 것이고, 애덤 스미스는 지주가 얻게되는 이 초과수익에 대한 과세에 정당성을 부여한 것이지, 임대료 전체에 대한 과세를 정당화 한 것은 아니다.

8) Henry George, 인명사전, 2002.1.10., 인명사전편찬위원회, 미국의 경제학자·사회 개혁론자. 독학자로서 1879년에 주저 『진보와 빈곤 Progress and Poverty』을 저술, 각국어로 번역되어 수백만 부가 팔렸다. D. 리카도적인 지대론(地代論)에 입각, 인구의 증가나 기계 사용에 의한 이익은 토지의 독점적 소유자에게 거의 흡수되어 버리는 결과 빈부의 차가 커지고, 지대(地代)는 상승하여 이자 임금은 하락한다고 주장하였다. 따라서 토지 공유의 필요성을 설파하고, 그 방법으로서 모든 지대를 조세로 징수하여 그것을 사회 복지 등의 지출에 충당하라고 주장하였다. 그리고 이 세수(稅收)는 전체 재정 지출을 충당하고도 남음이 있다고 전제, 다른 조세는 철폐할 것을 주장하였

다. 그의 사상은 19세기 말의 영국 사회주의 운동에 커다란 영향을 끼치고, 널리 조지주의 운동을 일으켰다.

9) 위키백과, 2020.8.

10) 회계·세무 용어사전, 2006.8.25, 고성삼.

11) 이 당시 토지공개념 관련제도의 도입은 토지소유권에 대해 어떤 혁명적 변화를 요구하는 전혀 새로운 것이 아니었다. 토지공개념은 그 이전에도 토지소유·거래·이용의 각 측면에서 각종의 규제와 세제를 통한 공공부문의 시장 참여가 있었으므로, 토지공개념과 관련한 제도 개선은 공개념의 도입이 아니라, 확대 도입이었다(박헌주 외, 국토연구원, 1998.12.31.).

12) 주택경기를 살리기 위해 취해진 분양가 자율화는 2000년대 초반 주택경기 회복과 함께 또다시 분양가 급등으로 이어졌다. 고분양가로 주변 주택가격이 상승하고 다시 분양가를 올리는 악순환이 나타난 것이다. 당시 분양가 자율화 이후 서울 지역 아파트 평균 분양가는 1998년 512만 원에서 2006년 1546만 원으로 급상승하자, 분양가 규제의 목소리가 다시 힘을 얻기 시작했다. 이에 정부는 2005년 3월 9일 분양가상한제를 다시 도입하게 되었다. 정부는 무주택 서민의 주택마련 곤란, 건설업체 폭리 등의 문제점을 제기하며, 공공택지에서 건설·공급되는 주거전용 85㎡ 이하 주택은 택지비와 건축비를 기준으로 분양가 상한을 직접 규제하게 되었다. 또한, 판교 신도시와 은평 뉴타운의 고분양가에 대한 논란이 이어지며 민간아파트에 대한 분양가공개 요구 목소리가 높아졌다. 2006년 2월 24일부터는 분양가상한제 주택을 공공택지에서 건설·공급되는 주거전용면적 85㎡이하 주택뿐만 아니라 주거전용면적이 85㎡를 초과하는 주택에 대해서도 적용하게 되었으며, 2007년 9월 1일부터는 주택법 제38조 개정(2007년 4월 20일)에 따라 일반에게 건설·공급되는 모든 공동주택에 대하여 분양가상한제를 적용하게 되었다(한국민족문화대백과, 한국학중앙연구원).

13) 경기도홈페이지, 경기도뉴스포탈, '경기도 부동산 '화려한 부활'', 2009.

14) 조선닷컴, 땅집고, '이게 대책 효과?…서울 중저가 아파트값 고공행진', 김리영, 2020.7.24.

15) 참여연대는 지난 10여 년 동안 꾸준히 세금의 과세표준의 현실화를 주장해왔다. 2017년 6월 참여연대 정책 자료집에 보면, "종합부동산세를 정상화(최고 세율 3.0%)하고, 공정거래가액비율도 현행 80%에서 100%로 올려야 한다."고 주장하고 있다.

16) 헤럴드경제, '임대차법 '눈가리고 아웅'…전세난 진단~해법 모두 '엉터리'',양영경, 2020.11.23.

17) 매일경제, "'토지공개념 강화' 헌법에 새기려는 文…국민 재산권침해 우려',

2018.3.13.

18) 백인길, '부동산대책 논의는 토지공개념부터 확립해야', 대한국토·도시계획학회, 도시정보, 2019.7.

19) 김윤상, '시장친화적 토지공개념', 대한국토·도시계획학회, 국토계획, 제54권 제2호, 2019.4.

20) 이석희 외, '토지공개념 논의와 정책 설계', 대한국토·도시계획학회, 국토계획, 제54권 제2호, 2019.4.

21) 세계일보, '"토지국유화, 인민에 소유권 주자" 추미애 후보자의 주장?', 장현은, 2019.12.8.

22) 주간조선, '부동산 부자 천국 중국을 통해 본 토지공개념의 환상', 이동훈, 2020.5.11.

23) 공학도 블로그; https://blog.naver.com/ksj8406/221506213044

24) 한경비즈니스 제1274호, "미국처럼 높은 부동산 보유세율'이 집값 잡을까?' 2020.4.27.

25) 싱가폴의 경우는 1965년 말레이시아 독립 이후 토지 국유화 추진하여 2005년 85%가 국유화되어 있으며, 일부 사유권이 존재하고 있다.

26) 정교수 블로그; https://blog.naver.com/y2chung/221877591508

27) 국민이주 블로그; http://blog.naver.com/wjddmsqls2434/221978178262

28) 김성은, '독일의 토지공개념 운동:아 돌프 다마슈케와 독일토지개혁가연합을 중심으로', 건국대학교 법학연구소, 일감부동산법학 제21호 2020.8.

29) 배도현 외, '공동체토지신탁(CLT)제도의 운영요소의 국내 도입 방안', 대한국토·도시계획학회, 국토계획 제48권 제4호, 2013.8.

30) 이데일리, '"수익성 없는데.." 민간임대사업 포기', 양희동, 2014.8.18.

31) 내일신문, '"반값으로 내집마련 가능" 토지 공공소유, 건물만 분양', 장병호, 2005.9.2.

32) 윤주선, "중국에도 없는 주거공개념 광풍", 문화일보, 2020.8.3.

33) 조명래, [민생돋보기] 전월세 대책 '산 너머 산', SBS, 2015.2.23./YTN라디오, [생생경제] 2014.8.1. https://radio.ytn.co.kr/program/?f=2&id=31268&s_mcd=0206&s_hcd=15

34) 윤주선, '제2,3의 강남을 만들어야 집값 잡힌다.' 한경머니 2020년 11월호, 140쪽.

35) 김수현, '부동산은 끝났다', 오월의 봄, 388~397, 2017.8.11.

36) 연합뉴스 https://www.yna.co.kr/view/AKR20181024066000003

37) http://www.peoplepower21.org/StableLife/1555539

38) http://www.peoplepower21.org/StableLife/1555539 여기서는 안정적 거주
기간, 부담가능한 주거비 등 주거권 실질화 조치가 필요하다고 함으로써 이
들의 주장이 계약갱신청구권 등 임대차 3법의 토대가 되고 있음을 예상할 수
있다.

39) 시사상식사전, pmg 지식엔진연구소, (네이버 지식백과).

40) 국민의 힘 부동산정상화특별위원장 송석준 https://blog.naver.com/seogjuns/
222129882897

41) 윤주선, '홍남기 권리금과 주거의 질 저하', 문화일보, 2020.11.2.

42) 연합인포맥스, '폴 크루그먼 "글로벌 금융위기보다 더 심한 대침체가 온다"',
남승표, 2020.8.7.

43) MBC 뉴스, 뉴스인사이트, [팩트의 무게] 임대차보호법① 해외 선진국도 임
대료 규제? 남상호기자, 2020.6.12. https://imnews.imbc.com/newszoomin/
newsinsight/5807813_29123.html

44) 프레시안, '태초에 '갓물주'가 '토지'를 창조하시니라?', 조성찬, 2017.10.28.

45) 뉴시스1, '토지공개념 강화, 부동산 시장 여파…전문가들 '엇갈린 분석"', 국종
환, 2018.3.21.

46) 심교언, 전게서.

47) 조명래, 전게서.

48) 피구(Pigou, A.C.)의 저서 『후생경제학』에서 경제적 후생을 극대화하는 조건
으로서 국민소득, 즉 국민분배분이라고 하는 객관적으로 확정할 수 있는 경
제량의 증대방안을 연구하였다. 그러나 고소득자와 저소득자라는 상이한 개
인의 만족을 비교하여 그것을 양적으로 가산할 수 있느냐 하는 큰 문제가 있
다(출처: 박은태, 경제학사전, 경연사, 2011.3.9. 및 https://blog.naver.com
/hwangyan81/80037211881).

49) 존 롤스(J. Rawls)의 저서 『정의론』에서 자유의 원칙, 차등의 원칙, 기회균등
의 원칙을 통해, 자연적으로 타고난 능력이나 소질, 사회적 우연성에 의한 유
리한 여건들도 개인이 차지해야 할 도덕적 이유가 없으며 사회 전체의 공유로
해야 한다고 주장했다. 즉 정의란 '정당화될 수 없는 자의적인 불평등이 없는
상태'라고 한다(출처: 국토연구원, '공간이론의 사상가들', 한울, 2001.12).

50) 아더 오쿤(정용덕 역), '평등과 효율' 성균관대학교 출판부, 1992.3.10. 74쪽.

51) 배형민, 알레한드로 자에라폴로 편집, '공유도시－임박한 미래의 도시 질문',
서울도시건축비엔날레, 2017.9.

52) 중산층의 주거 불안을 해소하기 위하여 도입한 '뉴스테이(New Stay)' 정책의
장점은 살리면서 주거지원 계층에 대한 지원 등 공공성을 강화한 민간임대주

택정책으로서, 2018년 7월부터 시행된 '민간임대주택에 관한 특별법(민간임대주택법)'에 근거한다 [네이버 지식백과] 공공지원민간임대주택 [公共支援民間賃貸住宅](두산백과)

53) 조시 라이언스-콜린스 외(김아영 역), '땅과 집값의 경제학', 사이, 2020.8.10. 6장~7장.
54) 조선일보, '윤희숙, 유시민 땅부자 발언 저격... "정반대 정책만 내놓으면서", 강영수 2020.12.27.
55) 헨리 조지(이종인 역), 『진보와 빈곤』, 현대지성, 2019.5.23. 441~454쪽.

제**3**장

고밀화와 집값[1]

서울 집값, 진단과 처방

1. 들어가는 글

집값 논쟁을 줄이고 줄이면 결국 주택공급 과부족 여부와 집 값 적정성 여부 등 두 가지로 환원시킬 수 있다. 공급과 가격 수준 의 적정성에 대해 명확한 판단 기준이 없었기 때문에 지금까지 한 국사회에서 집값 논쟁은 시사적(suggestive) 논변이 중심이 되었고 그 결과, 논란이 계속되고 있는 것이 현실이다. 서울시의 현 밀도규 제가 지나치게 심하고 그 결과 주택공급이 바람직한 수준보다 많이 낮고 집값이 높다는 점을 논증하고자 한다.

서울 집값이 높은 것이 풍부한 유동성 때문이라는 주장도 있 지만 이것 역시 사실이 아니고, 그 연장선상에서 투기 때문에 집값 이 높은 것이 아니다. 과도한 밀도규제로 집값이 상승하면 그만큼 무주택자와 집을 사는 사람은 더 내야 하고, 그 곱절로 소득격차가 나며, 시간이 지나 부익부 빈익빈으로 축적되고, 사회 전반의 불평 등 지수는 높아진다. 서울시의 저밀화는 시가지를 확산시키고, 고령 화·저출산 시대 대도시권 관리를 어렵게 한다. 최근 연구에 따르면 코로나 이후에도 여전히 압축개발은 유효하다. 또한 밀도 상한으로 공급가능 총량에 제한이 있어서 재개발·재건축을 해도 집값을 추 세 가격에 유지하는 수준에 그친다. 그러나 서울 전역에서 고밀화하면 집값은 그 몇 배가 떨어진다. 따라서 서울시내 주거지 고밀화가 아닌 어떤 요법도 대증요법이 된다. 심지어 중국식 토지 공공임대제조차.

2. 고밀화의 타당성

서울에서 아파트를 공급하는 방식은 대략 네가지다.

- 방안 1: 기존 아파트 단지의 고밀화(고밀화방식)
- 방안 2: 서울 밖에 아파트 짓기(교외개발방식)
- 방안 3: 역세권 비주거용 토지를 중심으로 고밀화하고 여기에 주거를 공급하는 방식(역세권 고밀화방식)
- 방안 4: 서울 안 저층 주거지역 재개발을 통한 아파트 공급(재개발방식)

방안 3은 변창흠 국토교통부장관의 서울 집값 대책 가운데 하나다. 이 절에서는 방안 1, 2 가운데 어느 것이 더 좋은 방안인지 알아본다. 방안 3, 4는 본 장 뒤에서 알아본다. 우선 방안 1과 2를 비교한다.

평당 건축비 600만 원을 들이면 2020년 현재 서울시에서 평당 3,000만 원짜리 아파트 한 평을 공급할 수 있다. 즉 용적률 상한 규제를 일부 완화하면 건축비의 5배에 해당하는 편익을 거둔다. 아파트 1평 공급에 수반하는 사회적 비용을 우선 이 건축비로 근사시켜

볼 수 있다. 이때 아파트 1평을 공급하면 주택부문에서 비효율이 3,000만－600만＝2,400만 원 개선된다. 필자가 이 책에서 주장하는 바는 기본적으로 이러한 비용·편익분석 결과를 토대로 이뤄진다. 이 2,400만 원은 수요가격과 공급가격간 격차로서 지금부터 가격격차라고 간단히 부르겠다.

이 계산과정에 대해 알아본다.

$$고밀화의\ 사회적\ 순편익＝주택부문의\ 비효율\ 개선$$
$$－서울시계\ 내\ 경관/환경\ 비용\ 증가(A)$$
$$＝2,400만\ 원/평－A$$

이 수학적 결과물(이혁주·유상균, 2021)은 대단히 직관적이다. 첫째, 밀도 그 자체는 통행비용(marginal transport cost)에 영향을 주지 않고, 따라서 밀도규제는 주어진 두 기종점 간 교통수요에 직접적으로 영향을 미치지 않는다. 또한 어떤 지구의 밀도를 낮추면 국지적으로 혼잡이 줄어들지만, 기종점이 서로 멀어져 대도시권 전반의 통행량이 늘고 밀도규제의 혼잡개선 효과가 대부분 자기 상쇄된다. 대도시권 교통혼잡의 주원인 가운데 하나가 원거리 통행의 증가다. 최선의 정책수단으로 교통혼잡을 완화하여 거둘 수 있는 사회적 순편익은 25만 원/가구/년(가구당 소득 5,000만 원의 0.5%) 정도이다. 밀도규제의 혼잡 개선효과를 이 효과의 1/5로 잡으면 밀도규제의 효과는 5만 원/가구/년이다. 가구당 아파트 점유 면적이 평균 25평, 할인율을 4%라고 할 때 가격격차 2,400만 원/평(저량)은 2,400만 원/평*25평/가구*4%/년＝2,400만 원/가구/년(유량)으로 바로 전환할 수 있다. 그런데 고밀화는 밀도규제라는 저밀화의 역과정이다. 따라서 고밀화의 혼잡 증가 비용은 5만 원/가구/년이 되고,

고밀화의 사회적 순편익을 다시 계산하면 $2,400 - 5 = 2,395$만 원/가구/년이 된다.

둘째, 압축개발이 가장 값싼 주택공급 방식이라는 계획계의 대체적 합의를 받아들이면, 기반시설 투자비 측면에서 서울시계 내 고밀개발이 시계 밖 개발보다 유리하다. 고밀화의 타당성이 떨어지도록 이러한 이점을 무시하고 더 따져보자.

이제 부분적으로 밀도를 높여 아파트를 더 공급하면 그 사회적 순편익이 2,395만 원/평 − A로 표현된다. 만약 사회적 순편익 = 2,395 − A > 0이면 고밀화는 경제적으로 타당하다. 그런데 2,395만 원은 평당 가격 3,000만 원의 4/5, 즉 집 한 채 값의 80%에 달한다. 계획가가 고밀화를 주저하는 이유는 여러 가지인데, 그 중 하나가 환경 및 경관에 미치는 악영향이다. 고밀화에 수반하는 환경 및 경관 비용이 A라면, 그 반대과정인 저밀화 즉 밀도규제로 인한 서울의 환경 및 경과의 개선편익은 A라는 말이다.

그런데 밀도규제의 환경편익 A가 서울 아파트값의 80%보다는 작을 것이다. 조사 연구에 따르면 경관가치가 집값에서 차지하는 비중은 10%내외에 불과하다. 즉 A < 집값의 80% ⇔ A < 2,395만 원/평 ⇔ 2,395만 원/평 − A > 0일 것이다. 주택은 일차적 기능이 눈비, 추위, 더위를 피하고, 몸을 숨기고 쉬는 것(shelter)이다. 이 기본용도의 가치가 주택이 담고 있는 환경가치보다 클 것이다. 경관과 환경이 좋으면 더 없이 좋지만 나빠도 생존에 지장이 있는 것은 아니다. 현대 건축 및 위생공학의 수준 그리고 소득 3만불 한국은 100~200년 전 유럽 및 조선과 다르다. 따라서 고밀화의 사회적 순편익 = 2,395만 원 − A > 0이다.

저밀화 즉 밀도규제는 그 역과정으로서

밀도규제의 사회적 순편익 = (− 1) × (고밀화의 사회적 순편익)
= 규제의 편익 − 규제의 비용
= A − 2,395만 원 < 0 ·· (1)

이다. 이들 수식을 유도하면서 편익과 비용의 집값 자본화 과정을
이용하지 않았다. 따라서 이들 수식은 편익과 비용의 집값 자본화
와 무관하게 성립한다.

식(1)에 따르면 고밀화는 사회적 순편익이 (+), 현 밀도규제는
사회적 순편익이 (−)이다. 따라서 서울에서 아파트 단지의 용적률
을 지금보다 높이는 것이 경제적으로 타당하다. 기성 시가지 고밀
화가 아닌 주택정책은 기본적으로 효과가 제한적이나 대중요법이
다. 가격격차가 수요가격의 80%라는 점을 기억하라. 이 점 차차 더
설명하겠다.

- 퀴즈: 지금까지 논의하면서 서울 아파트 단지 고밀화의 사회
  적 편익 항목 하나가 누락되었다. 이 항목은 앞서 본 비용 −
  편익분석의 판을 바꿀 만큼 중요하다. 그것이 무엇인가?

고밀화가 경제적으로 타당하기 때문에 주택의 공급비용(resource
cost)은 토지비용을 포함하지 않고 평당 건축비 600만 원/평만으로
구성된다. 한가한 도로에서 통행 한 단위 공급비용에 도로 확장비
용을 포함하지 않는 것도 같은 원리이다.

3. 기존 논쟁에 대한 시사

3.1 유동성과 집값

서울 집값이 높은 이유로 부동산 투기, 그리고 풍부한 유동성과 저금리 등 금융요인이 자주 거론된다. 풍부한 유동성은 투기에 쓸 수 있는 자금의 원천이기 때문이다. 박근혜 정부 시절 가계부채가 빠른 속도로 증가했던 경험이 있고, 한국의 기준금리는 2020년 들어 1% 아래로 떨어졌다. 또한 2008년 금융위기와 최근 전염병 사태를 거치면서 경기부양 수단으로서 양적 완화는 세계 주요국에서 이미 일상화된 것 같다.

국내외 연구결과를 종합해 보면 대중의 인식이 다소 과장되었다는 인상을 갖게 된다. OECD 유로지역 집값 통계에 따르면 2008년 금융위기 이후 집값은 다시 장기 추세로 복귀하는 모습을 볼 수 있다.

그런데 이들 연구는 밀도규제 요인을 금융요인과 함께 하나의 분석틀에서 연구하지 않은 공통점이 있다. 기존 연구에서 사용한 요인에 서울시 주택보급률 변수를 추가해서 가계부채와 밀도규제의 영향력을 측정해보자. 거시요인으로서 주택건설 착공실적, 가구수,

〈그림 3-1〉 가계부채 대 주택보급률

범례:
— 실제 가격   ····· 1.05*가계부채   — 0.95*가계부채
— 1.05*주택보급률   ····· 0.95*주택보급률

이자율, KOSPI, 산업활동 지수, 전세가격 등이 있다.

<그림 3-1>은 주택보급률, 가계부채를 각 시점에서 5% 증감시켰을 때 장기적으로 관찰하게 되는 균형 아파트값을 보여준다. 가계부채는 아파트가격에 영향을 거의 미치지 못하는데 실제 가격 곡선과 구분이 안 될 정도이다(곡선 "0.95*가계부채"). 반면 주택보급률을 5% 높이면 서울 아파트값은 대폭 하락하고(맨 아래 점선), 5% 낮추면 서울 아파트값은 대폭 상승한다(맨 위 실선).

<그림 3-1>에서 수식 하나만을 이용해 각 변수가 집값에 미치는 영향을 평가했다. 이제 집값에 영향을 미치는 여러 변수간 상호작용을 허용하고 똑같은 평가를 해보자. 이런 분석을 하기 위해 앞서 열거한 여러 가지 변수들간의 상호관계를 수식으로 우선 추정했다. 다음 단계에서 2018년 7월 현재 서울시 아파트 단지 전

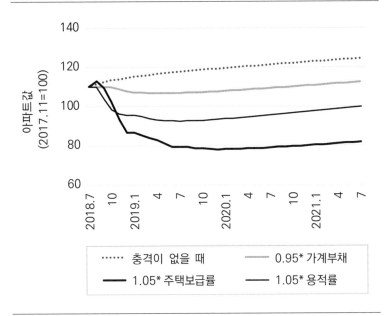

자료: 한국부동산원(2020.11)

체의 용적률을 일시에 5% 상향 조정하고 다른 변수는 2018년 7월 현재 값을 그대로 유지했을 때 서울 아파트값이 어떻게 변하는지 조사했다. <그림 3-2> "1.05*용적률"이 그 결과다. 그림에서 "충격이 없을 때"에 해당하는 곡선은 과거 추세를 미래로 연장한 곡선이다. 용적률을 5% 올렸을 때 아파트값이 떨어지는 효과가 뚜렷하다. 비슷한 실험을 가계부채와 주택보급률 변수에 대해서도 시행했다. 가계부채는 2018년 7월 당시 수준에서 5% 내린 후, 주택보급률은 2018년 7월 당시 수준에서 5% 올린 후 아파트값에 미치는 영향을 각각 평가했다. 그 결과가 <그림 3-2> 나머지 곡선들이다. 전체적으로 시장의 수급과 관련된 요인이 서울 아파트값을 좌우한다.

위 실험을 하면서 용적률 규제완화의 효과를 보수적으로 추정했다. 이와 관련 중요한 모수가 주택수요의 가격탄력성인데, 위 실험에서 이 탄력성이 0.5라고 가정했다. 탄력성 평균은 관련 논문에서 0.2 정도인데 이 수치를 이용해 다시 실험하면 가격하락 효과는 위에서 본 가격하락 효과의 2.5배나 된다.

각 변수가 집값에 미치는 영향은 측정방식에 따라 서로 다르게 주어지는데 이 점을 고려해 변수의 종류, 변수의 변환 방식, 수식의 함수형, 통계적 유의도 등 여러 가지 변화를 주어도 대체로 비슷한 결과를 얻는다. 여기에는 가계부채 대신 M2와 같은 유동성 지표도 포함된다. 예를 하나 든다. 통계적으로 유의미한 효과만을 고려해 비교하면 유동성의 효과가 더 줄어들기도 한다. 서울시 전역에서 용적률을 5% 올리고, 마찬가지로 가계부채를 5% 줄일 때, 전자의 효과는 후자 효과의 45배에 달한다. 이렇게 보면 유동성이 서울의 집값에 미치는 영향은 실제보다 과장되었다. 무시해도 좋은 크기다. 이상 논의 결과를 토대로 다음과 같이 기술할 수 있다.

용적률을 높이고 그 결과 주택공급 기반이 확충되면 서울 집값은 대폭 떨어진다. ·· (2)

금융변수가 설명변수로서 지닌 근본적인 문제는 수요가격과 공급가격 간 격차를 설명할 수 없다는 것이다. 이 가격격차는 지난 수십 년 동안 수요가격의 70~80%에 달했는데 금융변수 포함 여러 가지 경제변수, 경기변동과 관계없이 존재해 왔다. 금융변수가 이를 설명하려면 그에 걸맞는 경제학적 논거가 있어야 한다. 즉 어떤 경제변수도 이 가격격차를 설명할 수 없다. 소득 및 가구수 증가도 예외가 아니다. 이들은 주어진 조건으로 계획과제이다. 이것이 문제라면 해결해야 할 대상이지 이것이 원인이 되어 막대한 가격격차가 장기간 존재한다는 것은 공급체계에 문제가 있다는 말이다. 막대한 가격격차는 그 자체 비효율이고 주택지불 가능성(housing afforability)을 악화한다. 그리고 대도시권을 확산시킨다.

강남의 살기 좋은 거주 환경도 마찬가지다. 강남에서 아파트가 격에 낀 가격격차＝수요가격 8,000만 원/평 − 건설비 1,000만 원/평 ＝7,000만 원/평은 그만큼 비효율의 크기도 천문학적이라는 말이다. 주택공급을 늘려서 집값을 떨어뜨리든 아니면 건축비가 많이 드는 주거를 공급하여 가격격차를 줄이든 공급이 늘면 강남 아파트 값의 가격격차는 현재보다 대폭 준다. 강남 이외 주택이 원활하게 공급되면 "똑똑한 한 채"에 대한 수요가 줄어 강남 집값은 더 떨어질 것이다.

공급이 늘어 도시 기반시설과 주거환경에 심각한 문제가 생기면 '사회적' 공급비용이 올라 수요가격 − 사회적 공급비용＝사회적 가격격차는 줄어든다. 종전에 크게 문제가 되지 않던 경관의 훼손이 심각하게 인식되면 현재 집값의 10%에 불과한 경관의 가치(김근준, 2018)가 주택공급 한계단위에서 집값의 절반을 차지할 수도 있다. 또한 아파트 단지 용적률 상향 때문에 발생하는 쾌적성 감소의 가치가 25만 원/년/가구(Lee, 2016)에서 대폭 증가할 수 있다. 고소득층일수록 이러한 쾌적성 감소에 더 민감하게 반응할 수 있다. 이들 모든 요인은 철근, 콘크리트 비용 중심의 한계 공급비용에 더해 집합소비재의 성격을 갖는 가치를 희생하는 데 따른 비용으로서 고밀화가 진전될수록 기하급수적으로 증가할 수 있다.

만약 일정 수준 이상 고밀화가 바람직하지 않다고 주민이 생각하면, 그것이 주택시장에서 시장지배력을 강화하려는 동기가 아닌 한(미국과 달리) 사회적 공급비용(marginal social cost of housing supply)은 무한대가 된다. 이때 '사회적' 공급곡선은 수직선이 되어 강남 아파트에서 '사회적' 가격격차는 0이 된다. <그림 3-3>에서 고밀화의 결과 주택재고가 현재 H_0에서 H_1까지 증가하게 되면서 사람들이 그 이상 고밀화하는 것이 과밀·혼잡과 경관, 아파트 단지 쾌적성 저하 때문에 용인하기 어렵다고 느낄 수 있다. 이때 아파트 추가 공급비용은 무한대가 되고 사회적 공급비용 곡선은 수직선이 된다.

〈그림 3-3〉 주택공급비용과 가격격차

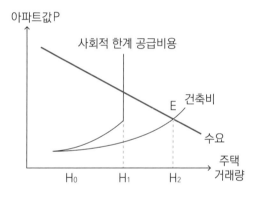

그런데 주택수요가 많은 곳은 그렇지 않은 곳보다 집값이 높기 때문에, 이렇게 형성된 '사회적' 균형가격, 즉 적정 균형가격은 통상 강북보다 강남에서 더 높을 것이다. 밀도규제가 완화된다고 서울 집값이 모두 건축비가 되는 것은 아니다. 즉 밀도규제 완화론 하에서 서울 시내 집값이 모두 같아야 할 이유는 없다. 집값의 기존 공간변화 패턴은 전반적으로 유지될 것이다. 다시 말해 고밀화하에서도 6장에서 처방으로 제시한 동심원적 집값 구조는 대체로 유지

될 것이다.

한편 투기가 원인이라면 공급가격의 네댓 배에 달하는 극심한 거품가격이 어떻게 지난 수십 년간 지속될 수 있었는지 설명할 수 있어야 한다. 서울 주택의 외지 점유율이 다른 대도시권에 비해 특히 높았던 것도 아닌데, 서울의 경우 OECD 주요국이 금융위기 당시 경험했던 때보다 훨씬 긴 기간 거품이 제거되지 않고 유지되고 있다. 서브프라임 모기지 사태 당시 1995년 주택가격 저점 이후 평상시 기준 6년 주기의 두 배에 달하는 기간 동안 거품이 유지된 후 결국 붕괴했다. 서울 집값은 그 몇 배 더 긴 기간 동안 거품이 제거되지 않고 유지되고 있는 셈이다.[2] 투기적 시각에서 보았을 때 서울 집값은 지나치게 이례적이다.

집값의 거품을 조사해보아도 비슷한 결론을 얻는다. 주택의 본원가격을 주요 경제변수를 이용해 추정하면 본원가격 곡선은 <그림 3-1> 실제가격 곡선에서 자잘한 요철을 약간 줄여서 다시 그린 모습을 한다. 이때 실제가격 − 본원가격 > 0으로 정의되는 가격거품은 가격격차에 비해 매우 작은 크기이다.

또한 서울 집값은 주택공급비용과 밀접한 관련이 있는 전세가격과 비슷한 패턴으로 변했다. 2008년 금융위기 전후 미국 주택시장에서도 마찬가지였다. 따라서 금융변수는 단·중기 집값 변동곡선 위 이동을 설명하는 데 도움을 주지만, 집값의 대부분을 차지하는 가격격차를 설명하는 데는 사실상 무력하다. 밀도규제를 완화하면 이 가격격차의 상당 부분을 없앨 수 있다. 금융변수가 높은 집값의 원인이라고 주장하려면 밀도규제만큼 설득력 있는 논거가 필요하다. 이제 이 가격격차는 밀도규제 때문에 생겨났음이 분명해졌다. 이 가격격차를 이하 할당지대율, 간단히 할당지대라고도 부르겠다.

한편 용적률이라는 정책수단은 집값을 안정화하는 데 직접 사용할 수 있는 수단인데 반해 가계부채라는 정책수단은 정부가 통제하는 데 상당한 제약이 따른다. 설령 통제할 수 있다고 해도 대출규제가 집값에 미치는 영향은 무시해도 좋은 크기다(황관석, 2020). 이뿐 아니라 유동성 변수는 집값 안정화만을 위해 사용할 수 있는 수단이 아니다. 이자율 역시 저금리 현상 때문에 정책의 효과가 낮고, 이 수단 역시 집값만을 위해 동원할 수 있는 수단이 아니다. 즉 유동성, 이자율과 같은 금융변수는 효과도 작을 뿐 아니라 적실한 정책수단도 아니다. 요약하면 유동성은 통계와 이론, 정책수단의 가용성 등 세 가지 측면에서 서울의 높은 집값과 별 관계가 없다.

그렇다면 서울시 전역에서 용적률을 올려 주택을 더 공급하는 것은 쉬운 일인가? 다른 정책수단에 비해 분명히 그렇다. 요즘 서울 재건축 아파트 단지의 건폐율은 보통 15%다. 10,000평짜리 아파트에서 1,500평만 쓰고 나머지 8,500평은 대부분 지상 녹지공간으로 활용한다. 여기서 300평만 집을 더 지어도 아파트를 20% 더 공급할 수 있다. 건폐율로 300평/10,000평=3%p 증가에 불과하다. 건물이 5동 있던 아파트 단지에서 1동을 더 추가할 수 있다. 사람에 따라 건폐율 3%p 증가에도 불구하고, 세대수가 20% 증가하기 때문에 단지가 답답하다고 느낄 수도 있다. 이 경우 건물 높이를 조정해 완화하는 것도 생각해 볼 수 있다. 이것이 정 문제가 된다면 원하는 곳에 한해 선택하도록 허용하는 것도 방법이다.

이론상 아파트 재고의 20%인 30만호가 추가 공급되면 집값은 최소 40% 하락, 서울 인구는 30만호*(20% 외지인 점유)*가구당 3인=18만 명 증가한다. 물론 증가 인구 가운데 상당수는 집이 비싸 서울 밖으로 쫓겨난 사람들일 것이다. 고밀화로 아파트 단지가 답답한 느낌이 들기 때문에 반대하는 것은 주택의 기본 기능 즉 눈비를 피하고 도피하고 쉬는 공간으로서 주택의 쉘터(shelter) 기능보다

주택의 사치재적 기능을 중시하는 사고다. 서울연구원 어떤 연구자의 반대 이유가 이 "답답함"이었다. 계급적 편향이라고 비판받을 만하다.

3.2 주택공급 과부족 논쟁

현실 세계에서 벌어지는 논쟁의 끝은 결국 집값이 높은지 낮은지, 그리고 주택공급의 충분한지 부족한지 그 여부로 귀결되는데, 이 질문에 대해 계획가, 정치인, 전문가 등 사회 각 분야에서 다양한 주장 그러나 그 논거가 모호한 주장들을 쏟아낸다. 그 이유는 기본적으로 규제가 없을 때 성립하는 균형 수급량을 알기가 쉽지 않기 때문이다. 이 값을 모르니 적정 공급수준도 모르게 된다. 주택보급률, 소득 대비 집값 등 여러 가지 지표가 있지만, 어느 지표도 주택공급의 과부족에 대해 명확한 답을 주지 못한다. 이를테면 주택보급률의 경우 멸실주택과 서울 이외 거주자로서 집이 없어 서울에 살수 없는 가구 등이 지표 산식에서 빠진다. 사람에 따라 자신의 주장과 어울리는 시사적 통계와 증거를 이용해 얼마든지 주택이 부족하다거나 충분히 공급되고 있다고 말할 수 있다.

수요가격과 공급가격 간 차이 즉, 가격격차 개념을 이용하면 이 질문에 대해 의미 있는 답을 할 수 있다. <그림 3-4>에서 균형거래량 h_0는 직접 시장에서 관측할 수 없고 오직 현 거래량 h_1만 관측할 수 있다. 그런데 밀도규제 때문에 서울시에서 공급가능한 아파트 총량이 제한되면 될수록, 시장 가격 A와 공급비용 B 사이의 거리가 클 것이다. 즉 주택공급의 과부족 여부와 그 정도를 A, B 사이의 거리 즉 앞서 알아본 가격격차를 이용해 측정할 수 있다.

그런데 이 가격격차가 서울 아파트값의 70~80%에 달한다는 것은 현 공급량 h_1이 균형 거래량 h_0보다 매우 작다는 것을 시사한다. 앞서 우리는 이 가격격차가 근사적으로 사회적 순손실에 해당한다는 점을 확인했다. 따라서 현 공급량 h_1은 '사회적 최적' 공급량에 비해 매우 낮은 수준이라는 것을 알 수 있다.

〈그림 3-4〉 주택공급 과부족과 가격격차 간 관계

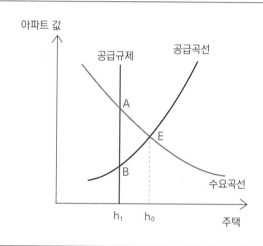

이 가격격차는 현재로서는 오직 밀도규제만이 설명할 수 있기 때문에 이 가격격차는 규제론에서 말하는 할당지대(율)에 해당한다. 이 가격격차는 공급이 인위적으로 제한되어 발생한 기회비용 이상의 보수로서, 위험사업을 수행했을 때 기업가에게 주어지는 보상과 달리 정부 규제로 시장 진입이 막혀 생성된 안전사업의 수익이다. 서울소재 거의 모든 아파트 단지, 거의 모든 호에서 이 수요가격은

공급가격을 초과한다. 다른 대도시권도 비슷하다(8장 <그림 8−1> 참고).

3.3 "주택공급=집값 상승+부작용"이라는 퍼즐

문재인 정부가 투기억제와 불로소득 환수 중심의 주택정책 즉, 주택수요 관리정책에 집중하는 것은 지금까지 주택공급으로 집값을 잡는 데 번번이 실패했다는 나름의 역사적 경험이 그 기저에 깔려 있다. 진보계열의 한 학자는 이를 두고 주택공급=집값 상승+부작용이라고 하면서 그간 재개발, 재건축의 역사는 용적률 상향 조정의 역사였고, 과거 그린벨트 해제와 준농림지 공급에도 불구하고 집값은 잡히지 않았다고 말한다. 물론 주택 수요처와 공급처 간 공간적 불일치 때문에 이런 문제가 발생한 것이긴 하지만, 이런 아픈 기억은 진보계열에게 주택공급론을 불신하게 만들었다. 앞서 본 <그림 3−2>는 이러한 '역사적 경험'과 달리 고밀화가 집값을 낮춘다는 통계적 반례다.

주택공급=집값 상승+부작용이라는 믿음과 그 유사명제는 진보계열 주택정책관의 기저를 형성하는 핵심 논거로서 이론 모형을 이용해 그 진위를 다시 알아보자. 교통계획과 도시경제학에서 쓰이는 연산가능 토지이용−교통 일반균형모형을 이용하자. 서울시를 중심과 외곽 두 곳 도합 3개의 구역으로 나눈 공간모형을 이용한다.

구역 2의 용적률 즉 서울 도심 용적률만 상향조정하는 경우를 보자. <그림 3−5a>가 그 실험결과다. 잠재 수요가 충분한 상황에서 서울 도심의 유리한 개발 조건은 이곳의 개발이익(즉 땅값, 점선)만 증가시키고 집값을 내리지 못했다(실선). 반면 서울시 전역에

〈그림 3-5〉 용적률의 일부 지역 상향 대(對) 도시 전체 상향

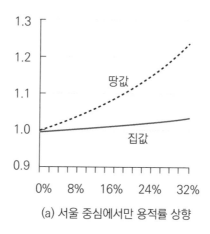

(a) 서울 중심에서만 용적률 상향

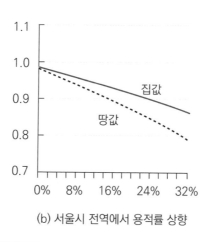

(b) 서울시 전역에서 용적률 상향

서 용적률을 상향 조정하면 〈그림 3-5b〉에서 보듯이 똑같은 서
울 도심에서 집값과 땅값 모두가 하락한다. 밀도규제를 많이 완화
할수록 개발이익이 증가하고 투기 광풍이 이는 상황이 〈그림

3−5a>다. 즉 "고밀화하든 옆으로 늘리든 공급확대 논리로 (부동산)가격을 안정시킬 수 없고 각종 부작용을 낼 수밖에 없다."는 주장은 <그림 3−5a>만 보고 주택공급과 가격 간 존재하는 통계적 상관관계를 인과론으로 치환하는 오류를 범한 것이다. 경제학의 기본원리와 충돌할 수 있는 명제임에도 불구하고 더 이상 회의(懷疑)하지 않고 이를 수용한 것이다. 7장 <그림 7−2>에서는 밀도규제가 자치구 간 개발이익의 부익부 빈익빈까지 야기함을 확인할 수 있다. 이 논리는 서울 대 지방으로까지 확대되고, 서울의 밀도규제가 강할수록 개발이익 측면에서 지방이 상대적 박탈감을 느끼는 원인이 된다.

3.4 최적 용적률과 유·무주택가구의 후생

수요가격이 공급가격(=공급비용)의 네댓 배나 된다는 것은 무주택자가 과도하게 높은 임차료를 지불하고, 그 액수가 큰 만큼 시간이 지나면서 아파트발 부익부 빈익빈 현상으로 발전한다. 이제 실제로 밀도규제 때문에 아파트가 얼마나 과소 공급되었는지 측정해보자. <그림 3−4> h_0는 현실에서 관찰할 수 없기 때문에 통계적 기법이 아닌 다른 기법을 이용해야 한다. 현실의 서울대도시권을 가상으로 그려낸 후 이 수리모형을 이용해 측정해보자.

현실을 단순화해 주민은 집 있는 가구(유주택 가구)와 집 없는 가구(무주택 가구) 두 유형만 있다고 하자. 모의 실험 결과, 밀도규제를 도입하지 아니하고는 서울 집값의 높이와 공간분포 패턴을 재현할 수 없었다. 일단 밀도규제를 도입하게 되면 비로소 현실 세계와 유사한 가상의 대도시권을 만들어 낼 수 있었다. <그림 3−6>

〈그림 3-6〉 용적률 규제완화가 주민 후생에 미치는 영향

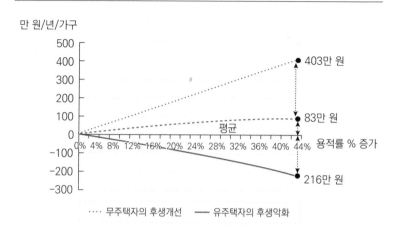

만 원/년/가구

··· 무주택자의 후생개선   ── 유주택자의 후생악화

은 이 모형을 가지고 서울시내에서 현재의 용적률을 점차 완화했을 때 이들 두 유형의 가구에게 귀속하는 순편익과 순손실을 보여준다 (유상균·이혁주, 2019).

그림에서 원점은 서울시내 아파트 단지의 현황 밀도 수준을 나타낸다. 현재(원점)에서 출발해 고밀화를 하면 아파트가 더 공급되고 이 때문에 아파트값이 떨어지고 무주택 가구는 가구당 연간 400만 원 혹은 그 이상의 이득을 볼 수 있다. 이 과정에서 집값이 떨어지면 유주택자와 임대인은 손해를 본다. 현황 용적률을 44% 상향 조정해 아파트를 공급할 때 유주택자는 연간 가구당 216만 원 손실을 본다.

<그림 3-6>에서 최적 용적률이 현황 용적률의 1.5배를 넘고, 현황 용적률 규제의 사회적 순손실은 83만 원/가구/년보다 크다. 현재의 분석환경 내에 이해당사자는 유무주택자 둘뿐이기 때문에 두 집단의 집값을 둘러싼 이해는 정면 출동하고 그 결과

비효율＝89만 원＝유주택 가구의 이득−무주택 가구의 손실

이 된다.

따라서 유무주택 가구 간 후생격차 즉 규제가 만들어낸 불평등 악화의 크기는 다음과 같다.

규제 때문에 유무주택 가구간 발생한 불평등
    ＝유주택 가구의 이득＋무주택 가구의 손실
    ＝216만 원＋403만 원
    ＞규제가 야기한 비효율 83만 원

즉, 밀도규제의 불평등 문제는 효율성 문제보다 심각하고, 밀도규제의 진짜 문제는 불평등 문제라는 것이다. 서울시 무주택 가구는 유주택 가구에게 지불하지 않아도 되는 임대료를 매년 170만 가구×임차가구 비율 40%×403만 원/년＝2.7조 원/년이나 지불한다.

이 값은 실제보다 과소평가된 수치다. 첫째, 밀도규제의 악영향을 평가하면서 주택수요의 가격탄력성으로 0.5를 이용했다. 만약 평균값인 0.2를 이용하면 이 값은 몇 배로 뛴다. 이 금액은 2020년 서울시 주거복지 예산 2조 원보다 큰 금액이고, 임대주택공급, 전월세 지원 예산 등 주택사업 예산보다는 훨씬 큰 규모다.

둘째, 서울 아파트값 평균이 이미 8억 원을 넘어 9억 원 정도 한다고 한다. 사회적 할인율을 3%로만 잡아도 (귀속)임대료는 3%*9억 원＝2,700만 원/년＝도시가구 연평균 소득 5,000만 원의 54%다. 위 계산은 통상 학계에서 사용하는 주거지 부담 비율 10~

20%를 사용해 계산한 것이다. 가늠이 되지 않는다.

셋째, 최적 용적률이 현황 용적률 1.5배 정도된다는 판단은 1원의 가치가 소득 수준에 관계없이 똑같다는 전제하에 도출된 결론이다. 만약 주거약자에게 좀 더 비중을 두고 그림을 다시 그리면, 최적 용적률은 더 크게 주어진다. 헨리 조지, 막스, 중국식 토지공공임대제가 매력적으로 소환되면 될수록 최적 용적률은 더 증가해 현 수준의 두 배가 될 수도 있다.

4. 밀도규제가 다른 주택시장에 미치는 영향

아파트 단지 밀도규제는 빌라와 단독 등 다른 유형의 주택시장에 세 가지 경로를 통해 악영향을 미친다. 대체재로서 산출물 시장에서 영향을 주고 받는 것이 첫 번째 경로고, 밀도규제 때문에 발생한 부익부 빈익빈 때문에 아파트 대신 빌라를 찾게 되는 것(자산효과)이 두 번째 경로다. 다른 경로는 투입물 시장, 즉 토지시장을 매개로 빌라와 단독주택시장에 미치는 영향이다. 이 세 번째 경로는 문헌에서 거의 주목 받지 못하지만 계획가가 중시하는 주택의 속성, 즉 아파트 단지 쾌적성과 관련해 주목해야 할 영향 전달경로다.

아파트 단지의 밀도가 높아지면서 아파트 단지 전반의 쾌적성이 감소한다. 따라서 <그림 3-7>에서 보는 바와 같이 저소득층이든 고소득층이든 용적률이 올라가면서 아파트에 대한 지불용의 금액이 하락한다. 위로 볼록한 곡선(C, D)은 가구의 입찰가격(bid price) 곡선으로 알려져 있는 것인데 이 곡선 위 가격-밀도 조합은 똑같이 만족을 주는 점들, 즉 무차별한 가격-밀도 조합들이다. 만약 쾌적성 향상에 대해 고소득 가구가 저소득 가구보다 지불할 의사가 더 많다면 두 소득계층의 입찰가격 곡선은 그림과 같이 교차해 그릴 수 있다. 그 위로 주택공급자의 제시가격(offer price) 곡선이 그려져 있다(B, B'). 허용된 용적률이 크면 아파트를 더 많이 지어서 팔 수 있고, 주택생산자는 아파트 한 채당 가격을 낮추어 받을 수 있다. 이 곡선 위 임의의 두 점에서 주택사업의 이윤이 똑같고, 입찰가격 곡선처럼 생산자의 무차별 곡선이 된다.

〈그림 3-7〉 밀도규제가 주거용 토지의 기회비용을 올리는 과정

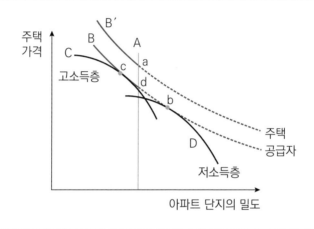

아파트 용적률에 대한 규제가 없을 때 시장균형은 점 b, c에서 달성된다. 이 점에서 주택 소비자와 생산자 모두 더 이상 잘할 수 없고 두 곡선이 서로 접한 점에서 형성된 가격으로 상호 거래한다. 균형상태에서 저소득 가구는 고밀이지만 저렴한 주택을 선택하고, 고소득 가구는 비싸지만 저밀한 집을 선택한다.

그런데 밀도규제는 고밀 주택을 허용하지 않고(수직선 A 오른쪽), 이제 시장에는 점선이 속한 밀도로 지어진 아파트가 더 이상

공급되지 않는다. 고소득층은 문제가 없지만 저소득층은 서울의 노원구 백사마을, 양지마을처럼 달동네, 아니면 서울 밖으로 쫓겨나게 된다. 다행히 서울에 계속 거주하게 된다면 제시가격 곡선 B에 속하는 어떤 밀도로 지어진 주택에 살 수밖에 없다. 그런데 곡선 B에 속하는 주택 가운데 점 d에서 가장 큰 효용을 달성한다. 따라서 저소득층은 아파트 단지 밀도규제 후 점 d를 선택해 살게 된다. 결국 저소득층은 종전보다 고품질의 아파트에 살지만 원하지 않는 가격 d를 지불하고 그만큼 불행해진다.

〈그림 3-8〉 밀도규제의 강도와 p*H 간 정비례 관계

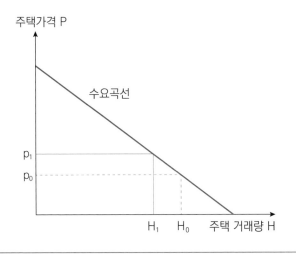

아파트 밀도규제가 아파트 개발이익과 땅값을 올리고 그 결과 빌라와 단독주택용지의 기회비용을 올리는 과정에 대해 알아보자. 주택수요의 가격탄력성이 1보다 작기 때문에 밀도규제는 아파트 땅값을 올린다. 그 원리는 이렇다. p, H를 각각 임대료(혹은 아파트값),

주택소비량이라고 하자. 주택수요의 가격탄력성이 1보다 작을 때 밀도규제로 H가 줄면 그보다 빠른 속도로 p가 증가해 주택의 (귀속)임대료 수입 pH는 오히려 증가한다. 이를테면 <그림 3-8>에서 밀도규제가 더 구속적으로 되면서 주택공급이 H_0에서 H_1로 줄어들고 아파트 판매수입(혹은 아파트 임대수입) pH는 p_0H_0에서 p_1H_1으로 증가한다. 그림에서 $p_0H_0 < p_1H_1$임이 명확하다. 주택수요의 가격탄력성이 1보다 작을 때, 즉 비탄력적일 때 그림에서 사각형은 수요곡선 중점(中點)의 오른쪽에 형성되기 때문에 발생하는 현상이다.

그런데 밀도규제로 아파트 건설비 K가 덜 들어가고, 그 결과 아파트 개발이익 즉 땅값 r*아파트 단지 면적 Q=pH-K는 증가한다. 서울시 전체적으로 아파트 단지 면적을 고정했을 때 밀도규제로 아파트 땅값 즉 개발이익이 올라간다는 말이다.

서울시 전체 아파트 단지 밀도 하향
→ 집값과 개발이익 모두 상승 ·· (3)

그 결과 <그림 3-7>에서 땅값이 쌌던 원래의 제시가격보다 더 높은 제시가격을 주택생산자는 제시할 수밖에 없고 곡선 B는 B'로 상향 이동한다. 저소득가구는 이제 점d 가격이 아니라 점a 가격을 지불해야만 서울에서 아파트를 구입하거나 임차해 살 수 있다. 저소득 가구는 단지 소득이 낮다는 이유 하나로 주택시장에서 차별을 받게 된다. 그러한 의미에서 밀도규제는 본질적으로 불평등한 규제이다.

아파트 단지 땅값이 올라가면서 다른 유형 주택의 토지도 그 가격 즉 기회비용이 증가한다. 이들 주택의 재개발 유혹은 증가하고 재개발을 피해도 유지관리가 부실해지고, 가격 대비 품질이 낮아지는 부작용이 나타나게 된다. 과거 개발연대 달동네에서 볼 수 있던 '하꼬방'이 골목길 여기저기 고시원, 원룸으로 다시 등장하게 된다.

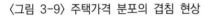 〈그림 3-9〉 주택가격 분포의 겹침 현상

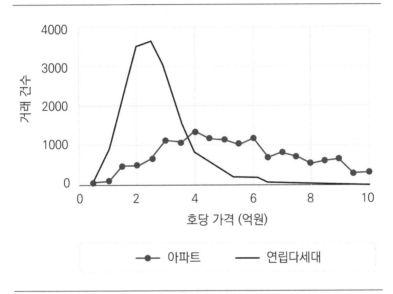

〈그림 3-9〉는 2019년 전반기 서울에서 거래된 아파트와 연립다세대 주택의 5천만 원 가격대별 거래건수를 보여준다. 밀도규제가 아니었더라면 아파트 거래건수 곡선이 왼쪽으로 이동해서 두 시장의 보완성은 더 커졌을 것이다(연립다세대 곡선은 덜 이동. 관련 수학은 7장 참고). <그림 3-10>은 인접한 두 달 사이 아파트값 지수 변화와 연립주택값 지수 변화 사이의 관계를 보여준다(2010년 이

후 자료, 2019.1＝100). 아파트값이 등락하면 연립주택값도 등락하고 지수 기준 1 대 0.43 비율로 변한다. 두 변량간 상관계수는 0.74로서 높다.

　아파트와 저층 공동주택은 두 개의 분리된 시장이 아니다. 아파트가 중산층 이상의 주거유형으로 고착화된 데는 밀도규제의 영향도 있다고 보아야 한다. 서울 집값 문제가 기본적으로 아파트값 문제이지만 아파트 단지 고밀화의 긍정적 영향은 학자, 일반인, 정부 당국이 알고 있는 것보다 크다. ＜그림 3－11＞은 아파트 전세시장도 마찬가지라는 점을 보여준다(2010년 이후 자료, 2019.1＝100). 두 값이 지수 기준 1 대 0.33 비율로 변한다.

〈그림 3-10〉 아파트값 변화 대비 연립주택값 변화

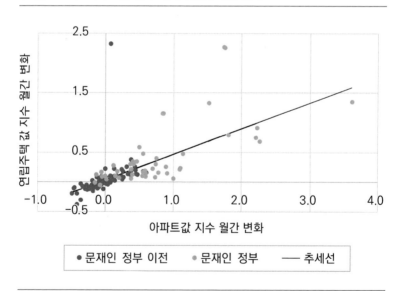

〈그림 3-11〉 아파트값 변화 대비 아파트 전세값 변화

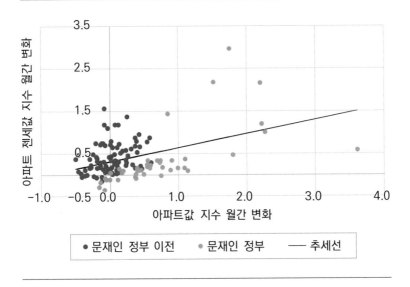

5. 아파트 고밀화 대(對) 재개발과 역세권 고밀화

본장 2절에서 서울에 아파트를 공급하는 방안으로 방안 1(고밀화 방식)이 방안 2(교외 공급방식)보다 더 좋다고 했다. 반면 방안 3 즉 역세권 고밀화 방식은 아파트 단지 고밀화를 통해 해결해야 할 문제를 역세권 고밀화로 풀겠다는 것이다. 현재 언론에 보도된 내용을 토대로 살펴보면 역세권내 아파트 단지를 고밀화하겠다는 것이 아니라, 역세권내 비주거용 토지의 용도에 고밀화를 통해 주거를 공급하겠다는 것이다. 이 경우 역세권이 전철역과 가까운 것 말고 좋은 점은 없다. 육아, 주차, 학교, 유치원, 소음, 진동, 분진, 녹지, 공급 주택의 평형 구성 등 조건이 보통은 아파트 단지보다 못하다. 아파트 고밀화 방식에서 보았던 토지의 기회비용도 0이 아니다. 고밀화를 통해 주거기능을 수용하는 과정에서 본래 용도를 배척하는 효과가 있기 때문이다. 사람이 살지 않았으면 하는 곳을 굳이 뒤져서 공급할 필요는 없다. 즉 방안 1~3 가운데 방안 1이 가장 좋은 아파트 공급방안이다.

이제 방안 4, 즉 재개발에 대해 생각해 보자. 서울 전역에서 아파트 단지의 개발밀도를 높이면 <그림 3-5b>의 역과정, 즉 서울 전역에서 아파트 개발이익인 땅값이 오르고 땅값은 집값보다 더 많이 오른다(왜?). 그런데 <그림 3-6>에서 보듯이 최적 용적률은 현 아파트 공급밀도의 최소 1.5배에 달한다. 그만큼 현 밀도규제가 대단히 구속적이라는 말이고 그만큼 아파트 땅값이 대폭 상승했다는 말이다. 똑같은 토지에 빌라를 지을 수도 있고 아파트를 지을 수도 있기 때문에, 아파트 땅값이 오른다는 것은 빌라와 단독주택 등 저층 주거지 토지의 기회비용이 대폭 올랐다는 것을 시사한다. 7장에서 이와 일치하는 통계를 볼 수 있다.

이상 논의가 시사하는 바는 분명하다. 서울에서 재개발 수요가 많은 것은 서울 전역 저층 주거지에 가해진 엄청난 개발압력 때문이다. 따라서 과도한 재개발 수요는 밀도규제가 낳은 부작용으로서, 재개발을 통해 서울의 주택재고를 일부러 아파트로 획일화하는 것은 정상적 해법이 아니다. 주택시장을 정상화하는 것이 우선이다. 재개발을 통해 서울 집값을 잡겠다는 것은 준공업지역과 준주거지역을 용도전환(현 국토부 안)하고 서울 북부간선 고속도로(박원순 시장 안), 올림픽 대로와 강변북로(우상호, 이혜훈 의원의 서울시장 출마 공약) 위에 집을 지어 주택문제를 해결해보자는 것과 본질에서 다르지 않다. 방법이 없으면 모를까 산다고 해도 말려야 할 곳을 정부가 골라 살게 하는 것이다.

재개발의 문제는 또 있다. 재개발 방식으로 집값을 잡는 데는 한계가 있다. 재개발방식은 아파트 단지 용적률을 현행 수준 혹은 이보다 약간 상향된 수준에서 아파트를 공급한다. 지금까지 해왔던 방식을 답습하는 것이기 때문에 집값은 과거 집값 추세로 복귀할 것이다. 5장 <그림 5-3a> "실제 가격"곡선의 오른쪽 끝 점이 곡선 "과거 추세 연장"의 어떤 점으로 평균 회귀할 뿐이다. 더 밑으로 내려간다고 해도 약간 내려가는 수준일 것이다. 또한 이 처방은 <그림 3-2>에서 "1.05*용적률" 곡선(고밀화 방식)을 버리고 "충격이 없을 때"(현행 방식)를 따르겠다는 것을 말한다. 재개발과 역세권 고밀화 방식을 혼용해도 마찬가지다. 서울 집값을 진짜로 해결하려면 집값 변동 곡선 자체를 아래쪽으로 이동시켜야 하고, 이것은 기본적으로 아파트 단지 고밀화를 통해서만이 가능하다. <그림 3-2>의 메시지가 바로 이런 것이었다. 종로에서 맞은 뺨은 종로에서 푸는 것이 정도(正道)다.

1,000만 대도시에서 드라마 '응답하라 1988'의 쌍문동 골목길과 그 문화를 추억하고 보존하기 위해 필요한 것이 아파트 단지 고밀화다. 도시 모두를 아파트로 뒤덮자는 얘기가 아니다. 토지시장, 재화 간 대체로 인한 수요 이동, 소득과 부에 대한 영향 등 3가지 경로를 통해 이 역설적 경제학이 작동한다. 지금은 그 개발압력이 너무 크다. <그림 3-7>은 이 가운데 첫 두 경로다. 나머지 경로는 7장을 참고하라.

- 퀴즈: 아래 7장과 8장을 읽고 나서 생각해 보라.
  1. 변창흠 장관의 구상대로 역세권을 고밀화하고 나면 <그림 7-2>, <그림 7-3> "원자료" 곡선은 어떻게 변할까?
  2. <그림 7-1>은 또 어떨까? 7장의 식(1)~(3)은 어떻게 주어질까?
  3. <그림 8-3> 주택소비세율은 얼마나 줄어들까?

1) 읽기 편하도록 자세한 인용 없이 책 뒤 참고문헌에 있는 필자의 글을 참고해서 작성했고 일부는 발췌해 사용했다. 정식분석(formal analysis)을 보고 싶은 독자는 논문을 참고하라. 이 장(章)은 2020년도 정부(교육부)의 재원으로 한국연구재단의 지원을 받아 수행된 기초연구사업임(NRF−2020R1A6A1A03 042742).

2) https://data.oecd.org/price/housing−prices.htm

2부 처방

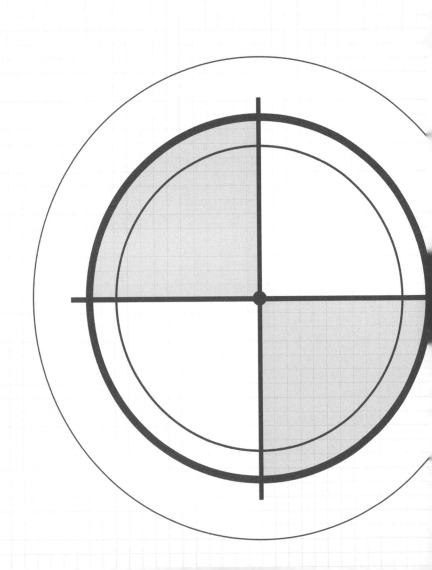

제 4 장

주택시장 정상화를 위한 제언

서울 집값, 진단과 처방

1. 들어가는 글:
주택정책이 나아가야 할 방향

정부 주택정책에 대한 논란이 뜨겁다. 그리고 이러한 논란은 자연스레 "정부의 주택정책이 지향해야 할 방향은 과연 무엇인가" 라는 명제로 이어지게 된다. 과연 정부의 주택정책이 추구해야 할 바는 무엇이며, 지향해야 할 방향은 어디인가? 당연히 제일의 목표 는 국민주거의 안정과 향상일 것이다. 보다 저렴한 비용과 부담으 로 보다 향상된 양질의 주거를 누릴 수 있도록 해 주는 것이다. 그 리고 경제적 능력이 취약한 저소득 계층에게도 기본적 주거수준을 안정적으로 누리게 해 주는 것이다.

방향과 목표는 이처럼 단순하고 명확하다. 그렇지만 그 목표를 달성하기 위한 과정은 결코 단순하지 않다는 데 주택문제 해결의 어려움이 있다. 주택과 주택시장이 가지고 있는 일반 상품 및 상품 시장과는 다른 다면적이고 복잡다기한 특성을 면밀히 고려하고 반 영하지 못한 정책은 오히려 역효과를 내기 십상이기 때문이다. 현 정부 출범 이후 20번이 넘는 여러 대책들이 강구되고 시행되었지만 주택가격과 전·월세가격은 더욱 급등하고 있고, 주거문제로 괴로움과 고통을 겪는 국민들이 급증하고 있는 것도 결국은 주택문제의 복잡함을 이해하지 못한 상태에서 너무 쉽게 보고 설익은 정책들을 시행하였기 때문이라고 생각한다.

경제학에서 "뜨거운 가슴과 차가운 머리"가 강조되는 것도 뜨거운 가슴에서 우러나오는 문제의식과 선의만으로는 결코 의도하는 바를 달성할 수 없으며, 현실의 문제와 현상을 깊이 있게 이해한 가운데서 면밀하게 방안을 강구하는 차가운 머리, 즉 냉철한 이성과 합리가 뒷받침되어야 하기 때문이다. 그러므로 주택문제로 인한 도시민들의 부담과 고통을 줄여주려면 이제부터라도 정부가 주택과 주택시장이 가지고 있는 특성을 충분히 고려하여 정책을 수립하여야 하며, 각 분야의 전문가들에 의한 면밀한 검증을 거쳐 시행함으로써 예기치 못한 부작용이 최소화 되도록 해 나가야 한다. 그리고 그 시작은 주택과 주택시장이 가지고 있는 다음과 같은 특성들을 깊이 있게 고려하고 반영한 가운데서 정책이 수립되도록 하는 것이다.

첫째는 주택이 가지고 있는 다면적인 특성이다. 주택은 의식주(衣食住)라는 말로 대변되는 것처럼 인간 삶의 필수적 기본재이다. 생활의 터전이고, 자녀가 양육되는 공간이며, 쉼이 있는 안식처이다. 따라서 주거의 질, 주택가격과 주거비용은 곧바로 도시민의 삶의 질을 좌우하게 된다. 주거문제가 인간의 삶과 떨어질 수 없고, 주택문제가 늘 중요한 과제가 아닐 수 없는 소이이기도 하다. 나아가 도시에서의 주택은 가치재이자 투자재이면서 신분재라는 또 다른 중요한 특성을 갖는다. 대부분의 가정에서 주택은 가장 가치가 큰 재화이면서 가격이 상승하기를 바라는 투자재이며, 거주자의 사회경제적 신분을 표상해 주는 재화이기도 하다. 그러므로 주택문제를 다룸에 있어서는 이러한 주택의 다면적 특성들이 깊이 있게 고려되어야 한다.

둘째는 주택이 가지고 있는 부동산적 특성이다. 그 가치와 유용성, 활용도에 있어 입지(立地, location)의 영향을 크게 받게 되며, 입지의 차이에 따라 가치와 가격의 차이가 크게 나타나는 특성이다. 주택은 교통여건과 교육환경, 생활편의시설과 친환경 등과 같은 여러 여건들을 잘 갖추고 있어야 하며, 이러한 여건들이 얼마나 잘 갖추어져 있느냐에 따라 그 가치의 차이가 현격하게 나타난다. 같은 단지 안에서도 층과 조망 및 일조 여건에 따라 차이가 크게 나기도 한다. 한강변 아파트의 경우는 한강 조망이 가능하느냐 아니냐에 따라, 역세권 아파트의 경우는 지하철역과의 거리가 얼마냐에 따라서도 그 가치의 차이가 크게 나타나는 것이 주택이다. 입지특성을 나타내는 역세권, 숲세권, 학세권이나, '초품아'[1]와 같은 용어가 유행하는 것도 그 때문이다.

셋째는 수요와 공급의 비탄력성이다. 인간생활의 필수적 기본재이자 삶의 정주성(定住性)라는 특성상 가격이 오르더라도 수요가 줄기 힘들며, 한정된 도시토지 위에 입지해야 하는 특성상 공급의 확대가 어렵고, 도로, 상하수도, 전기, 통신, 학교, 공원, 녹지 등과 같은 도시기반시설들이 갖추어져야 하기 때문에 공급을 늘리는데 장기간이 소요된다. 이처럼 수요와 공급의 비탄력성이 크기 때문에 수요와 공급 간에 작은 차이만 생겨도 가격이 크게 변동하게 되며, 주택시장을 안정적으로 관리하는 데 큰 어려움에 직면하게 된다. 신도시 개발이 장기간이 소요되어 당장의 주택문제 해결의 대안이 되기 어려운 것도 이 때문이며, 도시 인프라가 갖추어져 있는 기존 도심지역에 대한 고밀개발과 토지활용도를 높이는 일이 중요한 과제인 이유도 그 때문이다.

넷째는 주택시장의 지역시장적 특성이다. 주택이 부동산으로서 갖는 부동성(不動性)의 특질 때문에 주택시장은 그 범위가 지역적으로 한정되며, 수요와 공급의 부족과 초과로 초래되는 문제도 지역적 범위 내로 한정되어 그 영향이 미치게 된다. 지역 내 인구의 증감, 인구의 구성, 인구 및 가구구조, 지역경제와 지역산업의 성장과 쇠퇴 등이 그 지역 주택시장에 지대한 영향을 미치게 되며, 이는 지역별로 주택문제가 다른 양상과 특질을 보이게 하는 중요한 요인이 된다. 또한 앞에서 본 입지의 중요성과 수요와 공급의 비탄력성 등의 영향으로 지역별로 주택가격 및 전· 월세가격 등에서 큰 차이를 보이게 되며, 각 지역별로 성격과 유형이 다른 주택문제에 대응하기 위해 차별화된 방안이 필요하게 된다.

다섯째는 인간은 끊임없이 보다 나은 삶을 추구하는 존재라는 것이다. 보다 쾌적하고 보다 편리하며 보다 아름다운 주택과 주거환경을 추구하며, 경제발전과 국민소득의 향상에 따라 그 기능이 향상된 주택을 선호한다는 것이다. 새집에 대한 수요가 지속적으로 발생하고 새집의 가치와 가격이 높아지는 것도 이 때문이다. 또한 투자를 통해 자신의 부를 늘리고 싶어 하며, 가장 친숙한 부동산이자 일상생활이 이루어지는 공간인 주택은 가장 보편적이고 익숙한 투자대상이 된다. 정부가 아무리 주택이 사는(buy) 것이 아니라 사는(live) 곳이라고 강조하고, 투기를 막겠다고 금융과 세제 등에서 규제를 강화해도 이러한 규제정책들이 효과를 나타내기 힘든 이유도 인간이 갖는 이러한 보편적 특성에 반하는 것이기 때문이다.

여섯째는 자본주의 시장경제체제 하에서 정부가 주택시장에 얼마만큼 개입하는 것이 필요하고 적정한가 하는 문제이다. 애덤 스미스 이래로 시장만큼 인간의 필요와 욕구를 효율적으로 충족시켜 주는 시스템은 없다는 것이 시장경제체제를 도입하고 있는 나라들의 보편적 인식이며, 시장경제체제를 선택한 국가들의 급속한 경제발전 과정을 통해서 그 효율성과 유용성을 익히 입증해 온 바 있다.

주택 또한 시장에서 사고 팔리는 상품이며, 수요와 공급에 의해 가격이 결정되는 상품인 이상 시장메커니즘에 의해 수요와 공급의 조정이 이루어지도록 하는 것이 가장 효율적일 수밖에 없다. 다만 주택이 인간생활의 필수적 기본재인 반면, 한정된 토지 위에 많은 사람이 모여 살아야 하는 도시의 특성상 도시에서의 토지는 희소성이 크고 가격이 높아 자력으로는 주거문제를 해결하기 어려운 계층이 발생하게 되므로 정부는 이들 계층의 주거안정과 주거의 질 향상에 필요한 범위 내에서만 시장에 개입하면 된다.

지금까지 살펴본 것처럼 주택과 주택시장의 특성들이 명확하고 뚜렷하기 때문에 정부는 이러한 특성들을 면밀히 고려하고 반영해서 주택정책을 수립하고 추진해 나가야만 목표로 하는 바의 성과를 거둘 수 있음을 깊이 인식해야 한다.

또 하나 꼭 지적하고 싶은 것이 주택정책의 수립과정에의 전문가들의 참여이다. 앞에서 살펴본 것처럼 주택문제가 복잡다기한 성격을 가지고 있기 때문에 소수의 정책담당자들만으로는 문제의 실상과 진면목을 정확하게 파악하기 어렵고, 그로 인해 그 최선의 해법이 모색되기도 어렵다. 주택정책의 결과가 국민의 삶에 미치는 영향의 지대함을 생각한다면 다방면의 전문가들에 대한 의견수렴을 통해 꼼꼼하고 면밀하게 검토되도록 하는 것은 지극히 당연한 일이다. 특히 정당정치의 특성상 정책의 정치화가 초래하는 문제점이 심각하지만 관료적 시스템만으로는 이에 대한 대처가 어렵기 때문에 전문가들의 의견수렴과 공청회 등을 통해서 타당성과 합리성이 꼼꼼하게 검증되어야 한다. 또한 주택문제는 현장을 떠나서는 제대로 파악되기도 어렵고 이해도 쉽지 않으므로 정부와 지자체의 주택정책 담당자들은 수시로 현장을 찾아 일선의 목소리를 듣고 수렴하여야 한다. 그리고 각 분야 전문가들의 의견을 다각적으로 수렴, 반영함으로써 정책의 효과를 높임과 아울러 오류의 가능성을 최소화해 나가야 한다.

주택문제를 보는 시각과 해법은 다양할 수 있다. 그렇지만 필자는 오랜 경험을 통해서 시장원리에 반하는 정책은 지속되기 어려우며, 시장메커니즘에 의하는 것이 가장 빠르고 확실한 길임을 깊이 인식하게 되었기에 그러한 관점에 입각해서 해법을 제시하고자 한다. 특히 도시에서의 주택문제의 해법은 공급확대에 있으며, 여러 제약들이 있어 쉽지 않은 일이지만 그럼에도 불구하고 공급만이, 살고 싶어하는 지역에 양질의 주택을 최대한 많이 공급하는 것만이 주택문제를 해결하는 최선의 길이며, 가장 빠른 길이라는 점을 재삼 강조하고 싶다.

그리고 국민의 삶의 질 향상과 주택문제로 인한 부담을 최소화 하려는 정부의 주택정책 목표가 달성되려면 다음의 2절에서 보는 것처럼 기존의 정책들에 대한 과감한 패러다임의 전환이 선행되어야 한다고 생각한다.

2. 주택정책의 패러다임 전환

어떤 정책이든 그 시작은 국민의 보다 나은 삶을 도모하기 위해 입안되고 시행된다. 그렇지만 국민의 삶을 둘러싼 경제·사회적 환경은 끊임없이 변화하고 발전해 나가는 반면, 제도나 정책은 일단 제도화되고 시행이 이루어지고 나면 그 자체가 하나의 고착화된 질서를 이루게 되고, 시장과 경제의 변화와 발전을 따라가지 못해 제도와 정책이 오히려 걸림돌이 되고 발전의 장애물이 되는 경우에 자주 직면하게 된다.

현재의 주택정책과 여러 제도들이 딱 그런 꼴이다. 소득수준과 경제규모의 크기, 시장 성숙도 등의 현저한 발전에도 불구하고 주택문제와 주택시장을 보는 관점과 인식은 그대로여서 그에 바탕을 둔 정책들은 시행되면 될수록 시장을 왜곡시키고 문제를 오히려 심화시키고 있는 것이다.

필자가 총체적 난국에 처해 있는 현재의 주택문제를 풀기 위해서는 정부와 여당의 주택문제와 주택시장을 보는 관점, 즉 패러다임의 전환이 먼저 선행되어야 한다고 보는 이유도 여기에 있다.

2.1 정부의 시장개입 최소화

경제학의 시조로 불리는 애덤 스미스가 '보이지 않는 손 (invisible hand)'이라는 탁월한 개념으로 시장메커니즘의 효율성과 우수성을 제시하였듯이 시장경제시스템은 우리의 삶을 향상시키고 윤택하게 만들어 온 원동력이었다. 인간의 보다 나은 삶에 대한 욕구가 수요와 공급이라는 이름으로 시장에 투영되고, 그 치열한 모색과 부딪힘에 의해 결정된 가치와 가격은 개인과 기업, 수요자와 공급자의 목표와 욕구를 충족시켜 주면서 경제발전의 원동력으로 작용해 온 것이다.

그럼에도 주택시장은 주택이 갖는 여러 특성과 주택시장의 비조직성, 정보의 비대칭성 등과 같은 요인들로 인해 시장가격기구에 맡겨 두는 것만으로는 충분한 공급과 적절한 배분이 이루어지지 않는 소위 '시장의 실패(market failure)'가 초래되기도 한다. 정부가 주택시장에 개입하는 명분도 이러한 시장의 실패를 보완해야 한다는 데서 찾아진다.

그렇지만 이러한 시장개입은 말 그대로 시장의 실패를 보완하는 수준에 그쳐야 한다. 비록 완전하지는 않지만 시장은 그 어떤 기구나 메커니즘보다 효율적으로 인간의 욕망을 충족시켜주고 자원을 재분배하며, 기술과 생산수단의 발전을 이끌어 왔기 때문이다.

주택이 인간생활의 필수적 기본재이고, 도시 내에서 양호한 입지조건을 가진 토지가 제한적이어서 수요에 비해 공급이 부족하게 될 개연성이 아주 크다고 하더라도 기본적으로는 시장에서 사고 팔리는 상품이며, 가격에 의해 수요와 공급이 변화되는 상품이라는 데는 다를 바가 없다. 시장경제를 표방하는 수많은 자본주의 국가들은 물론이고, 소위 사회주의를 표방하고 있는 중국과 베트남 같은 국가에서도 토지는 국가의 소유로 할지언정 주택은 자유로운 거래를 허용하고, 시장메커니즘에 의해 수요와 공급이 조절되도록 하고 있는 것도 그 때문이다.

따라서 정부는 다음과 같은 두 가지 부문 이외에는 시장기능을 믿고 맡겨야 한다.

첫째는 자신의 힘만으로는 주거문제를 해결하기 어려운 도시 저소득계층의 주거지원을 위한 시장개입이다. 그리고 이는 그동안에 시행해 온 소득수준별 주거지원정책을 강화해 나가면 될 것이라고 생각한다. 그동안 역대 정부는 국민의 소득수준을 10분위로 나누고 소득이 낮은 5분위 이하를 지원 대상으로 설정하되, 소득수준에 부합하도록 다음과 같은 차별화된 정책을 통해 주거안정을 도모해 왔다.

┃〈표 5-1〉 소득수준별 주거지원 현황

구 분	1분위	2분위	3분위	4분위	5분위
기본 방향	전적인 주거지원	보조적 주거지원	보조적 주거지원	내집 마련 지원	내집 마련 지원
주거지원 내용	영구임대 주거비 지원	국민임대 주거비 보조	국민임대 공공임대	공공임대 공공분양	공공분양

최근의 주택가격 및 전·월세가격의 급등으로 문제가 유례없이 심각한 상황이지만 그래도 1987년과 1988년의 주택가격 급등기에 도시서민들이 처했던 상황보다는 많이 안정된 것은 그동안 지속적으로 임대주택공급을 늘리고 주거지원을 강화해 온 덕분이라고 생각하며, 기존의 제도들을 지속적으로 시행해 나가면 될 것이라고 생각한다.

또 하나 정부가 주택시장에서 해야 할 중요한 책무는 부족한 도시토지의 활용도를 높이기 위한 노력이다. 한정된 면적에 많은 인구가 밀집해서 거주하는 도시의 특성상 도시토지는 수요에 비해 공급이 부족하기 마련이며, 특히 교통·교육·친환경 등의 여건이 잘 갖추어져 있는 양호한 입지의 토지는 태부족이기 때문에 이러한 도시토지의 활용도를 높이는 데 노력을 집중해 나가야 한다. 그리고 이러한 도시토지의 활용도를 높이는 일은 용적률 제고와 용도지역 전환 및 재개발·재건축 촉진이라는 세 방향에서 이루어질 필요가 있다고 본다.

이상과 같은 제한적인 범위의 시장개입 이외에 정부의 직접적인 개입은 극력 회피되어야 한다. 중산층 이상의 주거문제는 전적으로 시장에 맡겨야 하며, 시장가격기구에 의해 수요와 공급이 조정되도록 해야 한다. 가격이 오르더라도 공급확대를 용이하게 함으로써 조정되도록 해야 하며, 다른 상품의 가격이 오른다고 정부가 개입하지 않듯이 전적으로 시장에 맡겨야 한다. 자력으로 해결이 가능한 계층의 주거문제에 정부가 개입할 필요가 없으며, 개입한다고 효과가 있지도 않다. 오히려 최근의 주택시장 상황처럼 정부가 시장에 개입하면 할수록 시장은 꼬이고 악화되기만 한다. 특히 분양가상한제, 분양원가공개, HUG를 통한 정부의 가격 규제는 가장 피해야 할 유형이다. 저렴한 주택공급을 통해 주택시장의 안정시키겠다는 당초의 의도와는 다르게 로또청약의 부작용만 심화시키고 있기 때문이다. 투기를 방지하겠다는 정부의 공언과는 전혀 딴판으로 정부가 앞장서서 투기판을 만들고, 전국민을 투기판으로 끌어들이고 있는 것이다. 이는 시장 가격기구에 대한 무지와 오해에서 기인한다.

자본주의 시장경제체제의 등장 이후 이미 오랜 세월동안의 다양한 경험을 통해서 얻은 지혜는 정부는 결코 시장을 이길 수 없으며, 어떤 제도와 정책으로도 시장의 복잡다기하고도 미묘한 사항들을 전부 규율하거나 대체할 수 없다는 것이었다. 그러므로 정부는 시장개입에 대한 유혹을 과감히 떨쳐버리고 시장기능이 정상적으로 작동하도록 하는 데 역량을 집중해 나가야 한다. 수요억제가 아닌 공급확대에 초점을 맞추어야 하며, 경제사회적 발전에 뒤떨어진 제반 제도를 정비하고 개선해서 살고 싶은 곳에 살고 싶은 주택이 원활하게 공급되도록 하는 데 모든 노력이 경주되어야 한다.

정책의 정치화는 문제점만 초래하고 더욱 악화시킬 뿐 결코 해답이 될 수 없음을 깊이 인식해야 한다. 주택으로 인해 빈부격차가 심화되고 계층 간의 격차가 확대되며 불로소득에 따른 반감과 같은 여러 문제들이 있어 자칫 정치화되기가 쉬운 문제이지만, 그럴수록 더 경제원리에 입각해서 문제를 풀어나가야 하고 기능이 향상된 새집의 신속한 공급확대를 통해서 가격안정과 시장안정을 도모해 나가야 한다. 흔히 주택가격 상승에 따른 빈부격차의 심화를 수요억제와 같은 규제강화로 풀려고 하지만 그럴수록 주택가격이 상승하여 유주택자와 무주택자 간의 격차가 커지게 되므로 지속적인 공급확대를 통해 주택가격을 낮추는 것만이 주택시장의 안정과 함께 자산소득 격차를 줄이는 길임을 냉철하게 인식하여야 한다.

이미 여러 번 강조한 이야기이지만 시장을 이기는 정부는 없으며, 현 정부에서 주택문제가 갈수록 심각해지고 주택문제로 고통받는 국민들이 급증하는 것도 불필요한 시장개입과 시장원리에 반하는 여러 정책들에 의해 시장이 왜곡됨에 따른 필연적 결과임을 분명히 인식하여야 한다.

2.2 지방정부의 역할과 책임 강화

주택시장의 가장 큰 특징 중의 하나는 시장이 지역적으로 형성되고 작동한다는 것이다. 이는 주택이 갖는 부동산으로서의 특징, 즉 부동성에 기인하는 것으로 주택의 수요와 공급, 즉 어떤 유형의 주택이 얼마만큼 필요한지와 언제 어느 정도의 공급이 이루어져야 하는지가 그 지역의 사회경제적 특성인 소득수준과 인구 및 가구구조, 지역산업의 발전정도와 도시의 크기 등에 밀접하게 연계되어 있기 때문이다.

부동산학에서는 부동산수요 변동을 초래하는 가장 큰 요인으로 고용(employment)을 들고 있는데 고용증가로 인구가 증가하고 소득이 느는 지역은 주택수요도 증가하고, 고용감소로 인구가 감소하고 소득이 주는 지역은 주택수요도 감소하기 마련이다. 조선경기 불황으로 주택가격이 폭락했던 거제의 경우나, 국내 IT산업의 중심지로서의 위상이 높아지면서 주택가격이 지속적으로 상승하고 있는 판교지역은 그러한 특징을 잘 보여주는 좋은 사례일 것이다.

또한 주택수요는 그 지역의 소득수준과 인구·가구구조의 영향을 크게 받게 되는데 젊은 층 인구가 많은 지역은 그에 맞도록 육아와 자녀교육 여건이 잘 갖추어진 주택이 공급되어야 하고, 노년층 인구가 많은 도시는 안전한 무장애(barrier free) 공간을 갖추고 있으면서 병원이용 등이 편리하고 친환경적 여건을 누릴 수 있는 주택이 공급되어야 한다.

이처럼 주택정책은 각 지역 내지 도시마다 그 특성에 잘 부합하도록 강구되고 시행되어야 효과가 극대화될 수 있으므로 그 지역에 가장 잘 부합하는 주택정책을 수립하고 시행할 주체도 그 지역 사정을 잘 아는 각 지방자치단체, 즉 지방정부가 되어야 한다.

바로 그런 면에서 필자는 서울의 주택가격 급등은 1차적으로는 서울시 주택정책의 실패이며, 이미 고인이 되신 분에게는 미안하지만 박원순 시장의 실패라고 생각한다. 박원순 시장 취임 이후 뉴타운 해제, 비현실적인 층고규제 등과 같은 규제일변도 정책으로 개발을 억제해 왔고 이것이 현 정부 들어 서울 집값의 급등을 초래하게 한 원인(遠因)이 되고 있는 것이다.

그러므로 이제는 각 지역의 여건에 부합하는 효율적인 주택정책의 수립과 시행이 이루어지도록 그 권한과 책임을 지방정부에 과감하게 이양하여야 한다. 중앙정부의 역할은 각 지자체들이 그 지역의 실정에 맞는 주택정책을 수립하고 시행하도록 독려하고 감독하는 것으로 족하며, 주택공급이 촉진되고 자가 마련이 용이하도록 규제를 철폐하고 금융과 세제 지원을 강화하며, 주택산업의 발전을 도모하는 데 주안점을 두어야 한다.

그동안 우리는 도시마다 다르고, 같은 도시 내에서도 지역마다 다른 주택문제를 하나의 잣대로, 일률적인 기준과 제도로 규율하려고 함으로써 나타나는 여러 문제와 폐해들을 여실히 목도해 왔다. 서울의 집값을 잡겠다고 시작한 정부의 여러 규제정책들이 지방 부동산시장에 심각한 악영향을 미치고 있는 작금의 현실도 그 명백한 사례라고 할 것이다.

그러므로 이제부터라도 주택정책에 있어 지방정부와 중앙정부의 역할을 명확하게 설정하고 중앙정부의 여러 역할들을 과감하게 지방정부에 위양함으로써 각 도시의 실정에 맞는 주택정책이 입안되고 시행되도록 해야 한다. 물론 아직은 지방정부의 정책추진역량이 부족하다고 보이므로, 한꺼번에 이양하기보다는 주택문제의 중요성이 크면서 정책수행역량도 상당부분 갖추고 있다고 보이는 광역시 내지 인구 100만 이상의 도시부터 시작해서 점차 그 대상을 넓혀가는 것이 바람직한 방향으로 생각된다.

싱가포르나 홍콩과 같은 도시국가가 아닌 대부분의 국가에서 주택정책의 구체적인 실행은 지방정부가 맡고 있다는 사실을 참고해서 우리도 지방정부의 역할과 책임을 강화함으로써 각각의 지역에 가장 잘 부합하는 주택정책의 강구와 실행을 통해서 주거의 질 향상과 주거안정이 보다 효율적으로 이루어지기 바란다.

2.3 가격 규제(분양가상한제) 등의 폐지

주택가격이 빠르게 상승하는 시기에 정책 담당자들이 가장 빠지기 쉬운 유혹이 가격 규제이지만 정부의 개입에 따른 시장교란의 악영향이 가장 큰 것도 바로 가격 규제이다. 그리고 이러한 가격 규제의 악영향은 현 정부의 주택정책에서도 가장 심각하고도 여실하게 나타나고 있다.

통상 정부의 주택가격 규제는 분양가 억제와 원가공개라는 형태로 실행된다. 현행의 분양가상한제와 분양원가공개제도가 그것이다. 그리고 분양보증기관인 주택도시보증공사(HUG)를 통한 간접규제도 중요한 역할을 하고 있다.

이러한 가격 규제가 초래하는 문제점은 여러 측면에서 지적할 수 있지만 무엇보다도 가격은 수요와 공급에 의해 결정된다는 경제학의 기본원리에 부합하지 않는다는 것이다. 이를 보다 상세히 살펴보자.

먼저 수요와 공급에 의한 가격결정이라는 경제원리를 무시한 채 분양가상한제 적용을 통해 저렴한 가격으로 공급하도록 강제함에 따른 문제점이다.

첫째는 가격 규제로 적정 수익성 확보가 어려워짐에 따라 주택공급이 축소된다는 것이다. 과거 공공택지에만 적용되던 분양가상한제가 민간택지에까지 확대 적용된 데다 분양가상한제 기준가격이 낮아 수익성 악화에 대한 우려로 주택공급이 줄어드는 것이다. 저렴한 주택공급을 통해서 주택가격을 안정화시키겠다는 것이 당초의 목표였지만, 공급이 부족해서 주택가격이 오르는 상황에서 분양가상한제 시행으로 공급이 줄어들면서(미래의 주택공급이 줄어들 것으로 예상됨에 따라 그러한 예상까지를 반영해서) 주택가격이 더 빠르게 오르는 아이러니가 초래되는 것이다.

둘째는 과도하게 낮은 가격으로 공급되도록 함으로써 시세차익이 커지게 만들었고, 이러한 과도한 시세차익은 심각한 청약과열을 초래함으로써 시장을 안정시키고 투기를 잡겠다는 정부가 앞장서서 시장을 과열시키고 투기판으로 만들고 있는 것이다. 최근 과천지역 청약에 무려 57만 명이라는 사상 초유의 인원이 참여하였고, 최고 경쟁률도 5,219대 1이나 되었는데 분양만 받으면 웬만한 급여생활자가 평생을 노력해도 모으기 힘든 엄청난 수익이 따라오니 과열되지 않는다면 오히려 이상할 것이다. 그리고 이러한 과도한 불로소득은 근로윤리와 건강한 국민의식을 해침으로써 사회의 기본바탕까지 흔들어 놓는 심각한 악영향을 초래하고 있는 것이다.

셋째는 이처럼 공급축소와 시장과열을 초래하고 있는 분양가상한제가 정작 시장안정에는 그 효과가 아주 미미하다는 것이다. 다음의 <표 5-2>에서 보듯이 최근 5년간의 서울시 재고주택수 대비 신규주택공급 비중은 크지 않으며, 특히 분양가상한제가 적용되어 저렴하게 공급되는 주택의 공급비중은 아주 낮다는 것이다(재고주택 대비 신규주택비율, 특히 전체 재고주택 대비 신규 아파트 비율(D/A)을 참고바람). 도시형생활주택과 30세대 이하의 공동주택 및 빌라 등은 적용대상이 되지 않으므로 분양가상한제가 적용되는 신규주택의 비중은 상당히 낮으며, 이렇게 비중이 낮기 때문에 주택 가격을 낮추어 공급하더라도 시장가격을 낮추는 효과는 아주 미미한 것이다. 시장가격을 낮추는 효과가 발생하려면 저렴하게 공급되는 주택의 비중이 상당히 높은 수준이 되어야 할 것으로 보이지만 현실적으로 이는 가능하지가 않은 일이다.

❚ 〈표 5-2〉 서울의 연도별 재고주택 대비 신규주택 현황 (단위: 호)

구 분		2015년	2016년	2017년	2018년	2019년
재고주택 (연도말 기준)	전체(A)	2,793,244	2,830,857	2,866,845	2,894,078	2,953,964
	APT(B)	1,636,896	1,641,383	1,665,922	1,679,639	1,720,691
신규주택 (준공 기준)	전체(C)	64,762	86,937	70,784	77,554	75,373
	APT(D)	22,573	33,566	29,833	43,738	45,630
재고주택 대비 신규주택 비율	C/A(%)	2.32	3.07	2.47	2.68	2.55
	D/B(%)	1.38	2.04	1.79	2.60	2.65
	D/A(%)	0.81	1.19	1.04	1.51	1.54

자료: 통계청, 국토교통부.

따라서 이처럼 효과는 적고 문제점은 큰 분양가상한제는 폐지되거나 대폭 개선되어야 한다. 굳이 상한제를 시행하려면 시장가격을 무시한 채 원가 수준으로 할 것이 아니라 시세의 90~95% 수준에서 적용함으로써 수분양자에게 수익을 주되 과도하지 않도록 해서 청약과열을 방지하고, 시세보다 높은 가격으로 분양되는 것을 막아 시장가격을 자극하지 않도록 하며, 사업주체의 수익성을 보장함으로써 주택공급이 축소되는 부작용도 막을 수 있기 때문이다.

주택을 공급하려는 사업자에게는 족쇄를 채우고 운 좋은 소수에게만 과도한 혜택이 돌아가도록 하는 불합리한 제도보다는 사업주체가 응분의 수익을 얻도록 하는 것이 향후에 세금을 통한 환수나 다른 사업에의 투자를 통한 기여 등의 여러 측면에서 그 효과가 훨씬클 것임은 물론이다.

다음으로 원가공개문제를 보자. 근본적으로 원가공개는 경제활동의 기본원리에 부합하지 않는다는 문제점이 있다. 재화의 가치와 가격이 원가에 의해서 결정되는 것이 아니기 때문이다.

한국 경영학계의 대표적인 석학인 윤석철 교수2)는 경영학의 기본원리를 깊이 있게 천착해 온 결과를 바탕으로 시장경제를 움직이는 근본원리로 '고객만족의 부등식'과 '기업생존의 부등식'이라는 두 가지를 제시하고 있다.

고객만족의 부등식이란 소비자는 자신이 구입한 상품으로부터 얻는 가치(value, V)가 지불한 대가(가격, price, P)보다 클 것임을 전제로 한다는 것이다. 즉, 가치(V) > 가격(P)이어야 하며, 얻은 가치에서 치른 대가를 뺀 것(V−P)이 만족도가 되고 가성비가 된다. 만약 만족도가 낮다면 더 이상 그 상품을 구입하지 않을 것이며, 만족도가 높다면 단골고객이 될 것이다. 기업생존의 부등식이란 계속기업(going concern)으로 존립하기 위해서는 적정수익이 있어야 하므로 상품을 제공하고 받는 대가인 가격(P)이 당해 상품을 제공하는데 소요되는 원가(cost, C)보다 높아야 한다는 것이다. 즉, 가격(P) > 원가(C)이어야 하며, 기업은 가격은 높이고 원가는 낮춤으로서 기업수익(P−C)의 극대화를 도모해 나간다는 것이다.

고객만족의 부등식과 기업생존의 부등식을 결합하면 가치(V) > 가격(P) > 원가(C)의 관계가 성립하게 된다. 그러므로 고객이 느끼는 가치(V)를 높이는 것이 기업활동의 최우선 과제가 된다. 가치와 가격의 차이(V-P)가 클수록 고객만족도가 높아져서 잘 팔리게 되며, 가격을 높여 받아 수익을 증대시킬 수 있기 때문이다. 한편으로 원가(C)를 낮추려는 노력도 중요한데 원가를 낮추면 가격과의 차이(P-C)가 커져서 수익이 극대화 되며, 가격을 낮추어 판매를 촉진할 수 있게 되는 것이다. 그러므로 기업활동은 핵심은 고객가치(V) 극대화와 소요원가(C)의 최소화라는 두 가지로 요약할 수 있으며, 이를 통해 고객만족의 극대화와 기업수익의 극대화를 동시에 추구해 나가는 것이다.

그런데 원가공개를 통해 원가를 바탕으로 가격을 결정하도록 한다면 끊임 없는 혁신노력을 통해 가치는 높이고, 원가는 절감하려는 기업원리가 훼손됨으로써 필연적으로 경제전반의 퇴보를 초래하게 된다. 상품의 가치는 저하되고, 비효율이 만연하게 된다. 따라서 원가공개는 노력하는 기업에게는 불이익을 주고, 게으른 기업에게 면죄부를 주는 결과가 되는 것이다.

다음으로 선분양제도 하에서의 분양원가는 추정원가일 수밖에 없으므로 원가공개 이후에 그 정확성에 대한 논란이 불가피하고, 소송 등의 여러 문제가 뒤따르게 될 개연성이 크다는 것이다. 분양원가를 공개하는 시점과 준공과 입주가 이루어져 원가가 확정되는 시점까지는 2년 이상의 시차가 나게 되므로 추정원가와 실제원가 간에 차이가 발생할 수밖에 없으나, 원가차이가 클 경우는 추가 인하요구 등으로 수많은 분쟁과 갈등이 야기될 우려가 매우 큰 것이다. 그러므로 공개원가의 정확성에 대한 논란을 피하려면 준공 이후에 분양이 이루어져야 하지만, 현실적으로 그 전환은 어려운 실정이다.

마지막으로 원가공개는 분양가격이 원가 이상으로 결정된다는 것을 전제하고 있다는 점이다. 그렇지만 주택가격은 지역에 따라 현저하게 다르기 때문에 불가피하게 원가이하로 분양을 해야 하는 지구도 나오게 되는데, 건설업체의 입장에서는 이익을 볼 수 있는 지역에서는 원가공개로 수익성이 낮아지고, 원가이하로 분양을 해서 손실을 보는 지구는 손실을 감수해야 하므로 지구 간 위험분산이 불가능하게 된다. 따라서 손실 발생이 우려되는 지역에는 신규 주택건설이 막히게 되는 문제를 초래하게 된다.

전 세계적으로 분양원가를 공개하도록 강제하고 있는 나라는 우리나라뿐이라고 한다. 선진국 주요 대도시들의 경우도 주택가격의 급등이 사회문제가 된 적이 많았지만 이러한 제도를 도입하지 않은 것은 원가에 의해서 가치와 가격이 결정되지 않는다는 명백한 진리가 있기 때문이다. 그리고 이러한 맥락에서 볼 때 다른 모든 상품에 대해서는 원가공개를 요구하지 않으면서 유독 주택에 대해서만 원가공개를 강제할 하등의 이유도 발견할 수 없다. 정책과 제도는 과학과 경제원리에 입각해야 하는 것이지 막연한 감정에 의해서 하는 것이 아니다.

지금까지 살펴본 것처럼 분양가상한제는 폐지하거나 대폭 개선되어야 하며, 분양원가공개제도는 즉각 폐지되어야 한다.

분양보증기관(HUG)을 통한 분양가 규제 또한 마찬가지이다. 독점적 분양보증기관이라는 우월적 지위를 이용하여 분양하려는 가격이 HUG의 기준보다 높을 경우 분양보증을 거부하는 방식으로 분양가 인하를 강제하고 있으나, 앞에서 살펴본 것처럼 주택가격을 낮추는 데 기여하는 효과는 전혀 없이 로또청약의 부작용만 키울 뿐이다. 그러므로 하등의 타당성도, 일말의 당위성도 없는 HUG의 분양가 규제는 즉시 폐지되어야 하며, 분양보증이라는 본연의 업무에만 충실해야 한다.

지금까지 살펴보았듯이 이제는 분양가 규제가 주택가격을 낮추어줄 것이라는 헛된 믿음에서, 허망한 미신에서 벗어나야 하며, 근본적인 정책전환이 모색되어야 한다.

2.4 주택청약제도의 개편

주택청약제도는 실수요자 중심으로 주택을 공급하고 분양질서를 확립하며, 주택투기를 억제하고 공정한 자산 재분배 역할을 수행하기 위해서 지난 1978년 5월 도입된 이래 40년이 넘도록 주택공급의 기준제도로서의 역할을 수행해 왔다.

그렇지만 주택이 절대적으로 부족하던 시기에 도입된 제도가 강산이 네 번이나 변하고도 남을 기간 동안 그 기본적인 틀이 바뀌지 않았기에 이제는 현실과 괴리된 제도가 되어 여러 문제점을 드러내고 있다. 문제가 발생할 때마다 조건을 바꾸고, 정책목적에 따라 새로운 사항을 덧붙이는 바람에 웬만한 전문가도 이해하기 어려운 제도가 되어 버렸다. 청약과정에서의 실수로 인해 받는 불이익이 지나치게 과도하고, 부적격 당첨자를 걸러내는 부담을 분양사업자에게 지우는 문제 등으로 수요자와 공급자 모두에게 불평과 불만의 대상이 되고 있다. 오죽하면 "대한민국에서 살아가려면 꼭 이해해야 할 두 가지 어려운 문제가 있는데, 청약제도와 입시제도가 그것"이라는 말이 있을 정도이다.

이를 감안해서 정부도 청약제도의 개선 방안을 마련 중인 것으로 알고 있지만, 차제에 보다 근본적인 제도변화가 모색되기를 바라는 마음에서 개선방향을 제시하고자 한다.

첫째는 무주택자에게 우선 공급되어야 할 주택과 그렇지 않은 주택으로 구분해서 청약제도를 이원화해야 한다는 것이다. 다시 말하면 무주택자의 주거안정을 주목적으로 공급되는 주택은 무주택 기간과 가구주 연령 및 부양가족수의 배점을 더욱 강화해서 무주택자가 보다 확실하게 우선공급을 받을 수 있도록 하되, 무주택자에게 우선 공급해야 할 대상이라고 보기 어려운 고가의 대형 주택은 누구나 용이하게 청약할 수 있도록 하자는 것이다. 면적 기준으로는 국민주택 규모인 전용면적 85㎡ 이하와 초과로, 가격 기준으로는 종부세 부과 등의 기준인 9억 원 이하와 초과로 구분 적용할 수 있다고 생각하며, 지역별 주택가격수준 차이를 감안하여 지역별로 가격기준을 차등 적용할 수도 있을 것이다.

주지하는 바와 같이 주택청약 시에 무주택자에게 우선권을 주는 이유는 무주택자의 주거안정을 도모하고 실수요자 위주로 주택을 공급하기 위한 것이다. 저소득 무주택자들에게 분양우선권을 주어 주택마련을 촉진하고, 주택분양에 따르는 경제적 혜택을 누리도록 하기 위한 것이었다. 그러므로 우선권을 주는 대상은 국민주택 규모 이하의 주택으로 가격도 9억 원 이하 정도의 주택을 대상으로 하는 것이 타당하고 합리적이다. 현실적으로 보호와 지원을 받아야 할 무주택자가 구입하기 어려운 대형 주택이나 고가의 주택까지도 무주택자에게 우선권을 주는 것은 그 필요성과 합리성이 낮을 뿐더러, 그로 인해 소위 '줍줍족'과 같은 문제점이 초래되기 때문이다.

따라서 일정한 규모와 가액 이하의 주택만을 무주택 우선공급 대상으로 하고, 그 외의 주택은 누구나 청약할 수 있도록 하되 공정한 추첨방식에 의하도록 하면 된다. 이렇게 하면 주택이 필요한 사람들이 자유롭게 청약하고 공급을 받을 수 있게 되어 주택시장의 기능이 현저하게 증진될 것이다. 또한 분양가를 규제할 필요성도 낮아지고 청약제도의 운영과정에서 소요되는 불필요한 사회적 비용도 현저하게 절감할 수 있을 것이다.

둘째는 청약제도의 운영에 관한 것으로, 지나치게 복잡한 제도를 대폭 정비해서 상식을 갖춘 사회인이라면 누구나 충분히 이해하고 편리하게 청약할 수 있도록 해 주어야 한다. 또한 청약과정에서의 오류를 최소화할 수 있도록 자가검증기능을 제공할 필요가 있으며, 실수로 인한 오류청약은 불이익을 줄여 주어야 한다. 아울러 청약제도의 운영과 부적격자를 가려내는 기능은 공공부문이 담당해야 한다. 지금처럼 전문가조차도 이해하기 어려운 제도를 만들어 놓고 그것을 지키는 부담마저 분양사업자에게 지우는 것은 당위성이 없기 때문이다.

어떤 제도이든 도입 이후 시간이 지나고 환경이 바뀌면 그에 맞춰 개선하고 보완해 나가야 한다. 그렇지 않으면 도입 당시의 목표나 본질과는 다르게 변질돼 버린 제도를 붙들고 씨름하는 꼴이 될 것이기 때문이다. 지금의 주택청약제도가 바로 그런 꼴이다. 주택보급률이나 재고주택의 수, 주택가격과 품질수준 등의 여러 면에서 환경이 현격하게 달라졌기 때문이다.

따라서 부분적인 손질이나 보완에 그칠 것이 아니라, 청약제도를 전면 개편해서 이원화해야 한다. 이를 통해 중소형 주택에 대해서는 무주택자 우선공급의 효과를 더욱 강화하는 한편, 대형 고가 주택에 대해서는 주택소유 유무에 관계없이 누구나 자유롭게 청약할 수 있도록 함으로써 경제활동의 자유를 신장하고 불필요한 사회적 비용을 최소화해 나가야 할 것이다.

첨언하자면 투기억제를 위한 대출 규제가 무주택자의 내집마련에 커다란 제약요인이 되고 있으므로 일정기간 이상의 무주택자가 주택을 구입할 경우는 대출 규제(LTV, DTI, DSR 등)를 대폭 완화해서 주택구입이 용이하도록 지원해 주어야 한다.

3. 살고 싶은 주택공급의 확대

　사람은 누구나 보다 나은 환경에서 보다 쾌적하고 안락한 삶을 누리고 싶어 한다. 교육환경과 교통여건 등 양호한 입지여건을 갖추고 있는 지역에 수요가 몰리고 주택가격과 전월세 가격이 급등하는 이유도 보다 나은 환경에서 살고 싶은 인간의 욕구가 반영된 필연적인 결과이다. 입지가 양호한 지역과 그렇지 못한 지역 간에 주택가격의 격차가 갈수록 커지는 것도 그 때문이다.

　따라서 이러한 인간의 욕구를 억누르는 것은 불가능하므로 양질의 주택공급 확대를 통해 해결해 나아가야 한다. 정부는 주택가격의 급등에도 불구하고 주택공급이 부족하지 않다고 주장하지만 주택의 절대수의 부족이 아니라 살고 싶은 집, 살만한 집이 부족하기 때문에 문제가 커지고 있음을 깊이 인식하여야 하며, 보다 양호한 입지조건을 갖춘 곳에 양질의 주택공급이 확대되도록 모든 노력을 경주해야 한다.

　그리고 그 실행방안으로는 용도지역제도의 전면 재검토를 통한 주거용지 공급 확대, 용적률 제고를 통한 고밀개발, 재개발·재건축 활성화, 복합개발을 통한 편의성 높은 주택공급 등을 들 수 있다.

3.1 고밀개발과 용도전환을 통한 공급확대

전월세 가격이 급등하자 정부는 상가와 호텔 등을 개조해서 임대주택으로 공급하는 방안을 내놓았다. 오죽하면 이런 대책까지 나오게 되었을까 하는 안타까움을 가지면서도 마땅한 대안이 되기 힘들 것이라고 느끼는 것은 필자만이 아닐 것이다.

여러 전문가들이 공통적으로 지적하고 있는 것처럼 작금의 주택문제는 살고 싶은 주택의 공급이 부족한 것이 근본원인임으로 문제를 풀어가는 것도 어떻게 하면 양질의 주택공급을 신속하게 늘릴 수 있을까에 맞추어야 한다. 진정으로 국민의 주거안정을 최우선 과제로 설정하고 있다면, 그래서 지금까지 터부시해 왔던 것들을 과감하게 수용할 의지만 있다면 해법은 의외로 쉬우며, 그 효과도 무척 클 것이라고 생각한다. 토지의 용도전환, 용적률의 제고, 재개발·재건축의 촉진 등이 그것이다.

먼저 용도지역 전환을 보자. 도시의 토지는 주거, 상업, 공업, 녹지지역으로 그 용도가 구분되어 있으며, 설정된 용도에 맞추어 개발 사용하도록 하고 있다. 이처럼 용도지역을 구분하는 이유는 상이한 기능들이 혼재되지 않도록 함으로써 쾌적성과 효율성을 높이려는 것이었다. 그렇지만 산업의 발전과 경제구조의 고도화로 더 이상 과거와 같은 엄격한 용도지역 구분은 필요치 않게 되었다. 운송수단의 발전과 지가의 상승 등으로 대규모 공장들은 외곽으로 이전하여 도시지역에는 주거 및 상업기능과 병존이 가능한 것들만 남게 되었고, 주거 및 상업기능들과 어우러져야 더 효율적인 도시형 산업들이 주를 이루게 되었다. 또한 온라인 상업의 급속한 발전으로 상업공간의 수요는 빠르게 줄고 있는 반면, 언택트 경제의 확산과 재택근무의 일상화 등으로 주거와 상업 및 업무기능이 한 곳에 집약된 복합개발의 필요성은 크게 높아지고 있다.

따라서 이처럼 변화된 현실에 맞지 않는 용도지역의 전면 재설정을 통해서 다양한 기능이 복합된 부동산개발이 가능하도록 해야 한다. 순수 주거지역은 물론이고 주상복합과 오피스텔 등과 같은 주거기능이 입지할 수 있는 용도지역을 대폭 늘려서 주택공급의 확대가 이루어지도록 해야 한다. 주거지역의 용적률을 대폭 높여서 주택공급이 확대될 수 있도록 해야 하며, 상업지역에는 주거기능의 입지가 용이하도록 지구단위계획상의 규제를 축소해야 한다. 또한 공업지역으로서의 유지 필요성이 없는 지역은 주거지역이나 상업지역으로 용도지역을 변경하여야 한다.

▌〈표 5-3〉 서울의 용도지역별 면적현황

구 분	주거지역	상업지역	공업지역	녹지지역
면적(m^2)	325,969,607	25,591,941	19,977,061	234,059,680
비 율	53.8%	4.2%	3.3%	38.6%

자료: 서울시

용적률 제고를 통한 고밀개발 또한 시급히 추진되어야 한다. 한정된 토지 위에 더 많은 주택을 공급하는 가장 빠른 길은 용적률을 높이는 것이다. 평균 용적률 200%인 지역을 400%로 높이면 주택수를 두 배로 늘릴 수 있으며, 300%로만 높여도 50%를 늘릴 수 있다. 토지비 부담 완화를 통해 주택가격을 현저히 낮출 수 있음은 물론이다.

〈표 5-4〉용도지역별 용적률 현황

구 분	1종 전용주거	2종 전용주거	1종 일반주거	2종 일반주거	3종 일반주거	준주거
용적률	100%	120%	150%	200%	250%	400%
건폐율	50%	40%	60%	60%	50%	60%

구 분	중심 상업지역	일반 상업지역	근린 상업지역	유통 상업지역	준공업지역
용적률	1,000%	800%	600%	600%	400%
건폐율	60%	60%	60%	60%	60%

　　이러한 고밀개발의 유용성에도 불구하고 그동안 용적률을 높이는 방안이 기피되어온 이유는 고밀화가 주거환경의 쾌적성을 떨어뜨리고, 도시기반시설에 과부하를 초래하며, 용적률 상승에 따른 이익이 토지소유자들에게 독점된다는 이유들 때문이었다. 그렇지만 냉정히 따져보자. 집값이 높지 않은 상황에서 쾌적성을 갖출 수 있다면 바람직하겠지만 집값이 치솟아서 주거비용을 감당하기 어려운 상황에서의 쾌적성이란 다분히 사치스러운 개념이며, 이상론에 지나지 않는다. 주택가격이 높기로 악명 높은 홍콩의 경우 용적률이 1,000%가 넘는 단지가 흔하며, 뉴욕을 대표하는 재개발사업인 허드슨 야드의 경우 용적률이 무려 3,300%나 된다는 점을 감안하면 400~500%의 용적률은 충분히 수용 가능한 수준이라고 본다.

　　기반시설의 과부하문제도 그리 걱정할 바가 못 된다. 서울 등 주요 도시들이 본격적으로 개발되기 시작하던 80년대는 계획지표인 가구당 평균가구원수가 4명이 넘었지만 최근에는 2.5인까지 낮아졌고, 앞으로는 더 낮아질 것이므로 주택수가 2배로 늘어도 거주인구수는 별로 증가하지 않기 때문이다. 또한 특정 단지가 아니라

도시 전역의 용적률을 한꺼번에 올린다면 지가상승도 제한적일 것이고, 개발이익부담금 부과를 통해서 발생이익의 상당부분을 환수할 수 있으므로 이익독점의 우려도 불식될 수 있다.

최근에 서울시가 공공재건축의 용적률을 500%까지 높이고 50층까지 허용하겠다고 밝힌 것은 그나마 고무적이지만, 서울시 전역을 대상으로 주거지역의 용적률을 2배정도까지 과감히 높여서 주택의 대폭적인 공급확대가 이루어지도록 해야 할 것이다.

3.2 재개발·재건축 규제완화

서울과 같이 새로운 개발가능지가 거의 고갈된 도시의 경우 신규 주택의 공급은 기존 주택단지와 노후 시가지에 대한 재개발·재건축에 절대적으로 의존하게 된다. 그리고 이러한 재개발·재건축에 의한 주택공급은 다음과 같은 여러 효과들을 누릴 수 있게 해줌으로 그 중요성이 크다고 생각한다.

첫째는 주택공급의 확대효과이다. 저밀도의 중·저층의 아파트와 저층의 주택들이 자리하고 있던 지역을 용적률을 높여 고밀도로 재개발·재건축함으로써 주택수를 대폭 늘릴 수 있어서이다. 과거 70~80년대에 구 주택공사에서 개발 공급한 서울의 대표적 주거지들인 잠실, 반포, 개포지구 등의 저층 아파트 단지 재건축 주택과 강북지역 노후주택 밀집지역 재개발 아파트 등이 신규주택공급의 큰 몫을 담당해 왔던 것이 그 좋은 사례이다. 서울시가 그린벨트 해제를 통한 주택공급을 하지 않기로 한 이상 서울시내에서 새롭게 대량의 주택을 공급할 수 있는 거의 유일한 방안이 재개발·재건축에 의한 것이라고 할 수 있다.

두 번째는 주거성능과 공간 활용성이 대폭 향상된 양질의 주택공급이다. 빠른 경제성장을 통해 소득수준이 급속하게 향상됨으로써 3만불 시대의 높아진 소득수준에 걸맞는 주택에 대한 수요가 늘고 있는 반면, 기능이 향상된 주택의 공급은 그만큼 늘지 않고 있어 새로이 지어진 주택의 가격이 가파르게 상승하고 있으므로 재개발·재건축사업의 촉진과 활성화를 통해 새집 공급을 늘려 나가야 할 필요성과 중요성이 커지게 되었다. 특히 2005년 11월 발코니 확장이 합법화됨에 따라 2006년 이후에 공급된 주택과 그 이전에 공급된 주택은 같은 평형(공급면적)이라도 공간의 크기와 활용도 면에서 비교하기 어려울 정도의 큰 차이를 보이고 있다. 주차장과 커뮤니티 시설의 이용편리성 등에서도 현격한 수준 차이가 있어 새집에 대한 선호도가 높은 상황으로 가격도 빠르게 상승하고 있으므로 새집 공급의 확대 없이 주택가격을 잡기는 어려울 것으로 보인다.

셋째는 재개발 재건축을 통한 도시기능과 경관 등의 향상효과이다. 재개발과 재건축은 그 단지의 기능만을 향상시키는 것이 아니라 그 주변지역의 도시기능과 미관까지도 현저하게 개선 향상시키는 결과를 가져오며, 재정부족 등으로 미처 착수하지 못한 도시기능과 경관향상에 큰 효과를 주게 된다. 그리고 이는 그 지역 거주민들의 주거만족도를 높이고 삶의 질을 개선하는 효과를 주게 된다. 더욱이 오늘날과 같은 도시 간 경쟁의 시대에서는 도시의 기능과 미관도 매우 중요한바 도심지 내 낙후지역에 대한 신속한 재개발·재건축을 통해 도시기능을 향상시키고 매력도를 높이는 일의 중요성이 더욱 크다고 할 것이다.

이러한 여러 가지 이점과 긍정적 효과 때문에 지난해 10월 부동산전문가 51인을 대상으로 한 설문조사를 통해 파악한 서울지역 주택공급확대 방안도 1순위가 재개발·재건축의 촉진이었다. 그런데 이처럼 필요성이 크고 그 효과도 크며, 장점이 많은 재개발·재건축이 여러 가지 규제로 인해 시행에 큰 어려움을 겪고 있다. 특히 현 정부 출범 이후 규제가 더욱 강화되었거나 새롭게 신설되어 신속한 주택공급 확대를 통해 주택가격을 안정시켜야 할 시점에 오히려 주택가격을 상승시키는 요인으로 작용하고 있어 안타까움이 무척 크다.

주요 규제내용과 그 영향 및 개선방안에 대한 필자의 견해는 다음과 같다.

① 안전진단기준 강화

재건축 활성화에 가장 큰 장애요인이 되고 있는 것이 안전진단기준 강화이다. 정부는 2018년 3월 재건축 대상 아파트에 대한 안전진단기준을 강화하여 다음 페이지의 <표 5-5>에서 보는 바와 같이 주거환경점수의 비중을 낮추고 구조안정성 비중을 크게 높임으로써 노후도가 아주 심한 주택 이외에는 재건축이 어렵도록 만드는 결과를 초래하고 있다.

이처럼 안전진단기준이 강화됨으로써 건축된지 30~40년이 지나 주택 내부의 공간활용도와 주차장 및 커뮤니티 시설의 이용편리성 등의 면에서 최근에 지어진 주택과는 현격한 차이가 있는 불편한 주거환경에서 살도록 강요 받고 있는 것이다. 그러므로 종전과 같이 주거환경 배점을 높이는 쪽으로 환원하여 안전진단기준이 낙후된 단지의 재건축을 막는 장치가 되고 있는 문제점을 시급히 해소하여야 한다.

❚ 〈표 5-5〉 안전진단기준 변경현황

구 분 (가중치)	주거환경	구조안정성	건축·설비 노후도	비용분석
종 전	40	20	30	10
변경 후	15	50	25	10

② 이주비 대출한도 하향

2017년 8월 부동산대책으로 투기지역과 투기과열지역의 담보인정비율(LTV)이 종전 60%에서 40%로 축소됨에 따라 정비사업 조합원들에 대한 이주비 대출한도 역시 40%로 하향되었으며, 이에따라 이주비 부족 → 이주지연 및 정비사업 지연 → 주택공급 차질이라는 결과로 나타나고 있다. 그런데 이러한 정비사업 대상자에대한 이주비 지원 축소는 신규주택 구입수요를 줄이기 위한 담보인정비율 축소의 취지에도 전혀 부합하지 않으면서 사업지연만 초래하고 있는 실정으로 조속히 적용에서 배제되도록 함으로써 정비사업에 미치는 악영향이 최소화 되도록 해 나가야 할 것이다.

③ 재건축초과이익부담금 제도 개선

재건축초과이익부담금은 재건축초과이익 환수에 관한 법률에의해 재건축 시행으로 발생할 것으로 예상되는 이익이 호당 3,000만 원을 넘을 경우 그 초과이익의 50%까지를 환수하는 제도이다(8·4부동산대책에 의해 공공재건축의 경우는 용적률을 높여주되 예상수익의 90%까지 환수할 예정). 2006년에 시행되었으나 주택시장 침체 등으로 2013년부터 2017년까지 유예되었다가 2018년 1월부터 다시시행된 바 있다.

그런데 이러한 재건축초과이익 환수제도가 개발이익 축소를 통한 투기억제를 주목적으로 도입되었기에 사유재산권 침해라는 반발에서부터 위헌 논란까지 쟁점이 큰 제도가 돼 왔으며, 부담금 부과를 피하려는 노력이 사업지연 내지 1:1 재건축으로 나타남으로써 재건축을 통한 주택공급 확대에 중요한 걸림돌로 작용하고 있으므로 보다 합리적인 방향으로 개선이 필요한 실정이다. 단순히 예상되는 수익의 일정률을 환수한다는 것은 수익환수의 근거나 논리적 타당성이 낮으므로 용적률 제고 등으로 재건축 등을 통해서 증가된 세대수와 거주 인구수가 그 지역의 도시 인프라 등에 미치는 부담의 정도를 반영하여 산정하도록 제도를 개선할 필요가 있다.

재건축 대상주택 등의 소유자의 입장에서는 예상수익의 크기에 따라 일정률을 환수하는 현행 제도가 이유 없이 자신들의 수익을 빼앗아 간다는 느낌을 크게 주지만, 용적률 제고에 따른 혜택과 재건축 시행에 따라 주변 도시 인프라에 가중되는 부담의 정도 등을 측정해서 그에 상응하는 부담금을 부과한다면 인식과 수용도가 현저하게 달라질 것으로 보이기 때문이다.

④ 다주택자 등에 대한 공급주택 수 제한 완화

2017년 6·19 대책에 따라 정비구역 내 1주택 이상 소유자에 대해서도 아주 예외적인 경우를 제외하고는 1주택만 공급받을 수 있도록 함에 따라 2주택 이상 소유주들의 사업반대 등으로 추진에 어려움을 겪고 있는 실정이므로 공급주택수 제한을 완화함으로써 사업이 촉진되도록 할 필요가 있다. 다주택자에 대해 공급주택수를 제한하는 것은 일면 그 타당성이 인정되지만, 현실적으로는 이로 인한 다주택자의 사업반대가 전체 사업시행에 미치는 악영향이 매우 큰 실정이므로 보다 현실적인 방안이 강구될 필요가 있다고 생각한다.

이외에도 법 개정을 추진 중인 투기과열구 내 재건축 조합원의 2년 이상 실거주의무와 조합원지위 양도금지, 정비구역 일몰제와 같은 제도들도 재개발·재건축 사업 활성화에 중요한 걸림돌로 작용하고 있어 근본적인 재검토가 필요한 실정이다.

아울러 서울시의 35층 층고규제와 같이 특별한 논리적 근거나 타당성 없이 수립된 도시기본계획을 근거로 한 규제도 시급히 개선되어야 한다. 고인에게는 안된 이야기지만 도시와 주택 및 부동산 문제에 무지했던 박원순 시장이, 그것도 시장 취임 초기인 2014년에 세운 계획을 금과옥조처럼 여기며 잠실5단지나 은마아파트와 같은 대단지의 재건축을 막은 것이 오늘날의 서울시 주택난을 초래한 주요 원인이 되었음을 분명히 인식하고 시급한 개선을 도모해 나가야 할 것이다.

3.3 복합부동산개발의 촉진

2020년 초부터 전 세계로 급속하게 확산된 코로나19(COVID19)는 우리의 일상생활에 심대한 영향을 미치고 있다. 전염병의 확산을 막기 위한 거리두기와 재택근무 등으로 비대면 언택트(untact) 활동이 일상화되고 있으며, 이러한 격리경제활동(큐코노미, Qconomy, quarantine economy)은 우리의 삶의 모습을 현저하게 바꾸고 있기 때문이다. 이는 그렇지 않아도 4차 산업혁명의 빠른 진전에 따라 나타나고 있던 경제활동과 일상생활의 변화를 더욱 빠르게 촉진시키는 요인으로 작용하고 있다.

여러 미래학자들은 코로나19가 불러올 사회현상 등을 예측하고 전망한 결과들을 내 놓고 있다. 미국의 저명한 미래학자인 제이슨 셍커는 그의 저서 『코로나 이후의 세계』에서 "코로나19의 확산으로 재택근무와 온라인 교육이 일상화되고 그에 따라 기업의 사무실과 상업공간에 대한 수요가 축소되며, 물류부동산 수요가 증가할 것"으로 전망하고 있으며, 한국인으로 미국에서 주로 활동하고 있는 젊은 미래학자 최윤식은 최근에 발간된 저서 『빅 체인지(Big Change)－코로나19 이후 미래 시나리오(Post COVID－19)』에서 "코로나19가 이미 시작된 통신과 기술발전 및 그로 인한 생활양식의 변화를 촉진하고 가속화할 것"이라고 예견하고 있다.

이처럼 코로나19의 확산과 4차 산업혁명의 진전이 불러온 일상생활의 변화는 필연적으로 우리의 삶의 모습에도 중대한 변화를 초래하고 있다. 그 중 가장 뚜렷한 것으로 재택근무의 확산, 온라인 교육과 온라인 상업활동의 증가 및 대중교통 이용의 기피 등을 들 수 있다. 그리고 이러한 변화는 우리의 주거양식과 주거선호에도 중대한 변화를 야기하고 있으며, 주거와 업무 및 상업공간들이 유기적으로 연계되도록 개발된 복합부동산 공간에 대한 수요가 크게 증가하게 될 것으로 보인다.

그 중 가장 큰 것이 업무공간과 주거공간의 재설정의 문제이다. 재택근무의 확산에 따라 주거공간 내에서 업무를 하는 시간이 늘어나고 있지만, 주거공간과 업무공간의 미분리로 인한 여러 가지 어려움에 직면하고 있다. 기존 주택 내에서의 적절한 업무공간 확보의 어려움, 가사와 업무와의 미분리, 자녀들과 함께 있으면서 업무를 함에 따른 효율저하, 장시간 같은 공간 안에 머무름으로서 오는 피로도 증가 등등이 그것이다. 이에 따라 주거와는 분리되어 있지만 아주 근거리에 있는 업무공간에 대한 수요가 증가하게 되고, 근린상업기능과 체육시설 등의 다양한 커뮤니티시설 이용이 편리한 주거공간에 대한 수요가 커지고 있다. 그러므로 이러한 생활양식의 변화가 효과적으로 수용되도록 주거와 상업 및 업무기능이 하나로 연계되어 다양한 편의시설들이 잘 갖추어진 복합부동산 개발(MXD, mixed use development)이 촉진될 수 있도록 특별계획구역 지정제도를 활용함과 아울러 관련 제도들을 정비하고 개선해 나가야 한다.

둘째는 상업용지를 비롯한 도심지역에서의 주거기능 확대제공의 필요성이다. 교통이 편리하고 여러 편의시설들이 잘 갖추어진 도심지역은 거주의 편의성과 주거 선호도가 높은 곳이지만 그동안은 높은 땅값 때문에 주거기능이 입지하는 데 어려움이 많았다. 그렇지만 주택가격의 상승으로 높은 토지가격을 감당할 여력이 커졌고, 단순주거 보다는 상업과 업무기능 및 여러 커뮤니티 시설들이 잘 복합되어 있는 공간에 대한 수요가 커지면서 이에 부응하는 주거공간에 대한 수요와 선호도가 높아지고 있는 것이다. 그러므로 이러한 공간수요 변화를 잘 반영한 복합개발을 통해 도심토지의 활용도를 높이면서 보다 편리하고 쾌적한 도심지 내 주거공간의 공급을 확대하는 것이 중요한 과제가 되고 있다.

정부와 지방자치단체는 이러한 복합개발의 필요성과 중요성을 깊이 인식하고 복합개발이 보다 용이하게 이루어질 수 있도록 용도지역 규제를 완화하고, 용적률을 높여주며, 지구단위계획 변경 등을 통해 주거기능과 함께 상업, 업무 등의 다양한 기능의 복합 입지가 가능하도록 해 나가야 한다.

4. 수요분산을 통한 시장안정화

    최근 서울 및 수도권 지역 주택가격 및 전월세 가격의 급등으로 인한 도시민들의 고통이 커지고 있지만, 이를 해결하기 위한 유일한 해법은 살고 싶어 하는 지역에 선호도가 높은 양질의 주택을 신속하게 공급하는 것뿐이다. 그렇지만 늘어나는 주택수요를 서울 도심지역에서만 모두 수용하는 것은 현실적으로 어려움이 크기 때문에 수도권 지역의 주택공급을 늘려 이를 수용해 주어야 한다.

    그리고 이러한 수도권지역 주택수요를 보다 용이하게 수용할 수 있는 곳이 이미 조성되었거나 조성을 추진하고 있는 신도시이다. 이미 입주한지 30년이 다 되어 도시의 기능이 저하되고 활력이 떨어진 1기 신도시에 대해서는 도시 전반에 대한 리노베이션 계획을 수립하고 이를 역점사업으로 추진해 나감으로써 수용인구를 늘리고 도시의 활력을 개선할 필요가 있으며, 활발하게 입주가 이루어지고 있는 2기 신도시는 광역교통망 등의 도시기반시설의 조기 완비를 서둘러서 거주하고 싶은 도시로 만들어 가야 한다. 또한 현 정부가 역점사업으로 추진하고 있는 3기 신도시는 4차 산업혁명시대의 도시기능을 효과적으로 수행할 수 있도록 함과 아울러 서울 및 수도권 지역 주택가격 인정에 기여한다는 계획목표를 보다 충실하게 달성할 수 있도록 해 나가야 할 것이다.

이하 4절에서는 이러한 신도시의 역할개선을 위한 모색을 담고 있다.

4.1 1기 신도시 리노베이션(renovation)[3] 추진

분당, 일산, 평촌, 산본, 중동 등 1기 신도시가 입주를 시작한지도 30년이 다 되었다. 1기 신도시는 급격한 도시화와 3저호황 등으로 주택가격이 급등하여 심각한 사회문제가 되던 시기에 이를 타개하는 방편으로 1988년에 착수하여 1991년에 첫 입주가 이루어졌다. 1997년까지 29만 3,000여 세대의 주택에 순차적으로 입주가 이루어짐으로써 당시 급등하던 주택가격의 안정화에 크게 기여하였으며, 대규모 계획도시로 개발됨으로써 우리나라의 주거수준 향상에 크게 기여한바 있다. 그렇지만 5개 신도시가 동시에 개발되고 건설이 이루어지면서 시멘트·철근 등의 자재파동이 발생하였고, 바닷모래 사용에 따른 문제점이 지적되기도 했다. 또한 주택단지 위주의 도시로 개발됨으로써 베드타운이라는 오명을 듣기도 했지만, 그 당시로서는 철저한 계획도시로 조성된 쾌적한 주거단지로 그 명성을 떨치기도 하였다.

그렇지만 30년의 시간이 흐른 현시점에서는 노후화되고 쇠퇴된 지역들이 여러 곳에서 나타나고 있으며, 여러 도시기능들도 보완이 필요한 상황이 되었다. 1기 신도시 리노베이션이 중요하게 고려되어야할 시점이 된 소이도 여기에 있다. 1기 신도시에 대하여 전반적인 도시기능의 재검토를 거쳐 리노베이션을 추진해 나갈 때가 되었다는 것이다. 1기 신도시는 대부분의 지역이 중·고층으로 건축되었기에 용적률을 대폭 높여주는 등의 정책적 지원이 없을 경우 전면철거 후 재건축 방식은 경제성이 낮아 서울시에서와 같은 재개발·재건축이 이루어지기 어려우며, 단지별 여건에 따라 산발적으로 리모델링이 추진되고 있는 실정이다.

1기 신도시를 전면적으로 리노베이션을 해나가야 할 필요성은 다음과 같은 세 가지 측면에서 살펴볼 수 있다.

첫째는 늙어가는 도시의 재활성화 필요성이다. 30여 년의 세월이 지나면서 주택도 낡아졌고 상업시설도 노후화되었으며, 여러 도시기능들이 쇠퇴하고 침체되고 있어 주거지로서의 매력이 떨어지고 있다. 특히 젊은 계층의 선호도가 떨어져 고령화가 빠르게 진행되고 있다. 이처럼 젊은 인구의 비중이 줄고 고령화가 진행되면 도시의 활력이 저하되고, 생산력과 조세수입 등이 감소되어 침체가 더욱 빠르게 가속화 되는 문제에 직면하게 된다. 이러한 문제점을 방지하려면 신도시 전역을 대상으로 도시의 기능과 역할을 재검토 설정하고, 저층주거지 등의 고층화 필요성 등을 면밀하게 검토, 추진해 나가야 한다. 용적률을 과감하게 상향 조정하고, 용적률거래제 도입 등을 통해 고층 복합개발이 활성화될 수 있도록 해야 한다.

둘째는 적은 비용으로 높은 효과를 낼 수 있다는 점이다. 서울 강남지역에서 시작되어 수도권 전역으로 확산된 주택가격 급등에 대처하기 위해서 3기 신도시 개발을 추진하고 있지만 용지보상과 광역교통망 확충 등에 오랜 시간과 막대한 비용이 투입되어야만 소기의 성과를 기대할 수 있는 데 비해, 1기 신도시 리노베이션은 상대적으로 적은 비용과 시간으로 많은 효과를 기대할 수 있다는 것이다. 특히 용적률 상향조정, 저층주거지의 고층화, 상업용지에의 주상복합주택과 오피스텔 건설 허용 등을 통해서 새집 공급을 대폭 늘려야 한다.

일본의 신도시들에서 나타났던 고령화, 노후화, 공동화 등의 문제점들을 반면교사로 삼아서 1기 신도시가 도시의 활력과 기능을 유지하면서 이러한 문제점들이 최소화되도록 다각적인 노력을 해 나가야 한다. 30여 년의 시간이 지나면서 주택들이 낡아지고 여러 도시기능들이 침체·쇠퇴하고 있지만, 도시 전역을 대상으로 면밀한 리노베이션 계획을 수립해서 추진해 나간다면 여전히 편리하고 쾌적한 도시로서의 위상을 유지할 수 있을 것으로 생각한다.

4.2 2기 신도시의 광역교통 개선

서울과 수도권 지역의 주택공급 확대를 통한 주거안정 도모를 위하여 1기 신도시에 이어 추진했던 2기 신도시는 이제 대부분 마무리 단계에 접어들고 있다. 그리고 당초 목표했던 바대로 부족한 주택공급 확대와 주거수준 향상에 큰 몫을 하고 있다고 생각한다.

그렇지만 각각의 개별 신도시의 상황을 살펴보면 계획했던 광역교통망이 예정대로 진행되었는지 아닌지에 따라 주거만족도와 선호도에 있어 큰 차이를 보이고 있다. 광교신도시는 2016년 1월 신분당선의 연장개통에 따라 강남지역 접근성이 크게 개선 향상되었고 주거 선호도도 현저하게 높아졌다. 2기 신도시 중 가장 규모가 크고 전문가들 사이에서 과잉 개발에 따른 미분양의 우려가 많이 제기되었던 동탄2신도시의 경우도 2016년 12월 수서발 SRT노선이 개통되어 15분대의 강남접근성으로 수요가 몰리면서 미분양의 우려가 불식되었고, 이제는 도시규모에 따른 원심력에 의해 지속적인 발전을 이루어가고 있다. 중전철이냐 경전철이냐를 두고 오랜 시간을 허비하였던 김포한강신도시의 경우도 2019년 7월 도시철도 개통에 따라 교통접근성이 현저히 개선되었고 주거만족도도 크게 높아졌다. 미분양의 우려가 커서 한동안 신규분양이 없었고 주택가격도 낮았던 파주운정신도시의 경우도 GTX-A노선의 착공과 서울-문산 고속도로 개통 등에 힘입어 시행사와 건설사들이 토지매입과 신규분양 준비를 서두르고 있다.

반면에 서울 인접성 등에서 가장 입지여건이 양호하다고 평가받았던 위례신도시의 경우 도로교통은 상당히 개선되었으나 위례선 트램 설치나 지하철 8호선 우남역 신설, 위례신사선 경전철 착공 등이 계획보다 지연되면서 교통불편에 대한 불만이 커지고 있는 실정이다. 양주옥정신도시의 경우도 지하철 7호선 연장사업이 2025년에나 개통될 예정이며, 기대가 큰 GTX-C노선은 아직 착공 예정시기조차 불확실한 실정으로 양주신도시의 주거편의성을 떨어뜨리고 도시의 가치를 낮추는 중요한 요인이 되고 있다. 인천검단신도시의 경우 지하철 5호선 연장과 GTX-D노선이 아직 미확정으로, 확정 추진된다고 해도 최소 수년이 걸리는 사업이어서 아직은 그 효과를 기대하기가 요원하다고 할 수 있다. 평택고덕신도시의 경우는 SRT 지제역 개통의 효과를 크게 보고 있고 기존의 지하철 1호선이 큰 기능을 하고 있지만, GTX-C노선의 평택 연장을 한목소리로 요구하고 있다.

지금까지 살펴본 바와 같이 2기 신도시는 일부 주택공급이 추가로 이루어질 예정이지만 도시조성은 대부분 마무리되었고 입주가 마무리 되었거나 속속 입주가 이루어지고 있다. 그리고 이러한 2기 신도시는 최근의 서울의 주택가격 급등을 피해서 보금자리를 옮겨야 할 도시민들에게 유용한 대안이 되고 있다. 그렇지만 지금까지 살펴본 것처럼 지하철 등의 광역교통망이 계획대로 추진되느냐 아니냐가 각 신도시 거주민들의 주거편의성에 지대한 영향을 미치고 있으므로 담당주체는 계획된 시설의 조기 완공과 개통에 노력을 집중함으로써 2기 신도시들이 수도권지역 주거문제 해결에 더 큰 역할과 기여를 하도록 해야 할 것이다.

4.3 3기 신도시의 역할제고 도모

현 정부 출범 이후 급등하는 주택가격을 안정화하고 수도권지역에 주택공급을 확대하기 위하여 3기 신도시를 지정, 추진하게 되었다. 3기 신도시는 2018년 12월에 남양주왕숙, 하남교산, 인천계양, 과천과천 등의 4개 지구가 지정되었고, 2019년 5월에는 고양창릉, 부천대장, 안산장상, 안산신길2지구 등이 추가로 지정되었으며, 서울과 수도권지역 주택가격 급등이 계속됨에 따라 정부와 LH공사에서도 신속한 사업추진을 위해 노력하고 있다.

3기 신도시는 대부분 서울 접근성이 양호하고 1, 2기 신도시에서 나타난 문제점들을 반영하여 광역교통망 확충과 친환경적 개발 및 자족기능 제고에 많은 노력을 기울이고 있으며, 각 지구 특성을 반영한 도시산업기능 강화에도 힘쓰고 있다. 따라서 3기 신도시가 예정대로 잘 추진된다면 서울 및 수도권지역에 양호한 주거여건을 갖춘 주택공급 확대를 통해 주거안정에 기여한다는 목표를 달성할 수 있을 것으로 기대된다.

그렇지만 3기 신도시가 소기의 성과를 충분히 달성하기 위해서는 용적률 제고와 특화단지 조성이라는 두 가지 사항이 중요하게 고려되어야 한다고 생각한다.

먼저 용적률 제고의 필요성은 다음과 같은 세 가지 측면에서 살펴볼 수 있다.

첫째는 3기 신도시 조성을 통한 주택공급 확대의 필요성이다. 최근의 서울과 수도권 지역의 주택가격과 전월세 가격의 급등은 거의 재앙적 수준으로 당초 3기 신도시가 지정되던 시기보다도 훨씬 심각한 상황에 처해 있으며, 주택공급의 신속한 확대만이 그 해법으로 3기 신도시의 용적률 제고를 통한 공급확대가 유용한 대안 중의 하나이기 때문이다. 박합수 국민은행 부동산 수석전문위원은 3기 신도시의 효과가 그리 크지 않을 것이라고 전망하면서 그 이유로 공급예정 세대수가 기대보다 많지 않음을 지적하고 있다. 수도권지역 2기 신도시의 공급계획세대수가 60만호를 넘는 데 비해 3기 신도시의 공급예정호수는 20만호에도 미치지 못하고 있기 때문이다. 3기 신도시가 지구수와 면적에서도 2기 신도시보다 작지만, 친환경 개발과 자족기능 제고라는 명분에 의해 공원과 녹지 및 도시지원시설용지 등의 비중이 높아 상대적으로 주택건설용지의 비중이 낮기 때문인 이유가 크다. 때문에 이러한 계획개념을 유지하면서 주택공급을 늘릴 수 있는 방안은 용적률 제고 밖에 없으므로 이제부터라도 과감한 용적률 제고를 통해서 주택공급호수를 획기적으로 늘려야 한다.

둘째는 용적률 제고를 통한 저렴한 주택공급이다. 3기 신도시는 수도권 토지가격의 지속적인 상승에 따른 용지보상비 증가와 광역교통 개선비용의 증가, 친환경 개발에 따른 가처분용지 비율의 저하 등의 요인이 겹쳐 조성원가가 상당히 높을 것으로 예측되고 있으며, 그에 따라 주택건설용지의 공급가격도 높은 수준이 될 수밖에 없을 것으로 보인다. 따라서 이런 상황에서 토지비 비중을 낮추어 저렴한 주택공급을 하기 위한 가장 쉽고 현실적인 방안이 용적률 제고이기 때문이다.

셋째는 도시조성 이후의 광역교통망 유지비용 부담 등의 필요성이다. GTX와 지하철 등과 같은 광역교통시설의 효율적인 운영을 위해서는 이용자 수가 일정수준 이상이 되어야 하는바, 용적률 제고를 통해 주택공급호수를 늘리고 거주 인구수를 증가시키는 것이 도시기반시설의 안정적 운영에 중요한 바탕이 될 것이라고 생각한다.

다음으로 깊이 있게 고려하고 계획해야 할 사항이 베이비부머 은퇴세대들을 위한 특화단지의 조성 및 공급의 필요성이다. 중앙대 마강래 교수[4)가 주창한 것처럼 은퇴시기를 맞은 베이비부머 세대가 서울 도심지의 입지여건이 양호한 주택지역을 젊은 세대들에게 물려주고 이전할 필요성은 충분히 크지만, 여러 요인으로 농어촌 지역으로 귀향하게 될 현실적 개연성은 그리 높지 않으므로 쾌적하고 양호한 주거여건을 누릴 수 있으면서 붐비는 도심에서 벗어나서 생활할 수 있는 지역에 은퇴자계층의 생활편리성을 잘 배려하고 반영한 특화단지를 조성해서 제공한다면 그 효과는 충분히 클 것으로 보인다. 3기 신도시는 교외생활을 누리고 싶으면서도 자녀들과는 자주 만나고 싶고, 의료기관과 인접한 곳에서 살고 싶어 하는 욕구를 충족시켜 줄 수 있는 여건을 잘 갖추고 있기 때문이다. 노년층을 위한 무장애(barrer-free) 공간 설계, 다양한 체육 및 건강관리 활동이 가능한 커뮤니티시설 설치 등을 통한 특화단지를 적극적으로 조성, 공급함으로써 베이비부머들이 보다 쾌적하고 안락한 노후를 보낼 수 있도록 해 주면서 신도시 이주를 통해 서울 도심의 주택공급을 늘림으로써 주택가격 안정 효과를 높이는 유용한 방안이 될 것이다.

5. 부동산전문가 의견조사 결과

　　보다 객관적인 문제점 진단 및 해법 모색을 위해 지난 2020년 10월 부동산전문가를 대상으로 설문조사를 시행하였다. 학계와 업계 및 언론계 등에서 활동하고 있는 건설주택포럼 소속 회원 등 부동산 전문가 55명에 대해 서울 및 수도권지역 주택가격 급등의 원인과 주택시장 안정의 해법 및 주택공급확대방안 도출을 위한 e-mail 설문조사를 시행했다.

　　설문응답자의 구성비율을 보면 학계(대학 및 연구기관)가 24명으로 47%, 업계(건설사, 시행사 등)가 19명으로 37%, 언론계가 6명으로 12%, 공공이 2명으로 4%였다.

　　설문내용은 ① 서울 및 수도권 지역 주택가격 급등의 원인, ② 주택시장 안정을 위한 해법, ③ 서울 도심지 내 주택공급 확대의 가장 큰 장애요인 등의 3가지 였으며, 객관적 답변인 이 세가지 질문 이외에 본인이 생각하는 주택시장 안정화를 위한 해법을 자유롭게 제시해 주도록 하였다.

　　설문에는 총 51명이 응답했으며, 설문조사 내용을 분석한 결과는 다음과 같다.

① 1번 질문: 서울 및 수도권 지역 주택가격 급등의 원인에 대하여
　－총 51명 중 과반수인 28명(55%)이 공급부족을, 16명 (31%)이 시중 유동성 증가를, 7명(14%)이 정부의 정책 실패를 제1의 원인으로 꼽고 있음

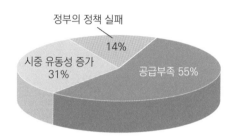

② 2번 질문: 주택가격 안정을 위한 해법에 대하여
　－총 51명 중 압도적 다수인 45명(88%)이 도심지 내 주택 공급 확대를, 4명(8%)이 투기적 수요 억제를, 2명(4%)이 신도시 개발을 우선적 해법으로 꼽았음

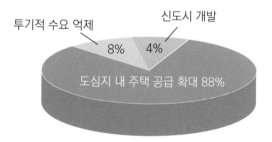

③ 3번 질문: 주택공급 확대 방안에 대하여

- 총 51명 중 과반수를 넘는 32명(63%)이 재개발·재건축 규제 완화를, 16명(31%)이 용적률과 층고규제 완화를, 3명(6%)이 분양가 규제 완화를 최우선 과제로 들고 있음

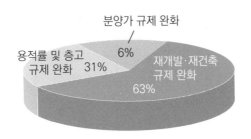

④ 제시의견 정리: 서울의 주택문제 해결을 위한 해법에 대해 자유롭게 제시한 의견들을 정리하였음

ⓐ 주택정책 방향과 제도 관련

- 주택가격은 시장원리에 맡기고 정부는 주택공급 확대에 주력하여야 하며, 규제가 지속되는 한 똘똘한 한 채에 대한 선호는 더욱 강해질 것임

- 가구원수 감소 추세를 반영하여 소형주택공급을 확대하고 가격도 낮출 필요가 있음

- 2주택자까지 투기꾼으로 간주할 경우 주택공급에 심각한 지장을 초래하게 될 것임

- 다주택자는 거래세를 중과하되, 무주택자 취득시는 거래세 인하 등의 우대방안 필요

- 정부는 국민의 "주거 안정"과 "집값 안정"을 혼동하지 말아야 하며, 지금의 집값 안정화 정책의 궁극적인 목표가 무엇인지 이해하기 어려움

- 주택수요의 큰 부분이 무주택자 수요가 아닌 유주택자의 대체수요임을 인식하여야 하며, 주택가격은 시장원리에 맡기고 정부는 주택공급 확대에 주력해야 함

- 규제위주의 정책과 배 아픈 것을 해결하려는 정책은 성공할 수 없으며, 사회적 비용의 급격한 상승을 초래하므로 시장의 자율에 맡겨야 함

- 시장에 상반된 신호를 줌으로써 정부정책을 불신하게 만들고 있으며, 주택정책의 최종 목표와 큰 그림이 없어 즉흥적 정책이 남발되고 있음

- 단기적 수요억제와 중장기적 공급대책이 함께 수립, 추진되었어야 하며, 도심주택공급이 우선되었더라면 3기 신도시 추진에 여유가 있었을 것임

- 임대차시장 규제는 고령자의 임대소득을 규제함에서 오는 부작용이 큼을 고려해야 하며, 전월세시장의 안정화를 위해서는 다주택자 규제라는 틀을 완전히 바꾸어야 함

- 로또분양의 해악이 너무 큼으로 분양가 규제는 하루빨리 폐지해야 하며, 주택사업자가 적정한 이익을 누릴 수 없도록 만들면 시장경제의 동력이 상실될 것임

- 1가구 1주택 외에는 투기라는 이념적 관념에서 벗어나야 하며, 기본적으로는 시장기능에 맡기되, 시장의 실패가 명백한 부분에 한해 제한적인 시장개입만 이루어져야 함

- 사회초년생을 위한 생애최초주택공급망, 지원강화가 필요함

ⓑ 도심토지 활용도 제고 등 관련

- 일본 등의 사례를 볼 때 신도시 개발보다는 재개발·재건축을 통해 도심토지의 활용도를 높이는 것이 중요함

- 가용지가 크게 부족한 상황이므로 네거티브(규제) 정책에서 포지티브(권장, 조성, 장려) 정책으로 전환하여야 함

- 도시의 소요공간 총량을 먼저 추산한 후 이를 바탕으로 토지이용효율(평균 목표용적률) 기준정립 필요

- 신도시 개발보다는 1기 신도시 리노베이션이 사회적 비용을 줄이는 방안이 될 것임

- 재개발·재건축 규제가 주택가격의 주원인이므로 규제를 전면 철폐하여 정상화해야 함

- 주택호수를 늘리는 것이 중요함으로 건립호수 인센티브제도를 통해 호수밀도를 제고할 필요가 있음

- 재개발·재건축 활성화를 위해서는 안전진단기준 완화가 시급히 이루어져야 하며, 재개발·재건축 촉진을 통해 거주선호도가 높은 지역에 양질의 주택이 적기에 공급되도록 해야 함

- 도심토지의 고밀개발을 통한 공급확대가 중요하며, 젊은 세대들을 위한 소형주택공급을 확대하여야 함

ⓒ 계층별 주거대책 등 관련

- 사회 초년생을 위한 사회주택공급 및 지원강화 필요

- 생애주기 맞춤형 주택금융제도를 도입하여 젊은 세대들에게 높은 LTV제공 필요

- 청년층 무주택자를 위한 주거사다리 회복이 중요하며, 대폭 축소된 재개발 지역을 재지정하여 주택공급을 확대하여야 함

- 출산장려정책과 연계한 주택공급 및 세금 감면정책이 있어야 하며, 고령화 시대를 맞아 고령자 주택의 건설과 공급도 필요

- 현행 공급제도는 1~2인 가구 증가와 연령대별 소득한계를 고려하지 못하고 있으므로 규모별로 무주택 비율을 조정할 필요가 있음

- 현행 공급제도가 무주택자와 신혼부부 등 특정계층에게 특혜가 될 수 있으므로 연령별 쿼터제 도입 필요

ⓓ 지역균형발전, 지자체 역할강화 관련

- 국토 균형발전정책 강화, 지방 일자리 창출 등을 통해 수도권 인구집중으로 인한 만성적인 주택부족 문제를 완화할 필요가 있음

- 진정한 지방분권 시행으로 지역의 주택정책을 지방정부가 담당하도록 해야 함

- 지자체장에게 권한과 책임을 부여한다면 보다 효과적인 지역맞춤형 주택정책이 가능할 것임

- 국토균형발전을 효과적으로 추진하여 수도권지역 주택수요를 분산하는 것이 중요

ⓔ 기타분야 의견

- 장기적으로 주택시장을 안정시키려면 금융시장의 선진화를 통해 금융자산에 대한 투자를 늘리도록 유도할 필요가 있음

- TDR(개발권양도제도)의 적극적 활용방안이 모색되어야 하며, 새집과 스마트 고급주택에 대한 수요를 감안한 주택정책이 필요

- 지역별 인구에 비례한 수급계획에 의한 주택공급정책이 필요하며, 스마트도시화, 4차산업혁명 및 코로나19 등으로 인한 패러다임 변화를 반영한 주택상품 공급 필요

- 2기 신도시 광역교통접근성의 개선을 통해 서울의 주택수요를 분산 유도할 필요가 있음

- 토지임대부주택공급을 통해 저렴 주택의 확대공급과 가격상승 제어효과를 거둘 수 있음

- 안정적인 주거가 가능한 민간임대주택시장이 없으면 주택가격의 등락과 관계없이 주거불안이 상존하게 될 것이므로 주택산업으로서의 민간임대주택시장 활성화 정책 필요

- $85m^2$ 초과주택과 일정가액 이상의 고가주택에 대해서는 무주택자 우선 공급 불필요

- 1~2인 가구 주거안정에 큰 역할을 해온 소형주택과 소형오피스텔을 1주택으로 간주, 세제상 불이익을 주어 공급이 어려워지고 있으므로 이를 배제하여 지속공급을 도모해야 함

1) "초등학교를 품은 아파트"를 의미하며, 학교가 단지에 인접해 있어 안전한 통학이 가능하여 젊은 세대들의 선호도가 높은 아파트 단지를 의미하는 신조어.

2) 윤석철 교수는 서울대 경영대학 교수를 거쳐 한양대 석좌교수로 재임하고 있으며, 경영학의 기본원리를 깊이 있게 천착하여 10년마다 연구성과를 집약한 저서를 출간해 온 것으로 유명하다.『경영학적 사고의 틀』(1981),『프린시피아 매니지멘타』(Principia Managementa, 1991),『경영학의 진리체계』(2001),『삶의 정도(正道)』(2011) 등이 그것이다. 이들 저서를 통해 윤석철 교수는 시장경제를 움직이는 근본원리로 "고객만족의 부등식"과 "기업생존의 부등식"이라는 두 가지를 제시하고 있다.

3) 리노베이션(renovation)과 리폼(reform), 리모델링(remodeling) 등의 용어가 함께 사용되고 있으나, 그 중 의미가 가장 포괄적인 리노베이션을 사용하기로 함.

4) 중앙대 마강래 교수는 2020년 3월에 발간한 저서『베이비부머가 떠나야 모두가 산다』를 통해서 매년 수십만씩 은퇴자 대열에 합류하는 베이비부머들이 도시의 활동공간을 젊은 세대들에게 양보하고 귀향하는 것이 젊은이들에게는 저렴한 주거를 제공하면서 지방도 살리는 길이라고 역설함.

제5장

임대주택시장의 문제와 제도 개선 방안

서울 집값, 진단과 처방

1. 전월세 상한제에 대한 오해

1.1 전월세 상한제는 가격 규제

전월세 상한제는 일종의 가격 규제다. 대다수의 미국 경제학자들은 가격 규제 싸움에서 정부는 결코 이길 수 없다는 입장이다. 그들이 반대하는 이유는 다음과 같다.

첫째, 관리비용 증가로 정부의 재정 부담이 커진다. 주택은 건축년도, 위치, 층수, 방향, 실내 인테리어 마감 수준 등 수많은 변수에 따라 전월세 가격이 달라지는데, 정부가 나서서 인상률을 정하는 것은 불가능하고 품이 많이 드는 일이다. 전월세 상한제가 시행되면 관리업무는 지자체의 몫이다. 전국적으로 임차 주택은 1천만 가구에 이르는데 지자체들이 주택의 시장 임대 가치를 공정하게 평가할 수 있을지 의문이다. 부작용은 이미 영국의 사례에서 나타났다! 설령 가능하다 하더라도 지자체가 귀찮고 번거로운 일을 수행하면서 나타날 기회비용은 누가 지불하는가. 여당의 무모한 정책 실험은 국민들의 세금 부담 증가와 공무원들의 낮은 생산성으로 귀결될 것이 뻔하다.

둘째, 임대료 규제 효과는 매우 제한적이다. 제도가 도입될 때 거주중인 소수의 '현직' 임차인은 분명히 혜택을 누리겠지만 그래봐야 효과는 기존 2년에서 4년으로 연장되는 데 그친다. 반면 주택을 새로이 임차해야 할 다수가 겪을 재정 부담은 커진다. 제도 시행에 맞춰 집주인들이 전월세를 인상할 가능성이 매우 높기 때문이다.

셋째, 가격 규제는 주택 노후화를 재촉한다. 집주인들은 임대료 규제를 받는 탓에 주택 개보수에 인색할 것이기 때문이다. 스웨덴 경제학자 아사르 린드벡(Assar Lindbeck)이 "임대료 규제는 폭격을 제외했을 때 도시를 파괴하는 가장 효과적인 수단이다."라고 혹평한 이유는 가격 통제가 주택 품질의 추락을 초래하기 때문이다.

넷째, 임대료 규제는 공급 감소를 초래한다. 임대료 규제가 없으면 임대료는 상승할 수 있지만 적어도 주택 부족 사태는 발생하지 않는다. 임대주택 사업의 수익률이 증가하면 임대주택공급은 늘어나기 때문이다.

현재 전월세 거주 국민은 5,200만 명 인구의 38%로 알려졌다. 정부가 임대료를 규제하는 상황에서 신규 임대사업자는 나타날까? 정부가 다주택 임대사업자들을 집값 급등의 주범으로 낙인찍고 집을 매각하라고 각종 불이익을 주는 상황이므로 신규 사업자 출현은 기대난망이다. 따라서 공급 감소는 불가피하고 임대료는 더 오를 것이다. 전월세 상승의 원인인 공급부족은 해결하지 않고 전월세를 규제하는 행위는 빈대 잡으려고 초가삼간 태우는 꼴이다.

미국의 경제학자들은 임대료 규제는 공급 부족을 낳아, 주거난을 악화시켜 임대료를 끌어올리고 '둥지 내몰림 현상(젠트리피케이션)'을 초래한다고 확신한다. 임대료 규제의 부작용에 대한 지적은 미국 밖에서도 존재한다.

홍콩대 리차드 웡(Richard Wong) 교수는 집값 세계 1위 홍콩의 주택정책의 문제점을 오랫동안 연구한 학자다. 그는 저서 『Hong Kong Land for Hong Kong People: Fixing the Failures of Our Housing Policy』에서 홍콩의 주택정책 실패는 "토지 부족이 아니라 토지 이용 계획의 경직된 규제"에 있다고 혹평했다. 미국·홍콩의 사례가 증명하듯이 가격 통제와 규제는 해결책이 아니다. 오히려 상황을 악화시킬 뿐이다.

1.2 전월세 전환율은 이자율이 아니다

정부여당은 전월세 상한제의 입법단계에서 현실을 반영한 인상률을 고려해야 하지 않았을까? 법무부는 이미 2019년 9월말 계약갱신청구권제 입법을 예고했기에 전월세 상한제 역시 그 무렵 입법작업에 착수했을 것으로 보인다. 따라서 여당은 국회입법조사처 등을 통해 전월세 상한제를 도입했을 때 나타날 수 있는 부작용을 충분히 대비할 시간이 있었다. 그럼에도 불구하고 정부가 전월세 인상률을 2년 기준 5%로 못 박은 이유는 여당이 해외 사례 연구를 전혀 하지 않았거나 해외 상황을 알면서도 의도적으로 무시한 것으로 의심된다. 왜 그런지 따져보자. 정부가 제시한 전월세 인상률 상한선 5%는 2년 기준이므로 1년으로 환산하면 2.5%다. 현재 한국은행 기준금리가 0.5%이고 시중은행 1년 정기예금 금리가 1% 초반이므로 연간 2.5%는 정기예금 금리보다 약 1% 높다. 그렇다면 연 2.5%는 임대인이 수용할 수 있는 수익률인가?

주택은 준공된 뒤 발생하는 건물의 자연적 노후화를 피할 수 없다. 수요, 공급 그리고 경기순환에 따른 변동 등 주택가격에 영향을 미치는 모든 변수를 제외한다면 주택 노후는 가치 하락을 낳는다. 감정평가사들은 아파트의 수명인 내용연수를 50년 정도로 본다. 따라서 1년이 지날 때마다 아파트의 가치는 이론적으로 매년 2% 하락한다. 따라서 전월세 연간 인상률 2.5%에서 감가상각비용 2%를 빼면 집주인이 아파트를 세놓아 얻는 수익은 0.5%로 은행 정기예금 금리보다 작다. 이 조건으로 어느 집주인이 세를 놓겠는가? 결국 정부여당이 전월세 인상률을 연간 2.5%로 못 박은 것은 임대인들에게 '집을 안 팔고 버티면 세금만 늘어나고 손해를 볼 테니 집을 팔라'고 으름장을 놓은 것이나 다름없다.

1.3 선진국의 임대료 규제

전월세 상한제로 민심이 들끓자 여당에서는 1960년대 영국이 시행했다가 중단했던 표준임대료제를 시행하자는 말까지 나왔다. 그들은 과연 표준임대료 제도의 부작용을 확인한 뒤에 실시하자고 주장하는 것인가. 국민들이 전월세 상한제를 비판하자 여당은 선진국도 임대료 규제를 하고 있는데 무엇이 문제인가?라고 반문한다. 해외의 임대료 규제는 과연 문제가 없는지 임대료 규제가 가장 심하다는 미국과 독일 베를린의 실태를 살펴보자.

1) 미국

뉴욕과 로스앤젤레스의 현재 집값은 1970년대와 비교할 때 2배가 되었고 샌프란시스코는 3배가 뛰었다. 미국 임차인의 약 25%는 벌어들이는 소득의 절반을 집세로 내고 있는 상황이다. 그럼에도 연방정부는 1970년대 철회했던 전국적인 임대료 규제 폐지를 부활시키지 않고 있다. 다만 주 정부 차원에서 규제를 하는데, 현재

50개 주에서 37개 주는 임대료 규제가 없다. 현재 임대료를 규제하는 주 정부는 뉴저지, 뉴욕, 메릴랜드, 오리건, 캘리포니아 등이다. 2019년 오리건 주는 주 전역에 임대료 규제를 전격적으로 단행해 미국에서 임대료 규제를 선도한다. 캘리포니아 주의 이웃인 오리건 주가 임대료 규제를 강하게 시행하는 것은 2010~2019년 유입 인구가 50만 명 가까이 늘어난 데서 비롯됐다. 2019년 현재 오리건 주 인구가 421만 명이니 지난 10년간 인구가 10% 이상 증가한 것이다.

〈그림 5-1〉 포틀랜드, 샌프란시스코 및 미국 전국 집값 추세 비교

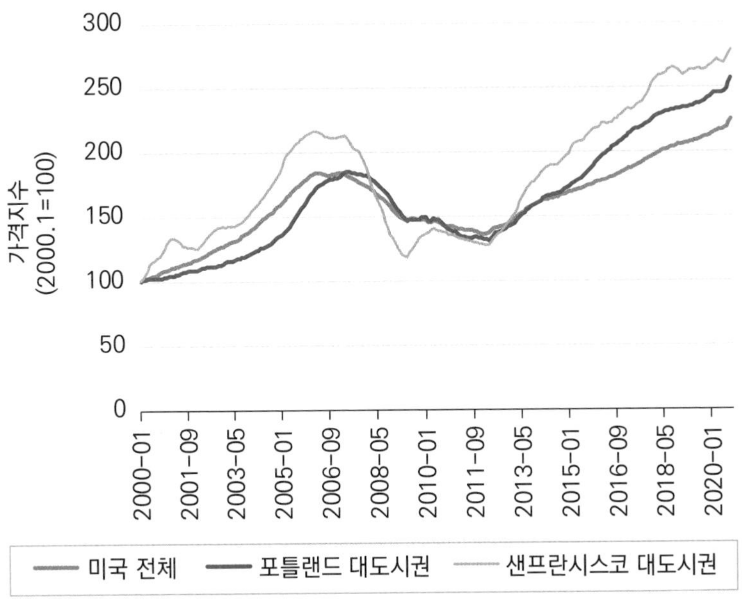

자료: https://fred.stlouisfed.org

2020년 1월 5일자 월스트리트 저널은 지난 10년 동안 오리건 주 정부가 신규 거주자 100명 당 주택 착공 인허가를 고작 37건 내줬다고 보도했다. 이 신문은 오리건 주의 폐쇄적인 토지 이용 규제가 주택 부족을 일으켜 임대료가 급등하자 주 정부가 집값 급등을 막겠다고 임대료 규제에 나섰다고 꼬집은 것이다.

미국 공공정책 싱크 탱크인 카토 협회(Cato Institute)에 따르면 '토지이용 자유'측면에서 오리건 주는 전국 50개주 중에서 43위로 꼴찌에 가깝다. 토지 이용 규제가 그만큼 심하다는 증거다. 경제학자 조시 레너(Josh Lehner)는 오리건 주의 집값 급등을 질병에 비유하면서 "사람들은 오직 증상을 바라보고 원인을 주목하지 않는다"고 비판한 뒤 "지난 10년간 인구 급증에 비해 주택공급은 턱없이 모자라 오리건 주에서는 2차 세계대전 이래 가장 적은 주택공급량을 기록했다"고 분석했다.

여기서 우리가 눈여겨 볼 대목은 오리건 주 정부가 내놓은 임대료 규제 내용이다. 오리건 주의 임대료 규제 조건은 물가상승률＋인상률 연 7%이다. 오리건 주 집주인들은 물가상승률에 해당하는 임대료는 기본으로 올릴 수 있고 전년 대비 최대 7%까지 임대료를 추가로 인상할 수 있다. 주 정부가 7% 범위 내에서 임대인들에게 임대료 인상에 관한 자율권을 준 것이다. 캘리포니아 주는 오리건 주보다 토지이용 규제가 더 심해 카토 협회 조사에서 토지이용 자유 47위를 기록했지만, 캘리포니아 주 정부가 시행중인 임대료 상한제는 물가상승률＋최대 연 5% 인상률이다.

우리의 사정은 어떠한가? 정부여당이 발표한 전월세 상한제에서 물가상승률에 대한 고려는 없다. 살인적인 집값으로 악명이 자자한 캘리포니아 주 정부가 한국 정부보다는 임대료 규제에서는 양반인 셈이다.

미국에서도 임대료 급등의 원인을 두고 의견이 분분하다. 임대료 급등 현상에 주목하는 다수 국민은 집주인들의 탐욕이 급등의 원인이라고 판단하지만 전문가들은 주택공급을 틀어막고 있는 토지이용 규제 때문이라고 해석한다. 페이스 대학교 경제학과 교수인 조셉 살레노는 규제 과잉이 뉴욕의 주택 부족 상황을 악화시켰다고 실증분석한 학자다. 그는 집값은 건축비의 2배로 나타났는데 그 이유는 토지이용 등 각종 규제에서 비롯된다고 주장했다.[1) 살레노 교수의 주장대로 집값 급등의 원인이 토지이용 규제 등에 있다면 왜 이 오류를 고치지 못하는 것인가?

베네수엘라 출신으로서 베네수엘라의 수십 년에 걸친 대중선동적인 정책을 경험한 칼럼니스트 호세 니뇨는 'We need more housing, Not more rent control'이라는 제목의 칼럼에서 그 원인을 다음과 같이 폭로했다. "정치인들은 공식석상에서는 서민 주택 부족에 탄식하고 분개하지만 뒤로는 주택 부족의 근본적인 이유를 유권자들이 눈치채지는 않을까 쉬쉬하며 숨긴다." 그는 "정치인들은 주거를, 교육받을 권리인 '교육권'처럼 권리로 인식하고 국가의 개입을 요구하고 실제로 관련 법령을 만든다."고 말한 뒤 "유권자의 표심에 목매고 있는 정치인들은 임대료 규제와 같은 이슈를 자신들의 선명성을 알리는 데 최고의 재료로 본다."고 주장한다. 그는 "정치인들은 탐욕스런 집주인들 때문에 집값이 급등하므로 임대인들에게서 임차인을 구해야 한다는 그릇된 믿음으로 마구잡이로 규제를 법제화한다. 그 결과 시장 상황은 더 악화되고 악화된 시장 여건을 개선한다고 또 다른 규제를 법으로 만든다."고 말한다. 그의 주장은 자신의 이익을 지키려 하는 정치인들 때문에 사악한 규제가 지속된다는 것이다.

2) 독일

독일 베를린의 상황은 어떠한가? 베를린시의 임대료 규제는 유럽에서 가장 강력하다. 베를린시는 블록 단위로 주거지역을 나눈 뒤 주택의 크기, 건축년도 등을 기준으로 임대료를 조사한다. 이렇게 얻은 '평균 임대료'는 기준가격이 되고, 임대료가 평균 임대료보다 10% 이상 높으면 불법으로 간주한다.[2] 진보 베를린시 정부는 2019년 강력한 임대료 규제를 도입했다. 그 결과 2013년 이전에 건축된 주택은 연간 인상률 1.3%를 초과할 수 없다. 그러나 2014년 이후 준공된 주택은 임대료 규제를 전혀 받지 않는다. 신축 주택의 임대료를 규제할 경우 임대주택 사업자들이 집을 짓지 않을 것을 베를린시가 염려했기 때문이다. 베를린시는 적어도 가격 규제의 부작용을 인지하고 있는 것이다. 그럼에도 불구하고 메르켈총리의 보수 중앙정부는 베를린시의 결정을 두고 법원에 가처분 소송을 제기한 상태다.

최근 몇몇 도시의 강한 가격 상승에도 불구하고 독일의 실질주택가격은 1980년대의 가격과 비슷하다. 영국과 달리 독일의 주택시장이 이처럼 안정적인 상태를 유지하는 비결은 무엇인가? 자가 보유자를 위한 세금 감면과 보조금이 독일에서는 거의 없어 주택 소유는 매력적이지 않다. 자가보유율 60%대인 미국, 영국과 달리 독일의 자가 보유율이 44%로 낮은 이유다. 그래서 개발에 반대하는 님비즘 현상이 독일에서는 많지 않다. 독일은 주거 유형에서도 영·미권과 차별화된다. 독일 국민의 55%가 집합주택에 거주하는데 단독주택 거주 중심의 영·미권에서는 볼 수 없는 풍경이다. 독일의 집값이 영·미권 국가와 비교해 안정될 수 있었던 비결은 토지를 효율적으로 이용하는 고층집합주택의 비중이 높은 덕택이라 할 수 있다.

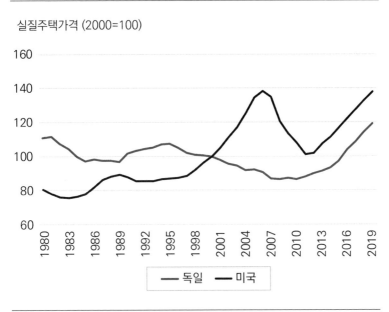

실질주택가격 (2000=100)

자료: data.oecd.org

    임대시장을 살펴보자. 독일의 평균 주택 임차기간은 11~12년
으로 영국의 평균 임차기간 2~3년보다 월등히 길다. 평균 임차기
간이 긴 것은 독일의 집주인들이 관대해서인가. 그건 아니다. 독일
의 집값 상승이 거의 없는 탓에 주택 매매에서 이익을 취하는 것은
불가능하므로 임대인들은 임차인을 교체하지 않고 계속 계약기간을
연장시키는 것이 더 이익이라는 사실을 알기 때문이다. 따라서 독
일의 주택시장이 보여주듯이 집값이 안정되어 매매를 통한 양도차
익을 기대할 수 없다면 다른 나라에서도 임대인들은 작지만 꾸준히
발생하는 임대소득을 얻기 위해 양처럼 순한 임대인이 될 수 있는
것이다.[3]

2. 민간임대주택에 관한
특별법의 문제점과 개선 방안

2.1 피해 사례

2020년 1월에서 4월까지 150선을 유지했던 KB은행의 전세수급지수는 임대차보호법이 시행된 8월 180을 돌파해 180.5를 기록했고, 10월에는 190을 5년 만에 깼다. 전세수급지수는 1~200으로 이루어진다. 200에 가까울수록 수요보다 공급이 부족하다는 뜻이므로 2020년 10월 전세 물량이 매우 부족한 것을 알려준다. 그 결과 서울 아파트 전셋값은 70주 연속 상승했고 전세가 상승폭은 5년 여 만에 최대치를 기록했다. 2020년 여름 도대체 무슨 일이 있어서 전셋값은 급등했는가. 정부가 7월과 8월, 임대차 2법과 민간임대주택특별법을 시행해 집값을 낮추려다 나타난 혼란이다. <그림 5-3>에서 "과거 추세 연장" 곡선은 <그림 3-2>를 그릴 때 사용한 회귀식을 이용해 구한 곡선이다. 임대차법과 민간임대주택특별법 시행으로 서울의 아파트 전세가격이 기존 궤도에서 이탈했음을 가리킨다. 서울 아파트값도 궤도를 이탈하기는 마찬가지다.

<그림 5-3> 서울 아파트 전세 & 매매가 동향

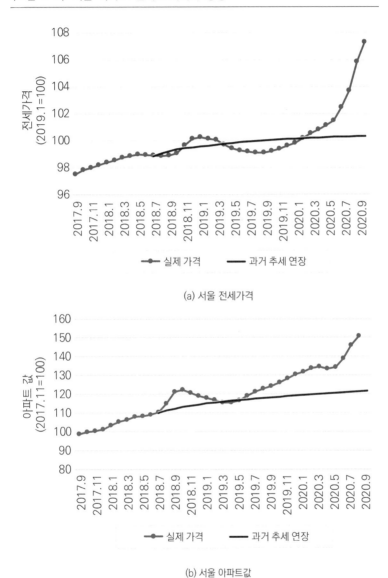

(a) 서울 전세가격

(b) 서울 아파트값

자료: 한국부동산원(2020.11)

2020년 7·10 부동산 대책의 핵심은 징벌적 세금 부과로 요약된다. 정부는 7·10 대책에서 양도소득세는 40%에서 70%로, 종합부동산세 최고세율은 3.2%에서 6%로, 취득세는 4%에서 12%로 급격하게 올렸다. 세금 인상률이 과격하다보니 주한 프랑스대사관은 대사관 직원들의 숙소 목적으로 서래마을에 보유중인 빌라에 부과된 종합부동산세를 면제해달라고 한국 정부에 요청하는 해프닝까지 발생했다. 프랑스는 종부세율을 종전 3.2%에서 6%로 거의 2배 올리는 것을 수용할 수 없었던 것이다.

정부가 다주택 보유자를 겨냥해 터뜨린 '세금폭탄'은 주택공급 사업자들에게는 폭탄세례가 되었다. 주택을 보유한 법인은 보유 주택의 수에 상관없이 취득세율 12%를 부담해야 하기 때문이다. 더욱 심각한 것은 주택공급을 위해 낡은 주택을 매입해야 하는 법인에도 최고세율이 적용된다는 사실이다. 사업 시행자가 서울에서 도시개발 사업을 하려면 전체 토지의 67%를 매입해야 한다. 서울에 빈 땅은 없으므로 주택을 지으려면 낡은 주택을 매입하는데 취득세율 12%를 부과한다면 사업성 악화는 불 보듯 뻔하다.

부동산업에 종사하는 법인들은, 7·10대책으로 개발사업자들이 겪는 고통이 극심해서 생존 위협에 시달린다고 호소한다. 한 업체는 "취득세율이 급등하면 급매물은 나오겠지만 대출 규제 때문에 매수자가 한정적이어서 거래 활성화를 기대하기는 힘들 것"이라고 전망했다. 지방에서 주택개발을 전문으로 하는 사업체들은 상황이 더욱 열악하다. 지난 여름 정부가 규제 보따리를 내놓은 뒤 미분양이 속출하고 준공 아파트의 입주까지 지연되고 있어서다. 한 개발업체 대표는 "주택사업은 100% 분양이 불가능해 일정 부분 개발법인의 소유로 남을 수밖에 없는데 분양이 되지 않아 억지로 떠안아야 하는 주택에도 높은 취득세와 종부세를 부과한다면 주택공급 사업자들을 사지로 내모는 꼴"이라고 분개했다. 또 다른 개발회사는 "규제 발표 이전에 회사가 보유하고 있던 주택에까지 일괄적으로 최고 6%의 종부세를 적용하는 것은 명백한 소급 적용으로 위헌소지가 있다."고 울분을 토로했다.

양도세 중과 역시 큰 문제다. 정부가 다주택자들이 보유한 주택 매도를 압박하려고 양도세를 대폭 올리자 다주택자들은 정부의 기대와는 달리 서울 등에 보유한 알짜배기 주택을 제외한 채, 지방 주택을 너도나도 내놓는 바람에 지방 중소도시의 부동산 시장은 매물이 넘쳐나고 있다. 정부의 징벌적인 부동산 세제 시행으로 지방의 빈집은 계속 늘어날 조짐이다. 지방 균형발전을 추구한다는 현 정부가 발 벗고 나서서 '지방소멸'을 재촉하는 모순이 발생한 것이다.

정부정책의 모순은 이것뿐만이 아니다. 주택공급사업자를 옥죄는 부동산 세제 역시 문제가 많다. 정부는 7·10 대책의 후속조치로 2020년 8월 12일 지방세법 및 시행령을 개정하여 개정일 이후 매매 또는 분양계약을 체결하는 주거용 오피스텔을 주택 수에 포함시켰다. 문제는 개정일인 8월 12일 이전, 예를 들어 8월 10일 계약한 오피스텔은 계약자의 주택 수에 포함되지 않지만 8월 12일 이후에 계약한 오피스텔은 주택 수에 포함되므로 만일 계약자가 오피스텔 구입으로 1가구 2주택자가 된다면 취득세가 중과된다는 점이다.

국토교통부는 지금까지 법을 개정해 시행할 때 해당 건물의 건축 허가일이나 분양 승인일을 기준 시점으로 정했었다. 그런데 이번 법령 개정에서는 지방세법 개정일을 기준으로 주택 수 가산의 기준일로 정한 것이다. 그 결과 동일한 오피스텔에서 누구는 취득세와 지방세를 많이 내고 누구는 적게 내는 모순이 발생했다. 이것이야말로 정부가 법안을 급조했음을 알려주는 단적인 사례로 정부 스스로 정책의 신뢰도를 떨어뜨린 본보기라 할 것이다.

정부는 2020년 8월 18일 민간임대주택에 관한 특별법을 개정해 곧바로 시행에 들어갔다. 민간임대주택은 민간건설임대주택과 민간매입임대주택으로 구분된다. 민간매입임대는 임대사업자가 매매 등으로 소유권을 취득해 임대하는 것이고, 민간건설임대는 임대사업자가 임대를 목적으로 건설하여 임대하는 경우와 주택법에 따라 등록한 주택건설사업자가 건설한 주택 중에서 사용검사 때까지 분양되지 않아 임대하는 주택을 말한다. 정부가 지난 8월 등록 폐지하기로 결정한 등록 임대는 이 유형 모두를 겨냥했다. 민간임대주택특별법 개정의 핵심은 '4년 단기임대'와 '8년 아파트 장기일반 매입 임대' 제도 폐지인데, '등록임대사업자' 제도 개편은 전세 시장을 엉망으로 만든 대표적인 원인이다. 서울의 자가보유율은 약 50%다. 공공임대주택의 비율은 전체 주택의 약 10%에 불과하므로 서울시민의 30% 이상은 민간임대주택에 거주할 수밖에 없다. 이처럼 공공임대주택이 민간임대보다 많지 않은 상황에서 집권당은 등록임대사업자들을 집값 급등의 원흉으로 오판해 '4년 단기임대'와 '8년 아파트 장기일반 매입 임대' 제도를 폐지했다. 정부의 8·18 민간임대주택특별법 개정으로 4년 단기임대와 8년 아파트 매입 임대 사업자들은 임대의무기간이 종료하는 날 임대등록은 말소되고 다주택 보유자로 전환된다. 그런데 다가구, 다세대 주택을 등록 임대한 사업자는 임대등록제도 개편 대상에서 빠졌다. 정부는 임대기간이 짧은 4년 단기임대와 가치하락이 미미할 것으로 판단되는 8년 아파트 매입임대의 집주인들을 '투기꾼'으로 간주해 등록 폐지한 것이다.

2.2 개선 방안

당장의 전세난을 해결하기 위한 유일한 방법은 기존의 등록임대주택 제도 복구와 다주택자에 대한 중과세 철회 등이다. 주택을 개발하는 법인에게 취득세 최고세율을 적용하면 그 피해는 소비자에게 더 높은 분양가로 돌아간다. 따라서 이에 대한 해법은 주택건설 법인이 주택을 매입할 때 취득세율 중과를 배제하되 취득한 뒤 5년 이내 인허가를 얻지 못하거나 비영업용으로 주택을 매각할 때 취득세 최고세율 12%를 부과하는 것이다. 주택개발을 위해 한시적으로 낡은 집을 보유하는 개발회사에 최고세율을 부과하는 것은 시정되어야 한다. 마찬가지로 주택개발사업자에게 종부세율을 기본세율인 3.2% 대신 최고세율 6%를 적용하는 것은 잘못됐다. 이것은 개정된 세법에서 법인이 3주택 이상 소유하면 최고세율 6%를 부과하는 것으로 규정되어 나타난 문제다.

정부는 건설형 단기임대주택의 건설형 장기임대주택 전환 또한 막았다. 주거 시장 안정을 목표로 한다는 정부가 임대기간을 단기에서 장기로 전환하고자 하는 건설임대사업자의 전환 요청을 거부한 이유는 도대체 무엇인가? SH 등 공공은 세금을 들여 임대주택을 매입하면서 세금이 한 푼도 투입되지 않는 건설임대사업자가 단기임대를 장기임대로 전환하겠다는데 이를 막는 것은 도대체 이해할 수 없다.

기이한 현상은 등록임대사업자격이 박탈되고 다주택자로 전환된 사람들에게 전월세상한제는 적용되지 않는다는 사실이다. 전월세상한제는 등록임대사업자에게만 적용되기에 나타난 모순이다. 따라서 전세 시장의 안정을 추구하는 정부의 입장에서 등록임대사업자 제도의 개편은 '신의 한 수'가 아니라 '악수(惡手) 중의 악수'가됐다. 정부가 너무 서두른 탓에 벌어진 입법 참사인 셈이다.

주택공급이 원활하도록 하려면 공급사업자에게 다주택자 규제를 적용해서는 안 된다. 공급사업자에게까지 다주택자 규제를 적용한다면 신규 공급이 대폭 감소할 것이기 때문이다. 집권당 의원들이 임대주택 선진 모델로 자주 거론하는 독일 베를린시는 신규 공급을 장려하기 위해 지은 지 7년이 지나지 않은 신축주택의 임대료를 규제하지 않는다. 주택공급을 유도하기 위한 배려인 것이다.

3. 부동산 규제와 집값 간 관계

3.1 엄격한 규제로 집값이 급등한 사례

1) 미국

경제학자 폴 크루그먼은 2020년 미국 대선에서 조 바이든이 공화당의 텃밭인 조지아 주에서 승리했던 비결을 칼럼에 기고했다. 그 비결은 조지아 주의 수도인 아틀란타에 미국을 대표하는 물류기업(홈 데포, 델타항공, 코카콜라)들이 위치해 있고, 고밀도 개발로 아틀란타의 집값이 안정화되자 젊은이들이 많이 모여든 덕분이라는 것이다. 그에 따르면 아틀란타 대도시권역의 인구는 조지아 주 전체 인구(1천 62만 명)의 57%를 차지하고, 아틀란타에 거주하는 석사학위 이상의 고학력자의 수는 위스콘신이나 미시간 주보다 많다. 민주당이 조지아 주에서 공화당 대선 후보를 이길 수 있었던 기반은 이 같은 인구 통계 특성에 있었던 것이다.

<그림 5-4>의 주택가격은 명목가격 상승률에서 물가상승률을 제외한 실질가격의 추이다. 샌프란시스코의 집값은 2012년을 기점으로 아틀란타의 가격보다 상승 속도가 무척 가팔랐다. 샌프란시스코에서 집값이 가장 비싼 Bay Area 지역은 물가상승률을 공제

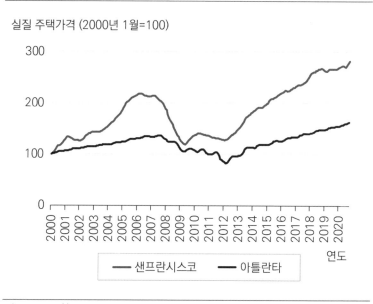

〈그림 5-4〉 2000-2020 아틀란타 vs. 샌프란시스코 실질주택 가격 추이

실질 주택가격 (2000년 1월=100)

자료: https://fred.stlouisfed.org

한 뒤의 실질가격을 기준으로 2000년에서 2020년까지 180% 상승
할 정도로 폭등했다. 반면 같은 기간 아틀란타의 집값은 거의 변함
이 없다. 아틀란타에 기업과 청년 인구가 몰려든 것은 주거비가 저
렴했기 때문인 것이다.

샌프란시스코의 집값이 한 해도 거르지 않고 상승하는 이유는
무엇 때문일까? 뉴욕 타임즈 기자 코너 도허티(Conor Dougherty)는
그의 저서에서, "샌프란시스코의 쉼 없는 집값 상승은 샌프란시스
코 시가 1950년대에 시를 관통하는 고속도로 건설 계획을 시민운동
으로 무산시킨 역사와 관련 있다."고 주장한다(Dougherty, 2020). 즉
시민들의 폭 넓은 지지를 등에 업은 환경 단체의 반대로 고속도로

건설이 수포로 돌아간 뒤 샌프란시스코 시와 주 정부는 여론의 눈치를 많이 보게 되었다는 것이다. 결국 샌프란시스코와 캘리포니아의 환경보호운동은 '개발을 반대하는 행동주의(Anti-Growth Activism)'로 확장되어 주택 개발에 악영향을 미쳤다는 설명이다.

Dougherty는 "도시 확산을 막으려는 착한 의도에서 시작한 운동은 반대를 위한 반대로 변질"되었고, "추상적이고 모호한 언어로 표현된 캘리포니아 환경관리법은 해안선 토지의 필지 분할이나 도심의 나대지 개발을 막을 수 있는 막강한 권한을 시민들에게 넘겨줬다."고 비판한다. 결국 개발을 반대하는 주민들의 텃세가 강해지자 샌프란시스코 시는 인구가 계속해서 늘어나는 상황에서 주택을 더 많이 공급할 생각을 포기했다. 그 대신 규제를 더욱 강화해 기존 집주인들의 충견 역할을 했다는 평가다. 이것이 바로 샌프란시스코의 주택 부족이 만성화되고 주택 부족이 '문화'가 된 배경이다.

경제학자 마이클 핸킨슨의 논문 'When do renters behave like homeowners? High Rent, Price Anxiety, and NIMBYism'에 따르면 님비즘 현상은 집주인과 임차인 모두에게서 관찰된다. 그가 샌프란시스코 시민 1,660명과 미국 전역 3천명을 대상으로 설문 조사한 결과에 따르면, 응답자들은 시(市) 차원의 주택공급은 호응하지만 자기 동네에서 집을 짓는 것은 집주인뿐만이 아니라 임차인들도 반대한다는 사실을 발표했다. 집주인들은, 임대주택이 들어서면 시 정부가 임대주택에 거주하는 '가난한' 임차인들에게 각종 복지 혜택을 제공할 것이고 그러면 자신의 세금이 늘어난다는 것이 그들이 임대주택 개발에 반대하는 이유 중의 하나다.

핸킨슨은 집주인들의 님비즘 때문에 단독주택이 아닌 임대주택 목적의 집합주택(multifamily housing)을 짓지 못해 미국 대도시의 주택 부족이 심각하다고 말한다. 실제로 미국 전역에서 적용되는 일반적인 토지 이용 규제는 대개 단독주택 개발을 허용하고 아파트 개발은 금지한다. 예컨대 캘리포니아 주 산호세 시는 단독주택 용지가 전체 주거용 토지의 94%나 된다. 캘리포니아의 홈리스가 유독 많은 것은 토지이용규제가 심하기 때문인 것이다.

물론 역대 미국 행정부가 주거 시장 악화를 수수방관하지는 않았다. 오바마 행정부는 2016년 대도시의 주택공급을 촉진하려고 '주거공급방안(Housing Development Toolkit)'을 발표했다. 오바마는 주택공급 전략으로 도심 역세권에서 고밀도 개발을 허용해 임대주택을 다량 공급할 수 있도록 하고 인허가 절차를 간소화하는 법적 환경을 조성했다. 그는 심지어 토지 이용 규제를 완화하지 않는 지자체에 연방 기금 지원을 동결하거나 삭감하는 조처를 취했었다. 고밀도 주거 개발을 지원하는 오바마 정부의 정책 기조는 트럼프 정부 초기에도 남아 있었다. 그러나 트럼프는 얼마 지나지 않아 주택도시개발부 장관 벤 카슨을 경질했다. 벤 카슨은 주택공급을 확대하기 위해 토지 이용 규제를 완화해야 한다는 소신을 갖고 있었던 사람이다. 얼마 전 대선 기간에 트럼프는 대도시 교외 단독주택 거주자들의 환심을 얻기 위해 "여러분의 이웃에 저소득자용 주택을 짓지 못하게 하겠다."라는 치졸한 선거 구호를 남발했다. 트럼프가 고밀도 주거 개발에 대한 의지가 없음을 보여주는 대표적인 사례다.

이 같은 이유로 미국에서는 조 바이든 대통령 당선자에 대한 기대가 매우 크다. 바이든은 선거 운동 기간에 주택의 대량 공급을 전제로 지역 개발에 연방정부가 기금을 제공하고, 각 주의 토지 이용 규제를 제거하기 위한 검토용역에 필요한 비용 3억 달러를 내놓겠다는 공약을 발표했기 때문이다. 미네아폴리스가 2019년도에 했듯이 단독주택 전용 주거지역을 철폐해 고밀도 개발을 허용해야 미국이 당면한 주거난을 해결할 수 있다고 바이든 당선자는 진단을 내린 것이다.

일부 전문가는, 코로나19로 대다수 주 정부의 곳간이 비어있어 연방정부에 손을 벌릴 것이므로 바이든 행정부는 예산을 지원하는 대가로 주 정부에게서 고밀도 개발이 가능하도록 도시계획 규제의 대폭 완화 약속을 받아내야 한다고 주장한다.

2) 영국

런던의 주거 사정은 샌프란시스코만큼이나 어렵다. 영국 정부는 2013년 업무용 건물의 주거용 전환을 허용하는 '허용된 개발권(Permitted Development Right)'으로 불리는 정책을 실시했다. 정부가 마침내 시민사회의 끊임없이 이어진 주거권 확보 요구에 대해 화답하는 제스처를 보인 것이다. 당시 도시계획 업계는 정부의 조처를 두고 '21세기의 슬럼가'를 쏟아낼 것이라고 혹평했었다. 정부는 2020년 3월 업무용 빌딩의 주거용 전환 철회를 요구하는 일부의 극심한 반대를 무시한 채 가보지 않은 길로 한 발 더 내디뎠다. 로버트 젠릭(Robert Jenrick) 주택부 장관은 정부의 허가 없이도 민간이 비어 있거나 방치된 주택, 상가, 공장 등을 철거하고 개발할 수 있다고 전격 발표한 것이다.

주택부 장관이 정부의 사전승인 없이 주택을 짓는 데 전제로 제시한 조건은 단 한 가지였다. "자연채광 조건을 충족하고 디자인이 잘된 새 집을 공급한다"는 것이었다. 또한 기존 주택에서 2층까지 주인 마음대로 증축을 허용하며 전국에 산재한 미개발 나대지 목록을 작성해 2023년 말까지 제출하라고 모든 지방정부에 요구했다. 이처럼 공급확대를 위한 정부의 극약처방에도 불구하고 주택시장의 불안은 수그러지지 않았다. 2020년 9월 사딕 칸(Sadiq Khan)

런던시장은 향후 2년간 주택 임대료 동결 권한을 런던시장에게 부여해달라는 서한을 정부에 보냈다. 코로나19가 지속되어 임차인들의 주거비 지불이 어려워지자 런던시장이 임대료 동결이라는 극단적인 조치를 취하려는 것이다. 그러나 이 같은 조치에도 불구하고 런던 민간 임대주택 전체 거주자 220만 명의 25%인 50여만 명은 임차료 지불을 연체했거나 연체할 가능성이 있어 여전히 셋집에서 퇴출될 수 있다는 보도다.

현대 도시계획의 발상지 영국 런던은 어쩌다가 이처럼 심각한 주택 부족 문제를 겪고 있는가? 세상은 변하는데 80여 년 전에 만들어놓은 고리타분한 법령을 고집하고 변화를 거부했기 때문이다. 80년 전의 영국 런던은 지구상에서 처음으로 '현대적인 도시계획법'을 만든 도시였다. 정부는 제2차 세계대전이 끝난 뒤 주택시장의 '선수'로 변신했다. 전쟁으로 폐허가 된 런던과 각 도시에 수백만호 주택을 지어 시장 가격 밑으로 국민들에게 제공한 것이다. 정부가 전쟁의 고초를 겪은 참전 용사들에게 보답하고 국민들을 위로하려는 감사의 선물이었다.

정부는 이와 동시에 런던을 5km의 폭으로 빙 둘러싼 그린벨트를 설치하여 민간의 토지이용을 규제했다. 1947년 제정된 '도시 및 농촌 도시계획법(Town and Country Planning Act)'은 민간의 토지이용을 규제하기 위한 법적 기반이었다. 그 시절 그린벨트는 런던과 인근의 수많은 공장이 배출하는 각종 오염물질을 완화하기 위한 수단으로서 현대적인 도시계획으로 평가됐다. 이 법령을 입안하던 시기는 2차 세계대전이 끝난 직후여서 정부에 대한 국민의 지지는 드높아 정부의 권한은 전시 정부 수준으로 막강했을 것이다. 따라서 주택공급은 당연히 국가의 책무로 여겨져 민간의 주택공급은 상상할 수 없는 시절이었을 듯하다. 그러나 이 법은 민간부문의 주택 건설을 옥죄고 공공이 결코 따라갈 수 없는 주택공급에 관한 민간의 창의성을 말살시켜 런던의 만성적인 주택 부족의 원인이 되었다는 것이 경제학자 브렌든 하르(Brendon Harre)의 평가다.

지금의 비평가들은, 그린벨트를 만든 당시의 계획가들이 미래 상황을 예측하지 못했다고 비판한다. 인간 수명의 증가와 이민자 급증 등으로 인구가 늘어나고, 이혼율의 상승으로 런던의 주택 수요가 계속해서 증가할 거라는 사실을 간과한 것이다. 또한 그들은 1930년대의 대공황과 2차 세계대전에서 비롯된 심각한 경기 침체를 겪은 세대였다. 장차 사람들의 소득이 2배, 3배 이상 증가하고, 필요로 하는 1인당 주거 면적이 커질 거라는 생각은 결코 못했을 것이기에 그린벨트를 만들었을 거라고 브렌든 하르는 지적한다.

제2차 세계대전이 끝난 뒤 영국 정부는 런던 도심의 슬럼가는 모두 없애고 주거지와 생산시설은 도심과 교외를 가로질러 설치되는 그린벨트 너머에 조성한다는 계획을 세웠다. 따라서 당시의 도시계획가들은 낡은 도심을 재개발하고 지식 기반 산업을 도심으로 유턴시키는 지금의 경제 성장 모델을 어찌 상상이나 할 수 있었겠는가. 핵심은 시대 변화에 따라 경제정책이 변하면 도시계획정책 역시 변해야 한다는 것이다.

크리스티안 힐버(Christian Hilber) 런던정경대 교수는 영국의 집값 급등의 원인으로 정부의 융통성 없는 도시계획을 꼽는다. 영국의 도시계획가들은 미국이 그러하듯이 단독주택을 주택의 표준으로 여기고 그 외의 주택 형태를 내켜하지 않는다는 것이다. 2020년 초 이코노미스트는 그의 주장을 지지하는 다음과 같은 내용을 보도했다. 이코노미스트는, 잉글랜드의 5개 대도시에서 역세권에 근접해 있고 도심 접근성이 탁월한 47,000 헥타르의 나대지가 그린벨트라는 이유로 방치되고 있다고 밝혔다. 문제는 이 나대지가 무늬만 그린벨트이지 실제는 '그린'이 아니라는 것이다. 영국 주간지는 주택 부족이 심각한 상황에서 평균적인 주택 밀도를 기준으로 이 땅에 최소 25만호 이상의 주택을 지을 수 있는데도 정부가 수수방관하고 있다고 맹비난했다.

이 소식에 주택난을 겪고 있던 밀레니얼 세대를 중심으로 민심이 악화되자, 보리스 존슨 영국 총리는 2020년 8월 주택공급 제도를 쇄신하겠다는 청사진을 내놓았다. 주택공급 계획 승인을 관청에서 얻어내는 데 필요한 평균 7년의 인허가 기간을, 청년 주택 등 긴급한 주택공급의 경우에는 30개월 이내로 단축시키겠다는 것이 핵심이다. 또한 중소 규모의 주택 건설업체의 주택공급을 늘려 빠른 시간에 총 주택 재고를 늘린다는 계획도 내놓았다. 30년 전에는 중소건설업체들의 주택공급 비중이 시장 전체의 40%를 차지했는데 그동안 정부의 인허가 절차가 까다롭고 규제가 많은 탓에 현재의 시장 비중이 12%로 대폭 감소했기 때문이다. 대기업, 중소기업 가리지 않고 주택공급을 빠르게 늘려 주택 부족 사태에서 벗어나려는 정부의 몸부림인 것이다.

현재의 영국 근로자들은 그들의 근무시간 1시간 중에서 23분에 해당하는 시간동안 버는 소득을 오직 주거비를 납부하는 데 지출한다고 한다. 보리스 존슨 총리는 과연 토지 이용 규제를 개편하겠다는 청사진으로 주택 부족이 빚어낸 가격 급등과 사회의 생산성 하락을 해결할 수 있을까? 영국 정부가 시대의 변화, 경제체제의 변화에도 불구하고 80여 년 전의 낡은 도시계획정책을 고집한 탓에 주택시장의 변동성은 최소 수년간 지속될 듯하다. 규제를 당장 없애더라도 주택공급이 이뤄지려면 절대 시간이 필요하기 때문이다.

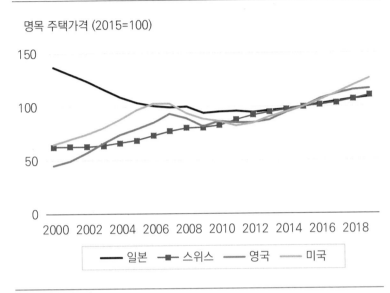

명목 주택가격 (2015=100)

자료: data.oecd.org

　　정부의 규제로 주택공급이 부족해져 집값이 급등한 샌프란시스코와 런던의 상황을 살펴보았다. 두 나라 주거 불안의 공통점은 토지 이용 규제에 있고, 그 규제는 '내가 사는 동네의 개발은 안 된다'라는 님비즘과 상승작용을 일으켜 주거불안을 가속화시키고 있음을 확인했다.

3.2 유연한 제도로 집값이 안정된 사례: 일본, 스위스

1) 일본

런던시가 발행한 'Housing In London 2017'에 따르면 일본의 연간 주택공급량은 기존 재고의 약 2%에 해당한다. 이는 런던, 파리, 뉴욕의 연간 주택공급량보다 2배 많은 수준이다. 예를 들어 2013년 기준 도쿄도의 주택의 수는 전체 가구 수보다 849,000호가 많았다. 공급이 수요보다 약 90만호 많다는 것인데 어떻게 이런 일이 일어날 수 있었을까.

일본의 도시계획가들은 국가를 중심에 두고 도시를 계획하는 사람들이 다수다. 국가주의적 속성이 드러나지 않은 채 건축가적 마인드로 접근하는 사람은 드물다. 그들은 도시계획을 국가 중심의 도시에서 발생하는 문제점을 해결하는 수단으로 인식한다. 도쿄가 21세기에 들어서서 런던, 뉴욕 등 경쟁관계에 있는 대도시보다 주거비가 낮은 것은 실용주의로 무장한 일본 도시계획가들의 역할이 컸던 것이다.

안드레 소렌슨(Andre Sorensen) 토론토 스카보로대 교수는 그의 논문 'Building world city Tokyo: Globalization and conflict over urban space'에서 '일본 도쿄도(都)가 도쿄의 전입인구보다 더 많은 주택을 공급한 배경'을 설명했다. 그는 도쿄가 주택을 대량 공급한 것은 홍콩, 상하이, 싱가포르 등과 벌이는 아시아 거점 도시 경쟁에서 일본이 반드시 이겨야 한다는 절박감이 작용했다고 말한다.

소렌슨 교수에 따르면, 19세기 후반의 메이지 유신 이후 일본 지배층의 DNA에 깊숙이 자리 잡은 실용주의 정신이 도쿄의 부동산 개발에도 영향을 미쳤다는 것이다. 일본은 1850년대 미국 등 서구 제국주의 국가의 침략을 받은 뒤, 메이지 천황은 쇄국으로 문을 닫아버리는 대신 자신을 침략했던 서구 제국주의 국가의 법률과 각종 제도를 배워 발전의 초석으로 삼았다. 메이지 천황이 택했던 실용주의 정신이 일본 지배층의 DNA에 뼛속 깊이 새겨진 덕분에, 도시 경쟁력이 국가 경쟁력을 의미하는 글로벌화 시대에 도쿄를 생산성이 높은 도시로 만들겠다고 생각했다는 주장이다. 그리고 그 덕분에 도쿄의 주거비용이 다른 나라에 비해 저렴할 수 있다는 것이다.

2002년 고이즈미 준이치로 총리는 도시재생법을 만들어 기존에 지자체가 갖고 있었던 도시계획권을 회수한 뒤 그 권한을 중앙정부가 행사했다. 그리고 개발회사들이 자유롭게 도쿄 도심을 고밀도로 개발할 수 있도록 물꼬를 터줬다. 고이즈미는 2006년 총리 퇴임 전에 도시계획 규제를 완화해 건축 인허가 기간을 단축시키고 토지 개발에 관한 더 많은 재량권을 민간에 허용했다. 도쿄의 주택 공급이 그 전보다 30% 증가할 수 있었던 원동력이다.

도쿄의 주택시장이 안정화될 수 있었던 것은 정부의 공격적인 공급정책 외에도 2가지 요인이 작용했다. 먼저 1990년 이후 나타난 경기침체를 의미하는 '잃어버린 10년'의 기저효과가 반영되어 도쿄의 집값은 영미권의 집값보다 낮았다. 실제로 1990년 이후 일본의 주택 가격은 하락세를 피하지 못했다. 가장 비싼 도쿄의 집값은 2006년 이후 소폭 반등할 정도로 주택시장 침체의 골이 깊은 탓에 도쿄의 주택가격은 다른 글로벌 도시보다 안정적일 수 있었다.

도쿄의 집값이 미국과 유럽의 경쟁 도시보다 안정적일 수 있었던 데에는 또 다른 요인이 작용했다. 바로 철도회사들이 철도를 건설하면서 교통 요지를 중심으로 경쟁적으로 주택을 개발 공급한 덕분에 도쿄의 집값이 안정화될 수 있었다는 사실이다. 국가에서 보조금을 받아 철도를 개발 운영하는 대다수의 나라와는 달리 일본의 철도회사들은 국가에서 보조금을 받지 않는 민간기업이다. 이들은 철도 운영에서 발생하는 운임소득과 역세권 주변을 개발하고 운영하여 발생하는 토지 및 주택의 임대 소득을 소득원으로 삼는다. 일본의 철도 이용료가 우리보다 비싼 것은 이 같은 배경이 있다.

영미권 국가들은 일본의 중앙정부가 지방정부에게 도시계획권을 이양하지 않고 도시계획 권한을 독점하는 사실에 주목한다. 영미권 국가는 서구의 집값이 높고 공급이 부족한 원인은 개발을 반대하는 주민들의 '님비즘' 때문에 유권자들의 눈치를 보는 지자체의 선출직 시장들이 주택공급을 소홀히 한 데에 있다고 인식하기 때문이다.

또한 영미권 국가들은 일본의 단순한 토지 이용제도에 관심이 많다. 일본 정부는 토지이용 규제를 시행할 때 결코 토지의 복합개발을 금지하는 형태로 운용하지 않는다. 토지가 상업용도라고 해서 오피스, 상가 등으로 무조건 개발하라고 규제하지 않고 개발자가 주거시설을 원하면 주거시설을 넣을 수 있도록 허용한다. 반면에 우리는 어떠한가. 코로나19로 빈 상가가 넘치는 상황에서도 정부의 법령은 상업용지를 개발할 때 상업시설을 일정 비율 이상 넣도록 강제하고 있다.

2) 스위스

한국이 주거 불안을 극복하기 위해서 눈여겨 볼 나라는 스위스다. 스위스는 미국과 같은 연방국가로서 연방정부는 국방과 외교를 맡고 그 밖의 분야는 지방정부가 권한을 행사한다. 스위스는 주요 현안에 대해 1년에 다섯 차례 있는 국민투표를 통해 의사를 결정한다. 2019년 도시 확산(urban sprawl)법안은 국민투표에 부쳐져 부결되기도 했다. 스위스 연방공화국의 자가 보유율은 2017년 기준 38%다. 1인당 GDP는 8만 달러가 넘어 영국보다 잘 사는데 스위스의 집값, 임대료는 자가 보유율 65%(2016년)의 영국보다 적다. 부자 나라인데 자가 보유율은 낮고 주택시장은 안정되어있다. 그 비결은 무엇인가?

독일 'Eindhoven Think Piece'가 2019년 발간한 보고서 'A very Swiss approach: How Switzerland approaches affordable housing compared to Germany and the UK'에 따르면 그 비결은 실용적인 스위스의 도시계획정책에 있다. 스위스의 도시계획 목표는 현존하는 건축물의 이용수준을 최대한 고도화해서 농업지역과 미개발 토지의 훼손을 최소화하는 것이다. 토지를 콤팩트하게 이용하자는 뜻이다. 이 같은 목적으로 스위스 연방정부는 주, 시, 타운 등 각급 지자체와 함께 전국적인 집적 전략(agglomeration strategy)을 수립한다.

스위스의 주택시장이 안정된 이유는 또 있다. 세금제도다. 세금제도는 유연한 도시계획정책보다 더 중요한 요인이다. 지방정부는 취득세, 양도세 등 각종 세금을 징수해 모두 그 지역에서 사용한다. 이 세제가 바로 주택시장 안정의 핵심 포인트다. 부동산 개발과 거래에서 발생하는 모든 세금을 지자체가 징수하고 전액을 해당 지자체가 사용한다. 그러니 지방정부가 개발 사업에 우호적일 수밖에 없다. 지자체는 더 많은 세금을 거둘 수 있으니 우리처럼 용적률 상향이나 인허가를 가지고 사사건건 개발업체에 시비하지 않는다. 오히려 개발을 반대하는 주민이 있으면 지자체가 적극적으로 중재하여 부동산 개발이 이루어지도록 독려한다. 주민들 입장에서는 세수가 증가할수록 지역에 돌아가는 혜택이 커지므로 영국, 미국 등 영어권 국가에서는 흔한 님비 현상이 드물다. 스위스가 집값 잡기 프로젝트에 성공한 것은 강력한 지방분권제도를 시행한 결과인 것이다.

지금까지 경직된 토지이용 규제로 주거난에 시달리는 미국, 영국과 유연한 제도 운영으로 주택시장을 안정화시킨 일본, 스위스 사례를 살펴보았다. 해외 사례에 비추어 서울 주거난의 원인은 무엇인

가? 서구처럼 님비현상이 창궐해 나타났는가? 결코 아니다. 서울의
주거난은 정부와 서울시의 시대착오적인 토지이용 규제, 주택공급
규제에서 비롯됐다. 이를 증명하는 자료가 <그림 5-6>이다.

〈그림 5-6〉 서울과 맨해튼의 '아파트값÷건축비'

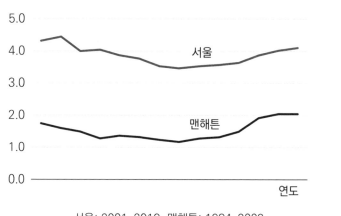

서울: 2001~2019, 맨해튼: 1984~2002
아파트값 ÷ 건축비

이 그림은 에드워드 글레이저 교수가 2005년 발표한 논문 'Why
is Manhattan so expensive? Regulation and the rise in housing
prices'의 뉴욕 맨해튼 집값÷건축비 비율을 기초로 이 책의 공동저
자인 서울과학기술대 이혁주 교수가 서울의 아파트값÷건축비 비율
을 계산해 비교한 것이다.
　　서울과 뉴욕 맨해튼 아파트값÷건축비 비율의 측정 시점은 다
르다. 서울의 집값÷건축비 비율 측정 시기는 2001년~2019년이고
뉴욕 맨해튼의 집값÷건축비 측정은 1984년~2002년 자료를 사용

했다. 그러나 서울의 아파트값÷건축비 비율 측정을 시작한 2001년은 맨해튼의 집값÷건축비 비율 측정이 완료된 시점에 해당하므로 2001년 서울의 아파트값÷건축비 비율을 맨해튼의 2001년도 비율과 비교할 수 있다.

2001~2002년 서울의 아파트값÷건축비 비율이 2.5~3 구간에 있을 때 맨해튼의 그 값은 2.0~2.1에 머물렀다. 이 비율은 대체 무엇을 의미하는가? 3.3m² 기준 건축비가 600만 원이 든다면 아파트값은 3.3m²당 1,800만 원이고, 그 아파트가 33평형이라면 아파트가격은 5억9천만 원인 것을 뜻한다(이 가격의 아파트는 불과 4~5년 전 마포, 성동구 등에서 흔했다).

다시 맨해튼과 서울의 집값 비교로 돌아가자. 2001~2002년 서울 아파트값이 건축비의 2.5~3배였을 때 맨해튼 아파트값은 건축비의 2배에 불과했다는 것이다. 전 세계에서 집값이 가장 비싼 도시의 하나인 뉴욕 맨해튼의 건축비 대비 집값의 비율이 서울의 건축비 대비 집값보다 낮았다는 것이다. 이 결과는 충격적이다. 이 수치가 사실을 가리킨다면 한국의 진보진영이 천민자본주의의 본고장, 탐욕의 소굴로 비난하는 세계 금융의 심장부 맨해튼의 집값 거품이 서울보다 작다는 뜻이다. 서울 집값의 거품이 맨해튼의 그것보다 더 큰 이유는 무엇인가? 그 수수께끼를 풀려면 이 그림에서 서울의 아파트값÷건축비 비율은 2007년 노무현 정부에서 최고 5배를 찍었고, 2019년 무슨 일이 있어도 집값을 잡겠다는 문재인 정부에서 5배를 재현했다는 사실에 주목해야 한다.

두 정권은 한결같이 수요 규제를 부동산정책의 간판으로 내세웠다. 또한 정책을 집행하기 위한 수단으로 분양가상한제 등 온갖 수요 규제를 내놨다. 자본주의 국가에서 신축 주택가격을 규제하는 나라가 한국을 제외하고 또 있을까? 필자는 경제 선진국 중에서 집값을 규제하는 나라가 있다는 얘기를 들어본 적이 없다.

1989년의 집값 폭등은 정부가 1983년 책정해놨던 평당 분양가를 1989년까지 한 치도 바꾸지 않고 고수한 탓에 발생했다. 밑지면서 집을 지을 건축주가 세상에 어디 있겠는가. 그 당시 건설사들이 주택공급을 중단한 이유다. 결국 그 시절의 집값 폭등과 품귀현상도 정부가 일으킨 것이다!

화제를 돌려 그림 설명을 다시 이어가겠다. 미국은 2020년 7월 기준 1인당 국민총생산이 한국의 2배인 63,000불이다. 최근 맨해튼 아파트의 중위값은 코로나19로 하락해 강남 아파트 중위값과 비슷해졌다. 전염병 창궐로 인한 일시적인 현상이다. 그런데 맨해튼의 집값 하락은 서울 집값에 의문점을 던진다. 한국의 1인당 GDP가 미국의 절반이면 서울 집값은 그 절반은 아니더라도 몇 십 퍼센트는 저렴해야 정상이기 때문이다. 진보 진영의 단골 레퍼토리인 '한국인의 부동산 투기 본능' 때문에 서울 집값이 비싼 것인가? 중요한 것은 서울 집값이 왜 이토록 비싼가 하는 것이다.

진보는 <그림 5-6>을 보고 서울의 집값에 끼인 거품이 맨해튼의 집값 거품보다 심하므로 더 센 규제가 필요하다고 말할 것이다. 그렇다면 현 정부가 출범한 뒤 3년 반 동안 아파트거래허가제, 분양가상한제, 징벌적인 세율 인상 등 자본주의 국가들이 시행하지 않는 각종 규제를 시행했는데 이보다 더 센 규제가 남아 있기라도 한 것인가? 건축비와 집값의 커다란 가격 격차는 그 자체가 비효율을 뜻한다. 집을 사는 사람은 집을 파는 사람에게 건축비의 몇 배가 되는 프리미엄을 지불해야 하기 때문이다. 이를 통해 부(富)는 이전되고 집 없는 자와 집 가진 자의 소득 격차는 더욱 커진다.

주택공급이 확대된다면 <그림 5-6>은 어떻게 변할 것인가. 건축비와 매매가의 격차는 당연히 축소된다. 용적률 규제를 완화할

수록, 즉 용적률을 높일수록 그 격차는 더욱 줄어든다. 정부는 아무리 잡으려고 해도 잡히지 않는 집값 때문에 골치가 아플 것이다. 그렇다면 1989년 노태우 정부가 집값 파동을 겪은 뒤 서울시 용적률을 400%까지 확대 적용해 2000년까지 시행했다는 사실을 참고하기 바란다. 서울 아파트 전체의 용적률을 10% 올리면 집값은 최소 20%에서 최대 50%까지 하락한다. 현재는 법정 용적률보다 실현 용적률이 상당히 낮다. 그러므로 용적률은 손대지 않고 문제 해결을 모색하는 것은 헛다리를 짚는 것이다. 정부가 마음만 먹으면 얼마든지 집값 거품을 뺄 수 있다. 반면 재개발, 재건축을 허용하는 것만으로는 결코 집값을 잡을 수 없다. 박근혜 정부 시절 재개발, 재건축은 허용되었는데 그 무렵 서울의 아파트값÷건축비 비율은 맨해튼의 비율보다 2배 이상 높았다.

요약하면 서울의 집값을 확실히 낮추기 위해서는 도심 용적률을 상향해야 한다는 것이다. 용적률을 높일 수 없다고 고집하는 도시계획가들은 서울과 같은 대도시에서 전원생활을 꿈꾸는 몽상가들이나 다름없다. 전원도시의 쾌적함을 꿈꾸는 사람들은 필자처럼 서울 교외에 살면 된다.

4. 처방

4.1 서울의 고밀도 개발이 필요한 이유

해외 사례를 기초로 주택시장을 안정화시키기 위해 필요한 방법을 살펴보겠다. 코로나19로 재택근무와 원격근무가 일상화되었다. 이에 따라 선진국에서는 토지를 주거, 상업, 업무지역으로 엄격하게 구분해 사용하는 조닝(zoning, 용도지역제)을 손질해야한다는 목소리가 크다. 그 이유는 현재의 조닝 시스템은 재택근무가 가능한 디지털 시대에는 걸맞지 않은 고비용, 저생산성의 산업혁명시대 유물이라는 것이다. 19세기 공장은 매연과 소음을 배출한 탓에 주거, 쇼핑 시설 등을 기계적으로 일정한 거리를 두고 배치했으나, 친환경 스마트공장이 도심에서 가동되는 현재 토지 이용을 굴뚝산업 시대에 했듯이 강제할 필요가 없다는 뜻이다. 토지 이용에 관한 규제를 존속시킬 때 장거리 출퇴근에서 발생하는 대기 오염과 근로자들의 생산성 하락 등 사회적 손실이 토지 이용 규제에서 얻는 편익보다 훨씬 크다는 이유에서다.

리차드 플로리다(Richard Florida) 캐나다 토론토대 교수는 토지 이용 규제를 푼다면 도시계획가들이 말하는 '15분 거리 동네

(15-minute neighborhoods)'에 주거지와 근무지를 배치하는 것이 실현 가능하다고 말한다. 그는 시민들이 도보와 자전거로 출퇴근을 한다면 수많은 자동차를 도로에서 몰아내어 탄소 제로의 도시를 만들 수 있다고 강조한다(Florida, 2020). 때마침 조 바이든 미국 대통령 당선자는 '기후변화를 긴급한 국가 안보 의제'로 다루겠다고 선언했기에 앞으로 직주근접 개발은 탄력을 받을 전망이다.

하나금융경영연구소의 보고서(2019)에 따르면 서울 직장인의 51%는 거주 구(區)에 있는 직장에 다니며, 출근 시간 평균 21분, 도보를 이용한 출근은 이들 중 3분의 1인 것으로 조사됐다. '워라밸'을 추구하는 청년세대가 직장과 주거지가 가까운 '직주근접'을 선호하고 있음을 알려준다. 직주근접은 높은 주거비를 요구한다. 따라서 직주근접을 선호하는 현재의 트렌드를 고려할 때 도심 집값은 앞으로 더 오를 전망이다.

그렇다면 직장과 주거를 15분 거리로 만들겠다는 목표는 어떻게 실현할 수 있는가? 도심의 건축 높이 제한을 해제하고 고밀도의 수직 개발을 허용하면 된다. 수직 개발을 강화하고 수평 개발을 지양하면 지상의 녹지공간을 더 많이 확보할 수 있어 보행 환경은 오히려 좋아진다. 서울에서 고밀도 개발을 하지 않는 이유는 무엇인가. 고밀도 개발을 반대하는 인사들은 "재건축을 허용하면 주변 집값마저 상승할 텐데 이것은 어떻게 해결할 것인가"라는 질문을 던진다.

특정한 사업이나 지역에 용적률을 높여주면 해당 아파트와 그 주변 집값을 끌어올리는 것은 사실이다. 이 같은 폐단을 막으려면 서울 전역에 걸쳐 고밀도 개발을 허용하면 된다. 고밀도 개발의 가장 큰 걸림돌은 교통 혼잡이다. 교통 혼잡은 코로나19 이후 유럽에서 대세가 된 자전거 및 전동자전거 중심의 대체 교통수단으로 해결할 수 있다. 상하수도 등의 인프라 시설은 처리용량을 증설하면 된다.

　도심 고밀도 개발을 추진한다면 우선적으로 오피스가 밀집된 권역(강남, 여의도, 종로)과 인근 지역의 용적률을 대폭 상향시키는 것이 바람직하다. 기업들이 이곳에 몰려있기 때문이다. 이와 함께 자동차에 뺏긴 도로를 보행자와 자전거에 돌려주는 교통 체계 개편이 절실하다. 코로나19 이후 파리 등 유럽 각지에서 시행하고 있는, 도로의 한 차선을 자전거 용도로 전환시키고 장기적으로 서울 도심 전역에 자전거 도로망을 구축한다면 금상첨화이다. 도심의 고밀도 복합개발로 주택공급을 유도하고 도보, 자전거 중심의 교통체계 개편을 병행한다면 서울시민은 직주근접 생활을 영위할 수 있다.

　도심 고밀도 개발을 터부시하는 낡은 도시계획 마인드를 버려야 한다. 다수의 도시계획학자와 계획가들은 도심 고밀화에 반대한다. 그들은 압축개발을 허용하면 도심혼잡과 한강과 남산을 바라볼 수 있는 스카이라인 유지가 불가능하다는 이유를 댄다. 그들에게 묻고 싶다. 고층아파트에 사는 몇몇 사람을 위한 한강과 남산 스카이라인 유지가 수많은 무주택자들이 추위와 비바람을 피할 수 있는 생존공간을 마련하는 것보다 더 소중한 사회적 가치인가?

　현재의 서울 도시계획정책은 집을 가진 자의 이익을 불려주고 없는 자를 더욱 가난하게 만든다. 일부 집주인들이 가끔씩 누리는 경관 조망이라는 사치를 위해 한창 왕성하게 활동해야 할 다수의 30~40대가 수도권에서 장시간 출퇴근하고 있는 것이다. 이것이 바로 고밀도개발을 반대하고 남산 스카이라인을 고집하는 현행 도시계획의 폐단이다. 계획가들은 경제, 사회, 환경 등 하루가 다르게 변하는 국가 운영 차원의 고민은 외면한 채 수십 년 전에 배웠던 고리타분한 지식이 만고불변의 진리인 듯 여전히 고집을 부리고 있다. 도쿄는 천황이 거주하는 주변지역에서도 250m 높이의 건축을 허용하는데 서울의 90m 고도 제한은 시대착오적이다.

4.2 집값 안정과 지방자치 확대는 한몸이다

　모든 정부는 주택시장의 안정을 원한다. 다만 그 목표를 실현하는 방법은 각 정권이 지향하는 정치적 이념에 따라 달라진다. 따라서 건축 및 부동산 규제는 기술적 차원의 이슈를 넘어서 고도의 정치적 행위가 된다.

　주택시장을 안정화시킨 스위스, 일본의 사례는 집값을 잡는 방법은 다양하다는 것을 일깨운다. 스위스연방공화국은 지방정부가 징수한 세금을 전액 세입으로 사용할 수 있는 강력한 지방분권제도를 시행해 주택시장을 안정화시켰다. 반면에 일본은 영미권 국가에서는 보편화된 도시계획에 관한 자치권을 지방정부에 이양하지 않고, 중앙정부가 강력한 도시계획권한을 행사해 도쿄 등 대도시에 주택을 대량 공급함으로써 집값 안정을 이뤄냈다. 일본의 경우에는 국가를 중심에 두고 도시를 생각하는 정치인, 계획가들의 실용주의적 태도가 결정적인 성공요인이었다. 일본과 스위스, 두 나라가 시행한 방법은 상이했지만 집값 안정이라는 목표는 같았다.

　앞서 살펴본 <그림 5-5>는 분권화 정도가 높을수록 집값 상승률이 낮다는 점을 보여준다. 즉 중앙집권형 국가인 영국의 집값 상승률은 높았고 연방제를 채택한 스위스의 집값 상승률은 낮았다. 정부권력의 분산정도가 지방정부의 재정유인에 직접 영향을 주고 이것이 토지이용 규제라는 정책수단을 매개로 집값에 미치는 영향이 달랐기 때문이다. 이 전달과정(transmission mechanism)과 결과는 국내 및 국제비교 연구를 통해 잘 알려진 사실이다.

우리는 서울의 집값 안정을 달성하기 위해 어느 길을 선택할 것인가? 결론은 정치제도와 상관없이 여론을 주도하는 정치인들이 집값을 안정시키기 위해 얼마나 의지를 갖고 있느냐에 달렸다. 현재의 국가 간 경쟁은 도시 간 경쟁이라는 사실을 알고 있을 계획가들의 전향적인 태도 역시 중요하다.

2020년 총선 기준 수도권 선거인 수는 2,204만여 명으로 전체 선거인 수 4,399만여 명 중 50.1%를 차지했다. 처음으로 수도권 인구가 비수도권 인구보다 많아진 것이다. 일본의 사례를 보더라도 앞으로 수도권의 인구는 늘고 지방의 인구는 줄어들 전망이다. 일본이 경제활동의 기회가 많은 도쿄도로 사람과 자본이 집중되고 있듯이 우리 또한 서울 대도시권으로 노동과 자본이 몰려드는 것은 자연스러운 일이다. 전 세계적인 현상이다. 수도권 인구가 비수도권 인구를 추월했다는 사실은 역대정부와 정치인들이 국토 균형 발전을 추구한다는 명분으로 지난 50여 년 동안 시행했던 수도권 규제 정책의 '약발'이 먹히지 않는다는 것을 의미한다. 이것은 또한 향후 여론 형성에서 수도권이 비수도권을 주도할 수 있다는 의미이기도 하다. 그러므로 정부와 정치권은 기업들의 수도권 경제 집중을 인위적으로 막으려하지 말고 수도권 집중에서 발생하는 파이를 지방에게 나눠줄 방안을 수립하는 것이 현실적이다. 서울과 수도권 규제를 완화해서 발생하는 세수의 절대금액을 비수도권에 분배하고 그 대가로 비수도권은 수도권 규제완화 정책에 찬성하는 방안이 필요하다는 뜻이다. 국내 기업들이 해외로 이전하는 것보다는 수도권에 둥지를 트는 것이 여러모로 낫지 않은가.

같은 맥락에서 주택의 고유한 특성인 '지역성'을 감안해 중앙정부는 전국의 모든 주택정책을 책임지겠다는 생각을 버리고 각 지자체가 주택정책을 시행할 수 있도록 패러다임을 전환해야 한다. 지방정부가 중앙정부보다 지역의 시장 상황을 더욱 잘 알고 있기 때문이다. 각 지자체가 절대적인 권한과 책임을 갖고 각 지역의 특성에 맞춰 독자적인 주택정책을 펼칠 수 있을 때 비로소 전국의 주택은 '붕어빵'처럼 똑같지 않고 각 지역의 인문 및 자연환경에 어울리는 다양한 주거를 만들어낼 수 있을 것이다.

이와 같은 시스템을 구축하기 위해서는 무엇이 필요한가? 바로 스위스가 하고 있듯이 중앙정부가 지방정부에 자치 권한을 대폭 이양하는 진정한 지방분권이 구현되어야 한다. 진정한 지방분권 실현은 역대 대통령들의 선거공약이기도 했다. 모순적이라는 생각이 들 수 있지만 국가균형발전과 서울의 집값 안정을 이루기 위해서라도 강력한 지방분권화가 필요한 것이다.

1) Mises Institute, 2019년 6월 28일, 'Price Controls Make Life Miserable for New Yorkers', http://mises.org

2) Feargus O'Sullivan, 2019년 6월 19일, 'Berlin will freeze Rents for five years', www.citylab.com

3) Economist, 2020년 1월 16일, 'Special Reports on Housing'

제**6**장

주택가격구조론과
새로운 처방

서울 집값, 진단과 처방

1. 들어가는 글

　문재인 정부에서 수십 차례의 부동산 대책이 나왔지만, 집값을 잡는 효과보다 집값을 부추기는 결과로 나타난 것은 큰 그림을 보지 못하기 때문이다. 도시의 경쟁력은 결과적으로 그 도시의 집값으로 나타난다. 어떤 지역의 집값이 높다는 것은 그 지역에 살고자 하는 수요가 많다는 것이고 수요가 많다는 것이 바로 그 도시의 경쟁력이다. 지난 70년 동안 이 분야의 수많은 도시계획 관련 전문가들과 각 정부가 모든 도시 경쟁력을 높이기 위해 최선을 다해왔다. 그것은 일종의 사명과도 같았고 그 사명은 관련 법조문의 첫머리를 장식하고 있으며,[1] 시티노믹스라는 말도 유행하고 있다.[2] 다음은 2019년 12월 16일 정부의 부동산대책에 대해 일간지에 기고한 글이다.[3]

　　문재인 정부가 16일 18번째 부동산 대책을 내놨다. 아파트 추가 공급 없이 15억 원을 초과하는 아파트에 대해선 주택담보대출을 전면 금지해 시장 수요를 억누르겠다고 한다. 문 정부 출범 이후 지금까지 17번의 집값 대책을 내놨지만, 서울의 아파트값은 40%나 치솟았다. 공급 없는 규제 강화로 집값을 잡겠다는 정부정책이 오히려 집값 폭등을 불러왔는데, 더 센 규제카드를 내놓은 것이다.

반지름 약 70㎞ 이내에 2,500만 명이 밀집해 있는 수도권, 그중에서 서울은 중심부에 있다. 특히, 편리한 교통에 교육·문화시설이 집중되고 양질의 일자리가 많은 강남권 지역에 돈과 사람이 몰리는 건 당연하다. 그만큼 강남을 중심으로 한 서울 집값을 인위적으로 잡는 게 그만큼 힘들다는 이야기다. 고가주택 가격을 내리는 방법은 학문적이나 이론적으로도 존재하지 않을 뿐만 아니라, 자유시장경제체제를 택하고 있는 나라에서 우리처럼 규제 일변도로 무모하게 집값 잡기에 매달리는 경우는 찾아보기 힘들다.

그동안 서울과 강남에 쏟은 재정과 민간 투자는 천문학적이다. 그 투자가 양적으로는 집값으로, 질적으로는 교육·문화 수준으로 표면화됐고 이는 도시의 경쟁력을 높였다. 도시 경쟁력의 최종 결과는 집값으로 나타난다. 그곳으로 사람과 투자가 몰리기 때문이다. 뉴욕과 도쿄, 그리고 런던의 집값이 이를 잘 보여준다. 우리 정부와 도시계획 전문가들은 그동안 이처럼 세계적으로 경쟁력 있는 도시를 만들기 위해 최선을 다해 왔다.

신입생들에게 부동산 상품과 일반 상품을 비교해 설명할 때면 늘 하는 말이 부동산 상품의 특수성이다. 부동산 가격은 '협상(鋏狀, scissors)가격차' 이론으로 설명될 만큼 서민들의 삶에 있어서 매우 민감하다. 협상가격차란, 독점적 산업(공산물) 부문과 비독점적(농산물) 산업 부문 간 생산물 가격의 차이를 말한다. 부동산 가격은 자연조건에 의해 제약받는 농산물처럼 공급이 조금만 부족해도 가격이 몇 배씩 급등하는 특성이 있다. 이 같은 기초적인 경제이론을 이해하고 있다면 정부는, 시장이 원하는 지역에 제대로 된 공급 없이 규제 일변도로 집값을 잡을 수 있다는 허상에서 벗어나야 한다. 문 정부의 집값 대책이 강도를 점점 높여 가고 있는데도 시장 반응은 정반대로 나타나는 게 그 방증이다.

집값을 잡겠다고 금액을 기준으로 대출을 통제하는 것은 세계적으로도 유례가 없는 일이다. 정부가 '12·16 부동산 대책'을 발표한 바로 다음 날 시세 15억 원 초과 아파트에 주택담보 대출을 전면 금지한 것은 헌법상 행복추구권과 평등권, 재산권 등을 침해한다며 헌법소원이 제기됐을 정도다. 그리고 대책 발표와 함께 고위 공직자는 집을 한 채만 보유하라고 권고했다고 한다. 공급은 한계가 있고 집을 여러 채 사려는 수요는 늘고 있는데, 그 욕구를 줄이기 위해 공직자 주택 매도를 유도하고 은행에서 돈 빌려 집을 살 수 있는 길을 막으면 결국 부동산시장은 현금 부자들의 전유물이 되는 셈이다. 정부가 서민들의 주거 사다리를 걷어차 버리는 격이다. 게다가 평생 집 한 채 일군 중산층에게도 세금폭탄을 터뜨린다.

선진국에서는 부동산 금융의 역학구조가 시장에 미치는 영향을 잘 알고 있기에 이런 대출 통제 시도는 꿈도 꾸지 않는다. 일각에서는 9억 원 미만의 주택만 거래가 돼 소형 주택의 가격만 올라갈 것이란 풍선 효과를 우려하는 목소리도 높다. 정책 당국이 경청해야 할 시장의 목소리다.

도시경쟁력이 집값으로 나타난 결과를 애써 외면하고, 국민들의 부도덕성으로 몰고 가는 좁은 인식으로는 주택문제를 해결할 수 없다고 지적한 것이다. 더구나 12·16 대책의 골간은 수요를 억제하기 위해 서민의 금융을 규제하는 것이었다. 이런 대책은 저소득층과 청년층 및 신혼부부들의 주거사다리를 걷어버리는 것이라는 언론의 비난도 거세었다.[4]

일반적으로 정상적인 시장에서 재화의 가격은 수요와 공급곡선이 만나는 곳에서 결정된다고 하지만 주택은 일반적 재화와는 달리 시·공간 등을 포함하는 또 다른 입지적 특성을 갖고 있기에 가격 형성 구조가 매우 특수하다. 이것을 제대로 모르고 수요만 줄이면 가격을 잡을 수 있다고 본 결과가 이번 정부의 부동산대책이다. 행태주의적 입지론을 지향하는 스태포드는 입지분석에서 입지란 위치(location)와 부지(site)의 관점을 중시하지만, 필자는 이에 더하여 지리(geography), 공간(space), 시간(time)의 5가지 관점으로 분석해야 올바른 가치를 판단할 수 있다고 가르치고 있다.5) 본서는 전공 교과서가 아니므로 간략하게 설명하였으니 이에 대한 구체적 지식을 원하는 독자는 추가적인 학습을 했으면 한다.

주택가격과 관련된 연구는 무수히 있지만 주택가격구조에 관한 실증적 연구는 흔하지 않다. 일반적으로 주택가격에 영향을 미치는 연구에 자주 등장하는 모형으로 헤도닉 가격모형6)이 있으나, 본서에서는 주택의 가격을 얼마로 결정하는 것이 타당한지를 연구하고 설명하기보다는 4사분면 모형7)이나 주택하위시장이론8) 등과 같이 왜 지역 간 주택가격차가 발생하느냐 하는 구조적 측면을 다루고자 한다.

주택가격구조는 전통적 지대이론을 비롯해서 경제이론, 공간이론으로 크게 나누고, 경제이론으로는 경제구조이론, 투자효과이론, 세금전가이론, 공간이론으로는 시장연동이론, 동심원가격이론, 중심이동이론으로 설명함으로써 주택가격은 단순히 수요를 억제하는 방안만으로는 해결할 수 없다는 반증을 제공하고자 한다.

2. 주택가격구조론

2.1 전통적 지대이론

전통적 지대이론 중에 가장 초기의 독보적인 두 가지가 있다. 폰 튜넨은 그의 저서 『고립국(The Isolate State)』에서 농업활동에서 가장 효율적 공간 활용을 연구하여 농업입지론을 제시하고, 토지의 가치는 생산지에서 시장에까지 도달하기 위한 수송비에 따라 차이가 난다고 하였으며, 데이비드 리카르도는 토지의 가격차는 절대지대는 토지의 위치와 비옥도에 따라 결정되며, 자본제지대는 농업수익의 차이에서 발생한다고 보았다.[9]

그 후에 산업시대를 맞아 웨버의 공업입지 최소비용론, 프라렌저의 공업입지 비용변화론, 후버의 공업입지 종단비론으로 이어져 오다가, 근대적 도시의 발달과 함께 로쉬의 수요입지론과 크리스텔러의 중심지이론에 이르기까지 전통적 지대이론의 변천은 교통수단의 발달, 그리고 생산방식의 변화와 노동력의 분화 등 다양한 이유로 토지의 가격을 설명하기 위한 이론들이 등장했다.

우리가 학문적으로 배운 전통적 지대이론은 지대형성과정에 대한 탁월한 지식을 제공하고 있으나 우리나라 현실에는 완전히 적합하다고 볼 수 없을 뿐만 아니라, 서울·수도권과 같은 공간구조 및 사회·경제적 구조 속에서는 그 이론들을 적용하기는 무리가 따른다. 그러나 전통적 지대이론을 관통하고 있는 한 가지 공통적 사고는 수요(시장)와의 접근도가 지대의 차이에 지대한 영향을 미친다는 것이다. 그래서 양질의 일자리와 주택 간의 접근성은 직주근접의 효과로 나타나서 자족도시와 베드타운 간의 집값의 차이를 현저히 드러내고 있다.

그럼에도 불구하고 가장 양질의 일자리가 많은 지역의 집값을 잡으려는 정부의 대책은 오히려 그 지역의 공급을 줄임으로써, 대책이 나올 때마다 그 역효과로 집값이 폭등을 하고 있는 것이다. 대부분 전문가의 쓴 소리에도 공급이 줄어드는 정책을 지속적으로 쓰는 이유가 혹시 집값을 올려 세금을 더 걷기 위한 것이 아니냐는 비아냥거림이나, 특정지역에 특정계층들의 왕국을 건설하려는 것이 아니냐는 볼멘소리까지 나오고 있는 실정이다.[10]

국토교통부를 비롯한 경제관련 부처에서는 곧 대책의 효과가 나타날 것이라고 다독거리고 있지만, 이미 집값의 오름세는 다시는 서민들이 접근하지 못할 가격을 매일 갱신하고 있다는 언론의 보도이다.[11] 그리고 주택 보유자들의 양극화가 커지고 있는 것으로 나타났다. 상위 10% 평균 주택 가격은 1억 원 넘게 오르며 처음으로 11억 원을 돌파했다. 반면 하위 10% 평균 가격은 100만 원이 오른 2,700만 원에 그쳤다. 2018년 37.6배였던 가격차이도 40배를 넘겼다.[12]

2.2 경제이론

1) 경제구조이론

선진국의 집값과 후진국의 집값이 차이가 나는 이유는 그 나라의 경제구조와 관련이 있으며, 특히 소득, 국제수지, 물가, 환율, 금리, 통화량 등 거시적 경제변수와 수요, 공급, 시장구조 등 미시적 경제변수로 인한 영향을 많이 받는다. 그래서 우리나라 집값의 미래를 이야기할 때, 부동산 불패론자들은 우리나라의 경제구조로 보면 집값이 떨어질 근거는 없고, 1998년의 외환위기 때나 2008년 세계경제위기 때와 같이 일시적으로는 하락하기도 하겠지만 장기적으로 보면 상승국면에 있다고 주장하며, 적극적인 부동산 투자를 권유하곤 한다.

2002년 초, 필자가 정부기관에서 자산관리업무를 시작할 때 가장 먼저 취한 행정조치가 기관이 보유하고 있는 부동산에 대해 각 지사에 매각금지명령을 공문으로 보낸 것이었다. 곧바로 부동산 시장이 매수강세로 돌아서면서 자산 가격이 급등하게 되어, 한 장의 공문으로 기관이 소유하고 있던 양질의 국가자산을 보호할 수 있었다. 이 의사결정에서 필자가 향후 부동산 가격의 상승 지표로 삼았던 것 중의 하나가 바로 소득의 향상이었다.

지금 우리나라 1인당 국민소득은 3만 달러라고 하지만, 필자의 예측으로는 10년 이내에 4만 달러가 될 것으로 본다. 우리나라는 2006년에 2만 달러 시대에 진입했지만 2018년 3만 달러에 이르는 데까지 12년 정도 걸렸다. 그렇다면 향후 10년 이내에 4만 달러에 도달한다는 것은 의심의 여지가 없다.[13] 외환위기와 세계경제위기가 없었다면 더 빨랐을 수도 있었을 것이다. 1~3%대의 저금리와 약 1,800조의 풍부한 유동성은 최근 공급억제를 불러온 주택정책과 맞물려 순식간에 집값을 지역에 따라 1.5~2.0배까지 폭등시킨 결과를 가져왔다.

한국경제에 따르면, 한국은행이 13일 발표한 '2020년 9월 통화 및 유동성'을 보면 지난 9월 말 통화량(M2)은 3115조2389억 원이었다. 작년 9월에 비해 1년 새 9.2%(261조9669억 원) 늘었다. M2는 현금과 요구불 및 수시입출금식 예금에 2년 미만 정기 예·적금 같은 단기 금융상품까지 포괄하는 넓은 의미의 통화지표다. 통화량 가운데 현금과 언제든 현금으로 바꿀 수 있는 요구불예금·수시입출금식 저축성예금 등 단기 금융상품을 합친 단기자금의 잔액은 9월 말 1,845조 9,210억 원으로 사상 처음 1,800조 원 돌파했다.14)

미시적 경제변수로서는 수요와 공급이 가장 중요하다. 단적인 예로, 지난 11월 3일 1순위 청약을 받은 '과천푸르지오오르투스'는 경기 최고 청약률과 당첨 최고 74점에 달했는데, 이 단지는 평균 청약 경쟁률이 534.9대 1에 달할 정도로 인기를 끌었다.15) 필자의 세미나 발표자료에서도 2025년까지 서울 동남권만 약 85만호의 주택이 필요하다고 예측했지만, 서울시 동남권 공급계획은 매년 1만호 정도에 불과하다. 서울시민은 물론 경기도 일대의 시민들이 가장 살고 싶은 서울 동남권의 공급부족에 의한 가격 상승세는 <그림 6-2>와 같이 동심원가격 구조를 그리면서 서울 주변 지역의 집값을 끌어올리는 추세이다.16) 아래 <그림 6-1>에서 경제적 여건은 한번 올라가면 그 가격이 벽돌과 같이 굳어지는 현상으로 나타나며, 부동산특성은 버블처럼 변수로 등장하다가 곧 사라지거나 잔류하기도 하는 특성을 갖는다.

〈그림 6-1〉 집값의 경제적 구조도

〈그림 6-2〉 서울시 도시공간과 주택가격분포도

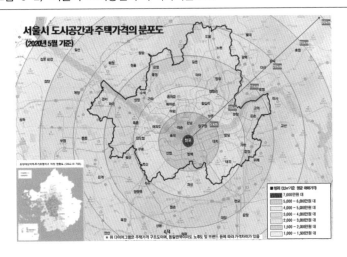

2) 투자효과이론

"부동산은 돈 먹고 자란다." 필자가 투자효과에 따른 부동산가격의 상승을 한마디로 정리한 내용이다. 만일 어떤 지역에 재정투자가 이루어졌는데 자산가치의 상승이나 소득의 증대 등과 같은 편익이 없다면 예비타당성 조사가 잘못되었다는 증거가 된다. 예비타당성 조사는 정부 재정이 대규모로 투입되는 사업의 정책적·경제적 타당성을 사전에 검증·평가하기 위한 제도이다. 1999년 김대중 정부 때 도입됐으며, 총 사업비 500억 원 이상에 국고 지원이 300억 원을 넘는 사업 등을 대상으로 한다.[17]

맹지가 도로라는 돈을 먹으면 지가가 상승하듯이 특정 지역에 정부 예산이 들어가면 추가적으로 민간투자가 발생하게 되고 인구가 밀집하게 된다. 이러한 인구밀집지역은 어떤 재정 사업을 해도 그 투자효과는 타당성을 갖게 되는 구조이다. 그래서 강북지역보다는 강남지역이 GTX를 포함한 다양한 SOC가 집중될 수 있는 것이다. 이것은 집적의 경제를 낳고 집적의 경제는 다시 재정투자의 타당성을 확보하게 되어, 새로운 투자를 계속 유리한 위치에서 받아들이게 되는 부익부빈익빈의 형태이다.

지방보다는 수도권이, 수도권보다는 서울지역이, 서울 중에서도 강남권이 그 타당성의 기반을 공고히 갖고 있으므로 사업을 해야 하는 정부나 공공기관은 대상지를 이곳으로 집중할 수밖에 없고, 그 투자의 이익을 아는 민간 기업들은 재정투자가 이루어지는 지역에 우선적으로 사업을 추진하게 된다. 투자의 위험을 최소화하려는 민간 기업의 지혜로운 행위이다.

투자이론에는 성장거점전략과 낙수효과라는 게 있는데 성장거점전략이란 성장 잠재력이 높은 도시나 지역의 중심지(nodal point)

를 집중 투자하여 개발하면 그 개발효과가 주변지역으로 확산하여 지역 전체의 발전을 유도하게 된다는 지역개발 전략이다.[18] 낙수효과는 정부가 투자 증대를 통해 대기업과 부유층의 부(富)를 먼저 늘려주면 경기가 부양돼 결국 중소기업과 저소득층에게 혜택이 돌아감은 물론, 이것이 결국 총체적인 국가의 경기를 자극해 경제발전과 국민복지가 향상된다는 이론이다.[19] 대부분의 선진국들이 이러한 투자이론을 바탕으로 국가경제를 발전시켜왔으며 이 방식은 여전히 유효하다. 그래서 국가경제의 발전은 자산가치의 증가를 의미하며, 토지가격과 집값이 동반상승하게 된다. 국민의 자산가치 증대가 없는 재정투자는 일종의 도덕적 해이 내지 국고손실죄에 해당한다고 보아도 무방하다는 주장도 있다.

3) 조세전가이론

국가는 국민들을 보호하는 조건으로 세금을 걷는다. 중세유럽을 지탱하는 세 가지 신분이 있었다. 오라토레스(사제, 제1의 신분), 벨라토레스(귀족, 제2의 신분), 라보라토레스(노동자, 제3의 신분)의 세 기능이 조화롭게 안정적으로 분할되어 작동하는 삼원사회에서 그 노동으로 공동체 전체가 먹고 입고 대를 이어나가게 하였다.[20] 즉, 제3의 신분은 공동체를 위해 세금을 부담해왔다. 성경을 보면 제사장이 백성을 다스리던 고대로부터 십일조의 역할이 제사장의 직무를 유지하는 데 사용되었음을 알 수 있다.[21] 십일조가 현대 국가를 유지하는 세금의 원형격이다.

아서 세실 피구에서 아마르티아 센으로 이어지는 후생경제학의 발전 결과로 세제를 통한 분배가 정당화되어 왔다. 또한 개인의 부에 누진적 세금을 물리는 것은 사유재산과 경쟁의 힘에 의지하면서도 공공의 이익이라는 이름으로 자본주의에 대한 통제를 재천명하는 것이다.[22] 그러나 이러한 조세가 특히 부동산과 관련해서는 최종 납세자가 아닌 임차인 등에게 전가되는 경향이 있다. 지난 7월말 계약갱신청구권과 전·월세상한제 시행으로 전국에서 전세난이 확산해 임대인의 권한이 강해진 만큼 이 같은 조세전가가 더욱 쉽게 이뤄질 것으로 예상된다.[23] 조세의 전가라고 하는 것은 과세상·법률상의 책임부과로부터 가격 조정과정을 통해 직접적 화폐부담이 최종적으로 정착하는 데까지 이르는 조세부담의 이전과정을 말하며 특히 이 과정을 전전이라고 부르고, 직접적 화폐부담의 소재, 즉 조세부담의 최종적 납세자에의 귀속을 귀착이라고 한다.[24]

참여연대는 지난 10여 년 동안 꾸준히 과세표준의 현실화를 주장해왔다. 2017년 6월 참여연대 정책 자료집에 보면, "종합부동산세를 정상화(최고세율 3.0%)하고, 공정거래가액비율도 현행 80%에서 100%로 올려야 한다."고 주장하고 있다. 2020년 7·10 주택시장 안정 보완대책을 통해 세제개편(안)을 제시하고 지난 10월 정부는 공정거래가액비율을 올리기로 했다고 발표를 했다. 이것은 2018년 9월 관계부처 주택시장 안정대책에서 "종합부동산세 최고세율을 3.2%로 인상하고, 공정거래가액비율을 2022년까지 100%로 현실화하겠다."고 발표한 것과 맥을 같이 한다. 정부가 치솟는 집값을 잡겠다며 내 놓은 9·13 대책이 참여연대(안)과 얼마나 닮아있는지 보여주는 대목이다.[25]

김현아 국민의힘 비상대책위원은 조세 정책으로 집값을 잡겠다는 생각 자체가 아마추어적이라고 하면서, "상당수의 다주택자가 집을 팔기보다는 증여하고 있지 않은가. 결국 세금 회피를 한 증여로 '집 금수저'만 늘어날 뿐이다. 보유세만 보면 실효세율이 낮을 수 있다. 하지만 정부가 주요국 사례에서 유리한 사례만 인용한 결과다. 보유세 실효세율이 높은 주요국은 대부분 거래세는 없다. 그런데 정부는 보유세와 거래세를 한꺼번에 올렸다. 여기에 공시가격 현실화율과 공정거래가액비율 인상으로 세율을 높이지 않아도 세금이 늘어나는 구조다."[26]라고 문재인 정부의 부동산정책을 비판하고 있다.

문제는 이렇게 증액하여 부과된 세금의 일부가 임대료의 상승으로 이어지게 되어 결국은 집값의 상승으로 나타나게 된다는 것이다. 2020년 임대차 3법과 세제 개편을 통해 임대인에게 부과되는 불이익이 임차인에게 전가되는 현상이 어제오늘의 일이 아니다. 공인중개사협회는 "임대인의 불이익은 반드시 임차인에게 전가될 것"이라며 "임차인 보호는 정부가 서민주택 보급을 통해 해결할 문제"라고 밝혔다. 이어 "민간 임대인에게 부담을 전가시키는 것은 서민, 영세자영업자 모두를 고사시킨다."며 "법망을 회피하기 위한 온갖 방법이 난무할 것"이라고 우려했다.[27]

조세전가의 우려는 현실로 나타나고 있다. 개약갱신청구권이 법제화되면서 집주인이 2년 뒤 새로운 계약을 맺을 때는 월세 등 임대료를 대폭 올릴 가능성이 커 '조삼모사' 대책이 될 것이란 우려도 제기된다.[28] 실제 정부는 2018년 7월 6일 종합부동산세 개편안을 내면서 현재 80%인 공정시장가액 비율을 향후 2년에 걸쳐 90%까지 올리겠다고 밝혔다. 이후 4년에 걸쳐 100%에 이르도록 하겠다는 계획을 발표했다. 공정시장 가액비율이 높아지면 공시가격이 그대로라 하더라도 종부세는 오르는 셈이다. 여기에 공시가격 자체도 급격히 올렸다. 서울 공동주택 공시가격은 2019년 전년대비 14.17% 오르더니 올해는 평균 14.75% 올라 지난 2007년(28.40%) 이후 13년 만에 최대 상승 폭을 보였다. 공교롭게도 최근 2년간 월세 가격은 재산세 납부시기인 7월과 9월 전후로 상승 반전하거나 급상승하고 있다. 한국감정원 월간 월세통합가격지수는 2019년 8월을 기점으로 상승이 시작됐으며 올 8월부터는 상승세가 0.13~0.16%로 가팔라졌다. 여기에 임대주택사업자의 세제혜택을 없앤 점도 조세전가 요인으로 꼽힌다.[29]

2.3 공간이론

1) 시장연동이론

부동산시장은 공간시장과 자산시장으로 구분되어 서로 영향을 받으며 기능한다. 필자는 이 관계를 본서에서는 시장연동이론이라고 명명하였다.[30] 즉, 자산시장에서는 투자결정요인들에 의해 강한 영향을 받는 반면, 공간시장에서는 사용결정요인들에 의해 영향을 받는다.[31] 공간시장의 사용료는 주로 임대료로 나타나며, 임대료의 증가는 자산가치의 증대로 나타나게 된다. 따라서 임대시장의 불안정은 자산시장의 불안정으로 이어지는 고리를 갖고 있다.

정부의 부동산정책은 임대료를 안정시키는 데 목적을 두어야 하며, 임대료를 안정시키기 위해서는 임대주택을 대량으로 공급하는 수밖에 없다. 임대주택의 양도 중요하지만 입지도 같은 비중으로 중요하다. 우리나라는 지난 수 십 년 동안 공공이 해야 될 재개발은 민간에게 맡기고, 민간이 해도 되는 택지개발은 공공이 주도해왔다.[32] 그러는 과정에서 주거취약계층을 위해 꼭 필요한 도심의 공공임대주택을 많이 짓지 못했다. 우리나라 공공임대주택의 비율은 아직 8%도 미치지 못하고 있다. 유럽의 평균 20%까지 가기 위해서는 매년 0.5%씩 올린다고 하더라도 앞으로 24년 이상 정부가 많은 노력을 해야 할 것이다.

2019년 기준 전국 주택 수는 1812만6954호이고[33] 이중의 40%가 임대주택에서 산다고 보면, 임대하고 있는 주택은 약 725만 호이다. 이때 임차가구와 임대주택의 비율은 1:1이므로 임차인들이 공간시장에서 선택권을 갖기가 힘들다. 따라서 최소한 1:1.5 내지 1:2 정도가 되면 임차인들의 선택권이 확대됨으로 안정적인 임대시장이 형성될 것으로 보인다. 이를 위해 전국에 매년 10만호씩을 짓는다고 해도 1:1.5비율에 이르려면 약 36년, 1:2의 비율까지 가려면 72년(1:2)이 걸린다는 계산이 나온다.

공간시장을 안정시키는 또 하나의 가장 좋은 방법은 민간임대주택을 저렴하게 보급하는 것이다. 민간임대주택사업자를 양성화하고 나아가서 인센티브를 주면 공급은 늘어나게 되어 있다. 우리나라 세대수의 약 40%가 임대주택에서 살고 있으며, 대부분의 선진국도 임대가구의 비율은 40% 내외이다. 경제가 발전하여, 세계 1위의 경제대국이 된다고 하더라도 자가보유율이 60% 내외에 머물고 있다.[34] 필자가 대략적으로 살펴본 결과, 그 이유는 20%의 주거취약계층, 15%의 내집마련 준비 가구, 5%의 자발적 임차 가구로 구분된다고 보고 있다.

현재의 정부가 기저로 삼고 있는 1가구 1주택과 같은 이념적 정책으로는 민간임대주택의 공급을 늘릴 수 없으며, 36년에서 72년이 걸릴 시간을 줄이기 위해서는 다주택자들에 대한 배려를 통해 무제한 공급함으로써 가능해질 것이다. 1:1.5의 비율만 유지되더라도 공간시장은 속히 안정될 것으로 사료된다.

지난 11월 19일 문재인 정부의 24번째 주택정책이 발표되었다. 언론에 따르면,[35] "정부는 공공임대주택을 수만 가구 이상 공급하기 위해 당초 알려진 빈집과 상가, 오피스텔뿐 아니라 호텔 객실까지 개조하기로 했다. '양' 뿐 아니라 '질'을 높이기 위해 중산층도

입주 가능한 35평(85㎡) 임대주택 모델도 제시한다. LH와 SH 등이 빈 주택을 사들이거나 임대해 전세물량으로 재공급하는 '매입임대' 나 '전세임대'가 주요 카드다. 집을 지어 공급하면 최소 2년이 걸리는 만큼 빈집을 활용한다."는 것이다. 홍남기 부총리 겸 기획재정부 장관이 "향후 2년간 전국 11만4000호, 수도권 7만호, 서울 3만5000호 규모의 임대주택을 매입 약정 방식의 신축 매입임대, 공공 전세형 주택 등 순증 방식으로 공급하겠다."고 밝혔다.[36]

여기서 중요한 사실은 공공임대주택을 많이 짓는다고, 집값이 안정되지는 않는다는 것이다. '우리나라 주거공개념의 실태'에서도 언급한 내용이지만,[37] 공공임대주택비율이 높아진다고 해도 자산시장에 미치는 영향은 크지 않는다는 것이다. 공간시장은 민간임대시장과 공공임대시장으로 나누어 볼 수 있는데 두 개의 시장의 참여 계층이 다르기 때문에 서로간의 영향력도 그 양과 질에 따라 다를 뿐만 아니라 자산시장에 미치는 영향도 다르다. 그래서 필자가 주장하는 것은 양과 질에서 자산시장에 영향을 주는 민간임대주택을 활성화해야 한다는 것이다.

2) 동심원가격이론

도시공간구조에 관한 학습은 도시 및 지역계획학이나 부동산학을 전공하는 독자들에게는 필수적이다. 가장 기초적인 구조인 성형구조(별모양의 구조), 선형구조(띠모양의 구조), 동심원구조, 방사환상형구조, 다핵심구조, 벌집구조 등 물리적 공간 구조와 머디의 사회경제적 구조에 이르기까지 지난 100여 년 동안 선학들의 주옥같은 연구결과가 많이 있다.[38] 시대에 따라 변천해온 도시공간구조는 지가와 어떤 연관성이 있을까?

근자에 국내에서 이루어진 주요 관련 연구로, '가로망 공간구조와 토지가격에 관한 연구(강창덕)',[39] '미시 도시공간구조 분석과 지가에 관한 연구(이석희 외)',[40] '물리적 도시공간구조가 상업용 부동산시장에 미치는 영향(김경민 외)'[41] 등이 있다. 다음은 각 연구에 대한 주요 내용을 요약해 놓은 것을 소개함으로 서로의 연관성에 대한 통찰력을 제공하고자 한다.

강창덕은 가로망 특성은 가로망 네트워크 분석접근 방법으로 측정하고, 토지가격 효과는 다층회귀모형을 이용하여 분석하였다. 특히, 네트워크의 반경별로 개별 가로망 특성의 토지가격 효과가 어떻게 다르게 나타나는지를 비교하였다. 연구 결과, 우선 인접 중앙성과 사이 중앙성이 높을수록 토지가격이 높아졌고, 출발지－목적지 사이의 거리가 직선거리에 가까운 곳에 지불용의비용이 높게 나타났다. 또한 가로망이 차지하는 공간적 범위를 진단한 지표도 토지가격에 긍정적 영향을 주었다.

이석희, 최진호는 건물정보를 이용하여 미시적 수준의 도시공간구조를 분석하고, 도출된 도시공간구조가 지가 형성에 미치는 영향에 대해 연구하였다. 첫째, 건물 현황을 기반으로 분석한 연면적밀도는 미시적 도시공간구조를 잘 대변하고 있으며, 특히 도심, 광역중심, 주거지역을 계량적으로 설명할 수 있는 것으로 나타났다. 둘째, 연면적밀도 분석 시 분석반경이 넓을 때 거시적 지역성을 보다 잘 반영하였다. 반대로 분석반경이 좁을수록 미시적 지역성을 반영하는 도시공간구조 분석은 가능하였지만, 지가 설명에는 한계가 있었다. 셋째, 연면적밀도에 기반한 미시적 도시공간구조는 지가를 잘 설명하는 것으로 나타났다. 이를 통해 도시공간구조는 토지가격비준표의 정교화와 적정성을 높일 수 있어 공시지가 산정 과정에서 유의미하게 활용될 수 있음을 확인하였다. 본 연구는 미시적

도시공간구조 분석방법을 제시하였고, 도출된 도시공간 구조가 지가를 보다 잘 설명함으로써 비준표의 기존 토지특성이 설명하지 못한 지역요인을 도출하였다는 데 그 의미가 있다. 따라서 미시적 도시공간구조는 향후 공시지가 산정 및 도시계획과정 등에서 유의미한 자료로서 활용될 수 있을 것으로 기대된다.

김경민, 신상묵은 개별 상업용 건물들을 중심으로 주변지역에 위치한 상업용 건물들과 주거지 개발패턴이 해당 건물가격에 미치는 영향을 고찰함으로써 물리적 도시공간구조가 부동산시장, 특히 상업용 부동산시장에 미치는 영향을 분석하고자 한다. 이를 위해 GIS 소프트웨어를 이용하여 용도 간 근접성을 체크하였다. 연구 결과, 용도혼합이 오피스 건물가격에 긍정적인 영향을 미치는 것으로 나타났다. 뉴 어버니즘에서 강조하는 복합용도개발을 통해 지속가능한 커뮤니티를 만들 수 있다는 가능성을 확인하였다. GIS기술을 이용하여 기존 연구들이 경제사회변수와 같은 대리변수를 사용했던 한계를 극복하고, 공간구조를 보다 정밀하게 측정할 수 있었다. 또한 토지이용에 따른 2차원 분석이 아니라, 각 건물의 높이를 계산하여 3차원 분석을 함으로써 공간의 이용과 함께 밀도까지 고려한 방법론을 사용한 의의가 있다.

위 연구들은 도시공간구조와 지가가 연관성이 있음을 가로망 네트워크와 대지와의 관계, 연면적밀도와 지가, 그리고 용도복합과 지가와의 관계로 분석하고 있어 매우 의미가 있는 연구라고 보여진다. 필자는 일찍이 '간선가로변 획지 및 가구의 형태결정요인에 관한 연구'[42]를 통해 도시공간구조는 개별 토지의 형태, 지가, 토지이용 등과 직·간접적인 영향이 있다고 믿어 왔기에 최근 세미나 발표를 통해 도시공간구조와 집값에 관한 연구를 진행하였다. 이 연구에서 서울시는 수차례의 도시기본계획을 통해서 도시공간구조를

1970년대 동심원구조에서 다핵심구조로 변경하려고 하였지만, 지난 50년 동안 집값은 동심원가격구조가 점점 심화되어 지금은 고착화된 것으로 보인다.[43]

　서울시 및 수도권의 집값을 <그림 6−2>에서 보듯이 최근에 평당 1억 원에 거래된 아파트가 있는 반포를 중심으로 5km 간격으로 조사한 결과, 반경 5km 내에서는 평당 약 5,000~7,000만 원으로 나타났으며, 5km 씩 멀어질수록 약 1,000만 원씩 떨어지는 것으로 조사되어서 완벽한 집값의 동심원구조가 형성되어 있음을 알 수 있었다. 시간적으로는 2000년에는 가장 비싼 곳이 1,500~2,000만 원대이었으나, 외환위기의 끝 시점인 2011년에는 3,000~4,000만 원대로 치솟았고, 2020년 6월 조사시점에는 5,000~7,000만 원대로 급등한 것으로 나타났다. 이 글을 쓰는 2020년 말에는 더 높은 중심지 가격과 동심원가격 고착화가 진행되었을 것이다. 실제로 주택을 소유한 가구 가운데 집값 상위 10%의 평균 집값이 1년 새 1억 원 오를 때, 하위 10% 가구의 평균 집값은 100만 원 오르는 데 그쳤으며, 정부의 다주택자 규제 강화에도 지난해 다주택자 비중은 오히려 늘었다.[44]

　전 세계적으로 찾아보기 힘든 이러한 동심원가격구조가 주는 시사점은 강남권 지역의 집값이 상승할수록 거의 동일거리 비율로 집값이 동반상승한다는 것이다. 따라서 서울·수도권의 집값을 잡기 위해서는 강남권의 집값을 잡아야 하며, 이를 위해서는 진입장벽을 높이고 수요를 줄이는 정책보다, 수요가 높은 지역의 공급을 대폭 늘리고, 제2, 제3의 강남과 같은 수준의 도시개발을 서둘러야 한다는 것이다.

3) 중심이동이론

본 절에서는 중심이동설과 주거이동설에 관한 내용을 다룬다. 먼저 중심이동설이란 서울시 등 대도시의 중심이 이동함으로서 그 지역의 집값을 변화시킨다는 내용인데, 이 내용이 이론적으로 정립된 것은 아직 없는 것으로 알고 있다. 20여 년 전부터 집값관련 강의를 위해 집값에 영향을 주는 여러 가지 논거를 정리하면서 필자가 독자적으로 주장한 내용이다. 여기서 중심지의 의미는 상업업무 중심지역이라기보다는 집값이 가장 높은 주택이 형성된 지역을 말한다.

〈그림 6-3〉 서울시 도시공간구조 및 가격변화 분석도

2000년~2020년까지의 가격의 동심원 구조가 진행되어 왔고, 2030년까지 고착화가 지속되면 특정지역을 중심으로 주택가격 상승 문제가 더욱 더 심각해질 수 있음

1) 서울시 도시공간구조 및 가격 변화 분석 종합

2000년 (동심원 구조 발전 단계)

범례(3.3m²기준 매매가격)
- 1,500~2,000만 원 대
- 1,000~1,500만 원 대
- 600~1,000만 원 대
- 400~600만 원 대

2010년 (동심원 구조 심화 단계)

범례(3.3m²기준 매매가격)
- 3,000~4,000만 원 대
- 2,500~3,000만 원 대
- 1,500~2,500만 원 대
- 1,000~1,500만 원 대

2020년 (동심원 구조 고착 단계)

범례(3.3m²기준 매매가격)
- 5,000~7,000만 원 대
- 4,000~5,000만 원 대
- 3,000~4,000만 원 대
- 2,000~3,000만 원 대

2030년 (동심원 구조 고착화 지속 단계)

범례(3.3m²기준 매매가격)
- 9,000~12,000만 원 대
- 6,000~9,000만 원 대
- 4,000~6,000만 원 대
- 3,000~4,000만 원 대

*2030년의 동심원 중심은 압구정 지역의 재건축이 진행된 것을 가정

1960~70년대 서울의 중심지는 종로였지만, 강남개발이 이루어지면서 1980년대는 영동지역으로 중심지가 이동했다가 1990년대는 압구정지역으로, 그리고 2000년대에 들어서면서 도곡·대치지역에서 가장 비싼 아파트가격이 형성되었고, 2010년대는 반포지역에 최고가를 빼앗긴 채로 2020년대를 넘어가고 있다.

큰 그림에서 보면, 서울이 아닌 다른 대도시에서도 그 현상은 대동소이하다. 강남개발이 이루어진 대부분 대도시는 신시가지 위주로 중심이동이 되었다. 우리나라에서 1990년 이후 트렌드처럼 된 모든 대도시의 강남 개발과 신시가지 개발은 새로운 주거환경의 모습으로 각광받으며 여기에 지어진 새로운 아파트는 매년 집값을 갱신해 왔다. 그래서 정부에서는 새롭게 분양하는 집값을 잡으면 주택 가격의 고공행진이 멈출 것이라는 생각으로 2007년 12월말까지 분양승인을 받지 못한 아파트에 대해서는 분양가 상한제를 시행하겠다는 대책을 내놓게 된 것이다.

필자의 중심이동 이론에 따르면, 2010년대가 되면 이 중심지가 반포로 가지 않고, 판교지역으로 넘어올 것으로 예상을 했었다. 그 이유는 판교지역이 4차 산업혁명시대를 이끌고 갈 새로운 도시이며, 주거환경이 우수하기 때문이었다. 반면 30여 년의 역사를 갖는 강남권지역은 도시형태가 이미 노후화되었고, 서울시가 재건축 허가를 미루고 있었기에 판교에서 최고 집값을 갱신할 수 있을 것으로 예측을 했으나, 이 예상은 빗나가게 된다.

당초 판교신도시의 청사진은, 그린벨트로 둘러싸인 천혜의 주거환경 속에서 미국의 비버리 힐즈 같은 고급주택단지와 첨단지식산업단지를 역세권 중심의 상업업무공간(알파돔)과 도보권으로 배치하는 뉴 어바니즘의 정신을 입힌 잘 설계된 신도시였다. 그렇게 되면 필자의 생각으로는 강남권의 집값을 잡을 수 있을 것이라고 보았다. 과거에 분당신도시에 입주가 시작이 되면서 강남권의 집값이 안정을 유지했었다. 천당 다음에 분당이라는 말이 나돌던 이 당시만 해도 강남권의 거주자들이 듣지도 보지도 못한 새로운 모습의 뉴 트렌드 주거환경을 갖는 분당이 제2의 강남이고 될 것이라고 믿었었다.

그 당시 강남권의 집을 팔고 분당에 새 아파트를 사면, 차액이 많이 생겼다. 그래서 분당은 제2의 강남이 되었고, 이 당시에 강남권의 집값은 안정화되었다. 주택공급이 직접적으로 집값을 잡은 유일한 사례가 분당 등 1기 신도시다. 국민은행에 따르면 1990년 37.6%까지 올라갔던 서울 아파트값 상승률이 그 이듬해부터 3년간 하락세로 돌아섰다. 집값이 잡힌 건 공급 효과였다. 물량이 압도적이었다. 1기 신도시 아파트가 28만 가구로 90년 기준 서울과 경기도 아파트 76만 가구의 3분의 1에 해당하는 물량이다. 분당 아파트 물량이 당시 강남3구(강남·서초·송파구)의 절반인 9만 가구였다.[45] 필자의 주장대로 제2, 제3의 강남을 만들면 강남의 집값을 잡힌다는 믿음이 이때 생긴 것이다.

판교 중심이동설은 여기서 일단 중단되었는데, 그 이유는 당초 판교는 최고의 주거단지를 계획했지만, 노무현 정부에서는 임대주택을 추가로 더 지어야 한다는 의견이 지배적이라 이주를 계획하던 강남권 주민들이 분양받기를 주저하게 되었으며, 설상가상으로 2008년 세계경제위기와 맞물려 미분양사태까지 벌어진 것이다.[46] 전체 3만호 입주물량 중에서 20%에 해당하는 6,300호 정도가 10년 공공임대아파트였다. 이때 정부가 대량 공급한 판교신도시의 10년 공공임대아파트의 분양전환 승인이 2019년 속속 이뤄지는 가운데 입주민(임차인)들이 승인 기관인 성남시와 LH를 상대로 분양가와 관련하여 소송 중이다.

한편, 중심을 빼앗길 뻔했던 강남권을 살펴보면, 2010년대 초반부터 반포지역과 도곡·대치지역을 중심으로 본격화된 재개발·재건축은 다시 강남권을 서울의 중심축으로 형성하는 계기가 된다. 천혜의 자원인 한강변의 반포와 대모산자락의 양재천과 탄천을 끼고 있는 도곡·대치, 이 두 개 지역은 서로 최고 분양가를 경쟁하면서 상승작용을 하여 지역주민들의 자존심으로 떠오른 것이다. 향후 이 강남권을 대체할 만한 지역이 생기지 않는 한 대한민국의 중심을 유지할 것이며, 이 지역의 가격은 수요 대비 공급의 품귀현상으로 더욱 상승하게 될 것이다.

주거이동론이란 재개발·재건축이 이루어지는 동안에 나타나는 일시적 임대수요로 인한 집값의 변화와 관련된 내용이다. 주거이동은 자녀들의 학군을 가급적 벗어나지 않기 위해 신축되는 아파트 주변지역에서 나타나게 되며, 일반적으로 재개발·재건축기간은 약 3~4년이지만, 이동수요는 단기간에 몰리게 되므로 한정된 지역의 공간시장 가격을 급등시키는 현상을 보여준다.

가락시영아파트를 재건축한 송파 헬리오시티의 사례를 보면, 2012년 7월에 이주관련 공고 후 8월경 이주가 시작되었으며, 이주기간은 48개월이고, 이주비 중 무이자 이주비를 증액하여 18,000만 원을 지급하기로 결정했다. 유일한 저층(5층) 6,600세대에서 3종 상향용적률 285.9%, 35층, 9,510세대 예정 대단지 아파트로서 토지지분이 많아 단계적으로 가격상승이 예상되었다.[47]

서울시는 2012년 하반기 송파구 가락시영아파트, 서초구 신반포아파트 등 강남권 등지에서 국지적으로 대규모 이주수요가 예정됨에 따라 서울시는 전월세 시장의 지속적인 안정을 위해 단기 및 중·장기 대책을 마련했다. 서울시는 우선 단기대책으로 자치구와 공조해 이주시기를 분산하는 한편, 서울시 주택공급정책관을 팀장으로 한 '전월세 TF팀'을 구성해 전세난 우려지역에 대한 집중 모니터링과 대응을 해 나간다는 계획을 세웠다. 이사시기 분산은 예컨대 가락시영(아)의 선 이주 세대(1,164세대)를 제외한 조합원 1,200세대를 4차에 걸쳐 순차 이주하는 등의 방식으로 조합과 협의해 이뤄졌다.[48]

KB국민은행의 인근 지역 전세가는 송파 문정동 시영아파트 43㎡ 7,500만 원, 53㎡ 8,800만 원, 강동 둔촌주공 1단지 52㎡ 11,500만 원, 60㎡ 13,700만 원, 강남 개포동 주공2단지53㎡ 12,000만 원, 63㎡ 16,000만 원으로 공시되었고, 이와 더불어 서초 잠원 대림 637세대가 12년 9월 관리처분 총회를 거칠 예정이고, 신반포 1차 790세대도 같은 해 말에 관리처분 총회를 앞두고 있어서 이들의 이주가 본격화되면서 2013년 하반기에 송파구의 전세가 변동률이 최대 2.15%까지 상승된 것으로 나타났다.[49]

주거이동에 따른 이러한 경향은, 최근에 제3기 신도시의 사전청약과 관련하여, 입지조건이 우수한 제3기 신도시 주변의 임대가격이 급등한 것으로 잘 알 수 있다.[50] 한번 오른 가격은 고정되는 것이 부동산시장의 경향이다. 지속되는 물가상승률이 뒤를 받쳐주기 때문이다. 이에 대한 정부의 대비책으로는 순환재개발방식[51]이 있었는데 그 방식이 크게 실효성은 없었고, 서울시 고위공무원과 개인적 토론을 한 적이 있는데, 이 주거이동으로 인한 가격상승으로 재개발·재건축을 장려하기가 어렵다는 실토를 듣기도 했다.

향후, 서울시에서는 500여개의 단지에서 재개발·재건축이 이루어 질 것으로 예상된다. 지구지정을 해제했던 지역들이 최근 집 값이 올라가면서 수익성을 인정받아 사업을 재개하려는 움직임이 여러 단지에서 나타나고 있다고 한다.[52] 주거이동에 대한 장단기 대책이 필요한 이유이다. 현재의 조합이나 추진위가 구성된 지역만

500여개이지, 앞으로는 스마트도시 시대를 열어가면서 더 많은 단지들이 새로운 주거환경으로 변모하려는 시도가 급증할 것이다.

3. 가격구조론적 시각의 혁신적 주택정책

3.1 동심원가격구조 고착화

지난 200년 동안 수많은 학자들이 도시권의 지대형성과 공간구조에 관한 다양한 연구 결과를 발표하였다. 선배 학자들의 이론을 공부한 필자가 서울·수도권의 집값 형성구조에 관심을 갖는 것은 당연하며, '서울·수도권의 집값이 왜 잡히지 않는가?'하는 것을 연구하지 않을 수 없기에 2020년 6월 26일 (사)건설주택포럼과 한국주택협회가 공동주최한 세미나에서 '서울시 권역별 실질주택수요 기초조사 연구'라는 주제로 연구결과를 발표하였다.

세미나에서 위 주제를 선정한 이유는 2019년 대한국토·도시계획학회 창립 60주년 기념 특집으로 배포된 도시정보 7월호에서 '실질수요'라는 용어로 집값문제를 진단한바 있는데, 이 용어가 주택문제를 다루는 국내 연구 분야에서 최초라는 주변의 지적을 받고, 주택·도시·부동산 분야의 실무연구가인 필자에게 의무감이 생겼기 때문이었다.

가격구조라는 큰 그림을 설명하기 위해 서울·수도권의 집값과 '실질수요'에 대한 실증적 분석을 해야겠다고 생각하고 주택가격 관련통계를 분석하고 서울·수도권 거주자 1,500명에 대한 설문조사를 실시하였다.[53]

서울·수도권의 지속적인 집값 상승의 원인을 정책차원에서는 다주택자의 투기수요 때문이라고 보고, 2020년 6월 17일까지 21번째의 강도 높은 대책을 내 놓고 있지만 정책효과는 미흡했다. 또 민간차원에서는 서울시내의 개발가능지가 고갈되어 가고 있으며, 재개발구역 등 신규 주택공급 여건이 매우 부족하다고 판단하고 있었다. 공공과 민간차원의 견해가 상충되고 있기에 먼저 학술차원에서 이론적 접근 방식으로 검토를 해보니, 국내 연구기관들이 활용하고 있는 수요분석모델이나 가격결정이론, 그리고 버블효과이론 등으로는 설명이 부족하다는 판단을 하게 되었고 새로운 접근방식의 필요성을 느끼게 되었다.

새로운 접근방식이란 집값문제 해결의 큰 그림인 서울·수도권 가격구조 형성과정을 살펴보는 것이었으며 이를 위해 하나의 가설을 설정하였다. "서울시 특정 지역의 주택가격이 서울 및 수도권 전체의 주택가격을 견인하고 있다."라는 가설은 필자의 평소 생각이었으며, 많은 전문가들도 궁금해 하는 부분이었다.

3.2 서울·수도권의 실질수요

1) 실질주택수요에 대한 이해

우리나라는 어느 정부를 막론하고 '1가구 1주택'이라는 용어를 오용 내지 남용함으로써 마치 모든 가구가 내 집을 갖게 하겠다는 정책을 1주택보다 더 가지면 투기라고 하여 국민의 도덕성에 호소하는 정책을 오랫동안 쓰다 보니 이제는 이념화되어서 대통령비서실이 직접 나서서 1주택 이상을 갖고 있는 공직자는 집을 팔라고 하고, 안 팔겠다고 버티던 청와대 수석이 공직을 사퇴하는 해프닝까지 벌어졌다.54) 이렇게 이념화된 주택정책으로 인해 실질수요는 의도적으로 제외함으로서 주택정책이 왜곡되어 온 것이다.

따라서 필자는 주택시장에 실제로 존재하는 주택구입 및 임차에 대한 실제적인 수요를 실질주택수요라는 의미로 사용해야 하며 이를 정확히 파악해야 효과적인 주택정책이 펼쳐질 수 있다고 보았다. 여기서 유효주택수요와 혼돈할 수도 있는데, 이것은 계약여건이 주어지면 금전적 지출이 가능한 상태의 수요를 말하지만, 실질주택수요라 함은 장래 주택구입 및 임차에 대한 관심 있는 수요를 말하며,55) 지역특성을 고려한 맞춤형 주택정책을 수립하는 데 필수적인 역동적 수요이다.

2) 실증적 접근

실질주택수요에 대한 실증을 위해 서울·수도권 총 1,500명의 일반인과 전문가를 대상으로 설문조사를 실시한 결과, 향후 주택구입희망지역으로 서울의 동남권이 42.6%로 가장 높고, 그 다음으로 강북의 도심권이 17.3%, 서북권 15%, 서남권 12.9%, 동부권 12.1%의 순으로 나타났다.

주택구입희망지역을 선택한 이유는 직주근접이 27.8%로 가장 높고, 그 다음이 재테크 19.7%, 노후대비 17.1%, 지인근처 12.9%, 거주자부심 10.8%의 순으로 나타났으며, 의외로 교육문제는 8.9%에 불과했다.

〈그림 6-4〉 서울·수도권 주택구입희망지역 선호이유 및 선호도

연령별 현황		향후 서울 내 주택 구매 희망 지역					향후 서울 내 주택 구매 희망지역 선택 이유						
		동남권	서남권	동북권	서북권	도심권	직장/사업장 출퇴근	자녀교육/육아 문제	부모/형제 가까운 지역	자녀 상속/증여	부동산 재테크	대상지역 거주 자부심	노후생활 만족도
20대	89명	32	11	12	15	19	26	3	16	0	28	12	4
		36.0%	12.4%	13.5%	16.9%	21.3%	29.2%	3.4%	18.0%	0.0%	31.5%	13.5%	4.5%
30대	210명	76	30	33	37	34	80	22	31	3	46	19	9
		36.2%	14.3%	15.7%	17.6%	16.2%	38.1%	10.5%	14.8%	1.4%	21.9%	9.0%	4.3%
40대	257명	101	36	38	35	47	80	47	25	3	45	27	30
		39.3%	14.0%	14.8%	13.6%	18.3%	31.1%	18.3%	9.7%	1.2%	17.5%	10.5%	11.7%
50대	307명	152	32	29	44	50	74	16	36	13	64	34	70
		49.5%	10.4%	9.4%	14.3%	16.3%	24.1%	5.2%	11.7%	4.2%	20.8%	11.1%	22.8%
60대 이상	175명	81	25	14	25	30	29	4	26	10	22	20	64
		46.3%	14.3%	8.0%	14.3%	17.1%	16.6%	2.3%	14.9%	5.7%	12.6%	11.4%	36.6%
합계	1,038명	442	134	126	156	180	289	92	134	29	205	112	177
		42.6%	12.9%	12.1%	15.0%	17.3%	27.8%	8.9%	12.9%	2.8%	19.7%	10.8%	17.1%

　　다음 세 가지로 실증분석의 시사점을 정리했다. 첫째, 권역 간 사다리현상의 심화[56]로 서울·수도권의 주택수요는 서울의 동남권에 진입하기 위한 대기수요로서 존재하며, 1~2기 신도시가 늘어날수록 대기수요가 확대되는 측면이 있다는 것을 알게 되었다. 둘째, 신도시를 건설할수록 서울진입 대기수요가 수도권 제1순환고속도로와 제2순환고속도로 사이에 존재하는 네크링 현상[57]이 심화되고 있으며, 인구감소시대가 오면 제2순환고속도로 주변의 신개발 시장과 임대시장의 불안이 한층 가중될 것으로 분석되었다.[58] 셋째, 서울의 동남권이라는 특정지역에 대한 대기수요가 네크링 안에 거주

하는 약 500만 명의 42.6%로 볼 때, 5년 내에 지어야 할 주택이 85만2천호, 연간 최소 17만호가 공급되어야 하는 것으로 분석되었다.

〈그림 6-5〉 권역 간 순차적 대기수요 발생도

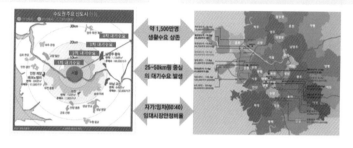

이 수요도 수도권 전체를 모수로 넣어 계산해보면, 연간 51만호의 주택이 필요하며, 1인 세대의 급증 추세를 감안하면 더 많은 주택이 필요하다. 현재 정부는 5년 내에 35만호를 공급하고,[59] 11만호의 전세, 월세 임대주택을 공급하겠다고[60] 발표하였는데, 이 발표가 실효성이 있다고 하더라도 턱없이 모자라는 실정이다. 그러나 한국감정원에서는 서울 전체의 연간 필요 주택호수는 상한 9만8천호, 하한 6만9천호, 평균 8만4천호만호로 예측하고 있어서 실질 주택수요와는 거리가 멀다.[61] 더구나 살고 싶은 서울 동남권 지역에 집중적으로 공급하지 않는 한, 동심원 가격구조 하에서는 집값의 상승을 억제하기는 한계가 있을 것이라고 본다.

〈그림 6-6〉 권역 간 대기수요 및 실질주택공급 필요수량 구조도

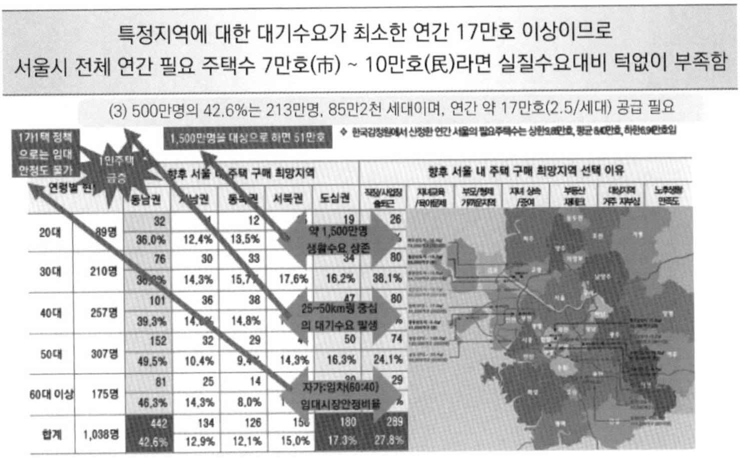

3.3 실질수요와 공급 대책

1) 왜 가격구조론인가?

우리나라 주택정책이 매번 헛발질을 해왔기에 정부가 하라는 대로 하지 말아야 돈을 번다는 국민적 비아냥거림이 나올 정도이다.[62] 특히 서민계층과 주거약자를 위한 주택정책을 표방하며 탄생한 정부일수록 더 높은 주택가격 폭등을 가져왔고, 주택가격의 양극화가 보다 심화되었다.[63] 정부는 연일 거듭되는 비판에도 곧 효과가 나타날 것이라고 주장하는 것을 보면 자신들의 정책이 잘 될 것으로 믿고 있는 것 같아 의아스럽다.

2000년대 초의 주택시장은 거품론과 불패론이 팽팽하게 대립

되던 시절이었다. 어떤 이가 필자에게 질문한다. "언론에 따르면 지금 주택가격에 거품이 심할 뿐 아니라, 앞으로 집값이 올라가지 않는다던데 집을 팔고 전세로 들어가고, 남은 돈으로 주식을 하는 게 현명한 판단이 아닌가요? 아내가 매우 궁금해 해요." 그는 정부의 말을 믿고 이미 집을 판 분이었다. 자신의 선택에 대해 불안해서 물어보는 것이었다.

이러한 유형의 질문을 수없이 받았다. "우리나라 부동산시장에는 거품이란 것은 존재하지 않는 것 같습니다. 거품인가 했는데 이것이 곧 실제 가격이 되니까요. 시장에 거품이 있다는 것은 그만큼 미래가치가 존재하고 있다는 증거이기도 합니다. 거품론과 불패론은 믿음과 같죠. 집값이 하락하기를 바라는 사람들은 거품론을 믿고 싶고, 올라가기를 바라는 사람들은 불패론을 믿고 있을 뿐입니다. 거품이란 용어는 매우 정치적인 용어입니다. 톡 건드리면 쉽게 꺼질 것 같은 느낌을 주니까요. 서울·수도권의 부동산시장에는 풍선효과라는 말이 더 맞을 겁니다. 우리나라 주택시장은 풍부한 유동성에 늘 공급이 부족한 상태라고 보는 시각을 갖는 게 더 타당합니다."라고 대답한 적이 여러 번 있다.

국토연구원의 한 연구보고서에 따르면, LPPL 분석결과 세종을 제외한 서울과 강남 4구에서 거품국면 진입 시 나타나는 모수 추정치 범위 내의 분석결과값이 도출되어, 강남을 포함한 서울지역의 주택가격에 거품이 존재할 가능성이 있는 것으로 나타났으나, 이 연구의 결과는 주택 및 임대가격을 사용하여 가격 움직임을 기초로 거품을 포착하는 방법론을 통해 분석한 결과로, 검증기법의 한계로 인하여 주택시장의 수요와 공급요인 등 시장 상황을 반영하지 못한 한계를 지닌다고 설명하였다.[64] 결국 서울·수도권의 주택시장 및 주택가격구조를 종합적으로 판단하지 못한 결과라고 볼 수 있다.

거품을 새롭게 정의하자면, "거품이란 가치와 가격 사이에 존재하는 투자요인이다." 이것이 지난 20여 년간의 거품현상을 설명하기에 더 타당하다는 것이 필자의 생각이다. 거품이 끼었다는 판단에 따른 수많은 정책이 오류를 드러냈기 때문이다. 거품론이 당국자의 입에서 자주 등장할 때, 집값이 하락한 사례는 외환위기와 세계경제위기를 제외하고는 거의 없었다. 얼마 지나지 않아서 예전의 가격을 가파르게 회복했고 추가 상승이 발생하기도 했는데 이 현상을 '고속도로 정체효과'[65]라고도 불렀다.

가격구조론은 주택안정화 정책을 위해 동분서주하는 정책입안자들과 전문가들이 필히 알아야 하는 논리이다. 사석에서 만나보면, 다 알고 있지만 정부의 정책방향에 맞추다보니 우왕좌왕하는 것 같다는 생각도 든다. 손을 대면 댈수록 커지는 것이 주택가격이라는 말이 있듯이 시장에 맡기는 것이 가장 좋은 주택정책이다. 수요와 공급의 논리로만 보면 공급에는 시간적이고 물리적인 한계가 있으니까 수요를 잡으면 되지 않을까 하는 것이 일견 합리적이다. 하지만 주택시장은 수요와 공급의 논리로만 작동하지 않기 때문이다.

본 장에서는 정부정책별 집값 변화에 관해서는 다루지 않았지만, 합리적인 주택 안정화 정책을 펴기 위해서는 앞에서 설명한 전통적 지대이론을 포함한 최소한의 7가지 가격구조를 잘 이해해야 할 것이다.

2) 실질수요를 외면한 정책의 실효성

실질수요를 기반으로 주택정책을 펴지 않으면 실효성이 없다는 것이 필자의 연구에서 극명하게 드러났다. 아주 기초적 연구였지만, (사)건설주택포럼과 한국주택협회가 공동주최한 "서울 집값 잡을 수 있는가?"를 주제로 한 세미나 이후에 공급정책으로 정부가 돌아선 것은 매우 다행이라고 생각한다. 그러나 아직도 실질수요에 관해 깊이 다루고자 하는 연구기관이나 정부의 노력은 보이지 않는다. 1가구 1주택 이상은 투기수요라고 보는 이념적 주택정책이 몰고 온 부작용에 대한 명철한 분석이 필요하다. 시장은 도덕성을 기반으로 움직이는 곳이 아니다. 국민의 기본적 욕망을 막으려는 무리한 시도는 자유민주주의와 자유시장경제의 국가체제를 유지하고 있는 한 마찰이 일어나기 마련이다.

작금의 집값 폭등의 원인을 부동산시장의 실패라고 보고 정부가 시장에 개입해야 한다는 케인즈 학파적 논리는 우리나라 주택시장의 구조와는 맞지 않는다. 이것을 인지하지 못한 상태에서 주택정책을 펼수록 또 다른 부작용을 나을 수밖에 없다. 동심원가격구조가 고착화된 서울·수도권의 주택시장은 한마디로 서울의 특정지역에 진입하기 위한 대기수요 시장이다. 사는 동네와 집이 계층이 되어버린 것이다. 대기수요가 곧 실질수요인 것이다. 특정지역에 들어가고자 하는 욕구를 막겠다는 것이 현 정부정책의 핵심인 듯하다. 어떤 고위급 정치인이 "모든 사람, 강남에 살 이유 없다"[66] "아파트 환상을 버려야"[67]라는 말을 거침없이 쏟아내고 있는데 이것은 모두 국민의 욕구를 애써 외면하고 있는 것이다. 정치적 수사로 실질수요를 누르겠다는 것이며, 이런 인식으로는 인구 2,500만 명이 반포지역을 중심으로 70Km 정도에서 특정지역을 향한 대기수요로 모여살고 있는 현실을 타개할 정책을 수립하기는 역부족일 것이다. 더군다나 인구감소의 시대에 지방의 많은 젊은이들이 서울·수도권으로 몰려들고 있어 서울·수도권에서는 인구가 감소할 것으로 예상하는 2028년 이후에도 인구가 크게 줄어들지 않을 것이다. 더 넓게 보면 전국이 서울·수도권 특정지역의 대기수요 시장이라고 보아도 과하지 않을 것이다.

3) 실질수요와 공급대책

실질수요와 가격구조이론에 관해 명확히 인식한다면, 자연스럽게 특정지역의 집값이 서울·수도권 및 전국의 집값 상승의 원인이 된다는 것을 알게 되고, 이 특정지역의 집값이 왜 지속적으로 상승하는지도 깨닫게 될 것이다. 특정지역에 대한 실질수요가 존재하는 한, 이 지역의 집값은 떨어지지 않을 것이다. 그렇다고 이곳에 무제한으로 주택을 공급할 수는 없다. 따라서 제2, 제3의 강남과 같은 지역이 나와야 하는 것이다.

첫째, 제2, 제3의 강남은 어디에 어떻게 만들 것인가? 다음은 한경머니의 인터뷰에서 밝힌 내용이다.[68]

"강남이 하루아침에 만들어진 게 아닙니다. 오늘날 부의 상징이 된 강남의 모습은 1970년대 시작해서 50년 걸렸습니다. 그런데 집값에 대한 우려로 재개발·재건축이 묶여 있다 보니, 지역별 양극화가 점점 커지고 있습니다. 제2, 제3의 강남 후보지는 많습니다. 서울 전역이 가능합니다. 특히 잠재력이 높은 지역이 마·용·성(마포, 용산, 성동)이고, 강남에서 20~30분 이동 가능한 염·당·흑(염창, 당산, 흑석) 지역을 주목하고 있습니다. 노·도·강(노원, 도봉, 강북)도 좋은 후보지입니다.

오늘날 강남은 엄청난 재정과 민간의 투자가 이뤄진 결과입니다. 다른 지역도 용적률을 높이고, 스마트 기능을 넣고 경쟁력을 높여 주면 '제2의 강남'이 될 수 있습니다. 이를 위해선 국토교통부는 큰 틀만 제시하고, 각 구 단위로 도시계획에 대한 자율성이 주어져야 합니다. 이를테면 마포구, 영등포구, 노원구 등

이 경쟁적으로 각 구의 현실에 맞는 경쟁력 있는 주거공간을 만

〈그림 6-7〉 실질수요와 주택정책 관계도

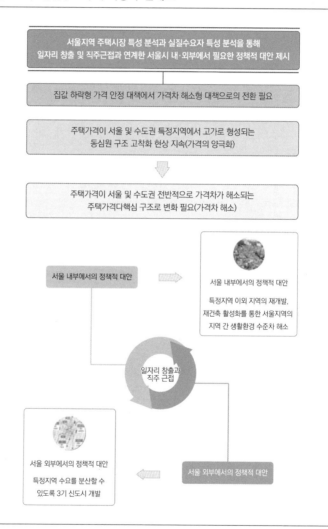

들도록 지원해야 합니다."

둘째, 정부의 주택정책 파라다임이 혁신적으로 바뀌어야 한다. 현재의 집값 하락형 가격안정정책에서 가격차 해소형 대책으로 전환이 필요하다는 것이다. <그림 6-7>에서 보듯이 주택가격이 서울 및 수도권 특정지역에서 고가로 형성되는 동심원구조가 고착화되는 현상이 지속되는 이른바 가격의 양극화 현상을 탈피하는 것이 급선무라고 본다. 가격의 양극화가 가격의 급등보다 더 서민들을 화를 돋우기 때문이다. 따라서 정부의 정책은 주택가격차를 해소하는 정책으로 전환되어야 한다. 이것은 특정지역에 양질의 주택이 많이 공급될 것이라는 시그널과 시민들이 현재 살고 있는 지역이 특정지역만큼 살기 좋은 곳이 된다는 확신이 들도록 해야 한다는 것이다.

서울 내부에서의 정책방향은 설문조사에서 나타난 국민의 요구인, 일자리 창출과 직주근접이라는 대명제아래, 강남 등 특정지역 이외의 지역의 재개발, 재건축 활성화를 통한 서울지역의 지역 간 생활환경 수준의 차를 해소하고, 서울 외부지역에서는 강남 등 특정지역에 대한 실질수요를 분산할 수 있도록 3기 신도시 등 신개발정책을 수립(윤주선, 2020)해야 할 것이다.

"1기와 2기 신도시가 베드타운의 기능을 했다면, 3기 신도시는 미래 삶의 방식을 담을 수 있어야 합니다. 신종 코로나바이러스 감염증(코로나19)으로 앞당겨진 뉴노멀 시대는 2025년에는 주택시장에서도 본격화될 것입니다. 1인 가구의 보편화, 저성장에 따른 고용 절벽, 인구 감소의 본격화 등을 고려한 복합적 토지 이용 계획과 자율주행 시대, 드론 등 미래 교통 계획도 반영해야 합니다. 지금과 같은 주택공급 목표에 국한된 도시계획으로는 미래의 삶을 담기가 어렵습니다.

어떤 도시는 24시간 재택근무가 가능한 도시, 어떤 도시는 모든 시민이 일자리를 갖는 도시, 어떤 도시는 한 가구도 집 없는 가구가 없는 도시 등 구체적인 목표를 세워야 서울과 경쟁력을 갖게 되며, 서울의 대기 수요가 아닌 그 도시에 살고 싶은 시민들로 가득 차게 될 것입니다.

만일 3기 신도시도 1·2기처럼 베드타운이 되면 뉴노멀 시대 어려움은 더욱 커질 수 있습니다. 입주 당시에는 컨벤션 효과로 가격이 올라가는 현상이 있겠지만, 자족 기능을 해결하지 못하면 머지않아 가라앉을 겁니다. 일본의 외곽 신도시들이 침체를 맞은 요인과 같습니다.

우선 수도권광역급행철도(GTX)와 같은 광역교통의 비용입니다. 일본의 경우 교통비를 감당하기 힘든 청년들이 다시 도심으로 유턴하면서 침체가 시작됐습니다. 또 하나는 임대주택 비율입니다. 일본도 우리나라도 임대주택을 많이 지었습니다. 임대주택은 시간이 흐를수록 주거환경이 나빠지고, 그것은 임차인들의 거주 욕구를 낮추면서 악화의 길로 접어드는 요인이 됐습니다. 공공임대주택 중심의 개발은 제3기 신도시의 미래를 악화시킬 우려가 있습니다."

셋째, 다음은 우리나라 주택문제의 근본적 해결을 위한 방안으로 국민주택보험제도를 제안하고자 한다. 이에 대한 한경머니의 인터뷰기사(윤주선, 2020)를 실으면서 필자의 의견을 마무리하고자 한다. 이 정책은 정부가 국민들이 진입하고자 하는 특정지역에 주택을 대량으로 공급하기 위한 밀도규제의 완화, 초고층 주택의 건설 등에 대한 해법이 될 수 있을 것이다.

"현재 국민연금, 건강보험, 고용보험, 산재보험 등 4대 보험이 있습니다. 여기에 '국민주택보험'을 추가해 '5대 보험'의 시대를 제안합니다. 구조는 기존 4대 보험과 같습니다. 직장에 다닐 때는 가입자와 고용주가 나눠 부담하고, 일정한 나이나 기준에 도달한 세대주에게 사망할 때까지 살 수 있는 주택을 제공하는 것입니다. 특정 계층만 가능한 현행 임대주택과는 차이가 있습니다. 도심 고밀개발의 명분도 생기고, 소셜 믹스의 부작용 우려도 적습니다. 지방자치단체가 용적률을 높여주고, 현행보다 높아진 용적률로 공급되는 주택의 50%는 국민주택보험을 위한 집으로 공급하도록 하면 효과를 극대화할 수 있습니다.

우리나라 수도권은 현재 반경 70km 안에 2,500만 명이 몰려 사는 세계에서도 유례를 찾기 힘든 특수성이 있습니다. 현실적으로 어느 정부도 집값 급등의 진원지가 되는 서울 강남권에 매년 17만 호를 공급할 수 없고, 그럴 땅도 턱없이 부족합니다. 젊어서는 셋집에 살더라도 노후에는 누구나 살 수 있는 주택이 준비된다면, 주택 투기의 개념도 약화될 수 있습니다. 과거 경부고속도로 건설을 추진했을 때, 그리고 국민건강보험 제도와 국민연금 제도를 도입하던 당시를 떠올려 보세요. 고질적인 주택시장 불안을 해결하기 위해 '백년대계'를 준비해야 합니다."

1) 광교저널, '용인·고양·수원·창원 4개시, '100만 대도시 특례시 법제화 정책토론회' 개최, 2019.3.27.
2) 세계의 도시들이 '시티노믹스'를 추구하는 것은 도시 경쟁력이 곧 국가 경쟁력이 되는 시대가 됐기 때문이다. 매일경제, 2008.8.
3) 윤주선, '무주택자와 중산층 잡는 12·16대책', 문화일보 [포럼], 2019.12.18.
4) 김은혜, '6.17부동산 대책 3040세대 주거 사다리 걷어차', 매일경제, 2020.6.19.
5) 윤주선, 'PPT로 쉽게 배우는 부동산마케팅론', 넷피플, 2019.7.
6) 헤도닉 가격 모형(hedonic price model)은 환경의 이용가치를 암묵가격에 의해 추정하는 방법으로서 사용가치의 비시장가치평가의 범주에 들어간다(경제학사전, 박은태, 경연사. 2011.3).
7) Dippasquale·Wheaton의 4사분면 모형은 부동산시장을 자산시장(매매시장)과 공간시장(임대차시장)으로 구분하고 이를 다시 단기시장과 장기시장으로 나누어 전체 부동산시장의 작동을 설명하는 모형이다. 이 모형은 임대료, 자산가격, 신규건설, 공간재고 등의 4개 변수가 내생적으로 어떻게 결정되는지를 보여준다. [출처] 부동산 시장론, 김강산, https://blog.naver.com/kks411/222092289196
8) 주택은 다양한 요소의 조합으로 이질적인 재화의 특징을 가지며, 주택이 거래되는 주택시장도 일정한 군집으로 나누어지게 된다. 이러한 현상을 주택시장의 계층화(stratification), 분화(segmentation), 하위시장(sub-markets)이라고 지칭하고 있다(서울시 아파트가격결정요인에 관한 연구, 김기홍, 2006).
9) 윤주선 외, '부동산개발실무16강', 넷피플, 2013.1, 83~92쪽.
10) MBC뉴스, '부동산 대책…"투기 강력 조치" vs "세금 더 걷는 정책" 오현석, 2018.9.14.
11) 연합뉴스, '전세난이 밀어 올린 집값…전국 아파트값 8년 반 만에 최고 상승', 김동규, 2020.11.19.
12) 이데일리, '집값 양극화 더 심해졌다…작년 상위 10% 평균가격 11억 돌파' 한광범, 2020.11.17.
13) YTN, '이해찬 교섭단체 대표연설... "포용 성장으로 4만 달러 시대", 2019.9.4.
14) 한국경제, '시중 유동성 3,115조 원…단기자금은 1,800조 원 넘어', 김익환, 2020.11.13.
15) 파인낸스 투데이, "'경기 최고 청약률' 과천푸르지오오르투스 당첨 최고 74점', 김태호, 2020.11.12.

16) 윤주선, '서울 집값 잡을 수 있는가?', (사)건설주택포럼 세미나자료, 2020.6.26.

17) 예비타당성 조사제도, 시사상식사전, pmg 지식엔진연구소.

18) 성장거점(Growth Poles), https://blog.naver.com/marunet3142/60064713931

19) 낙수효과(trickle-down effect), 한경 경제용어사전, 하방침투효과라고도 함.

20) 토마 피게티(안준범 옮김), '자본과 이데올로기' 문학동네, 2020.5, 72~76쪽.

21) 성경 민수기18장 21~24, 12지파 중 레위지파의 기업은 성막제사를 관장하는 일이었다.

22) 토마 피케티(장경덕 외 옮김) '21세기 자본', 글항아리, 2014.9, 638쪽.

23) 아시아경제, '공시가격 현실화發 '세금폭탄'…세입자에 전가 우려' 유인호, 문제원, 2020.11.4.

24) 조세의 전가: 조세전가의 형태에는 전전, 후전, 갱전, 소전 및 조세환원 등이 있다. 먼저 전전이란 교환거래과정에 있어서의 전위자에 대한 조세부담의 전가를 말한다. 후전이란 전전과는 반대로 거래상의 전위자로부터 후위자에게 조세부담이 이전하는 것을 말한다. 갱전은 전전 또는 후전이 각기 연속적으로 일어나는 현상이다. 소전은 생산자가 경영개선 또는 합리화 등에 의하여 비용을 절약하고 부과된 조세의 실질적인 부담을 회피하는 현상이다. 따라서 조세는 납부되지만 그 실질적 부담자는 존재하지 않는 것으로 볼 수 있다. 소전은 생산과정에서 일어나며 전전·후전과 같이 교환과정에서 일어나지 않는다는 데 그 특징이 있다. 마지막으로 조세환원이란 미래의 재화소유자가 부담할 조세를 현재의 소유자가 부담하는 데서 발생하는 전가현상의 일종이다. 상술한 것처럼 조세의 전가란 시장의 가격기구를 통해서 직접적 화폐부담이 이전되는 현상을 말하는데 그 전가의 정도는 시장의 여건과 재화의 성질에 따라서 좌우된다(매일경제, 매경닷컴)[네이버 지식백과].

25) 곧장배기 블로그 참조: https://blog.naver.com/sanskysea/221361853807

26) [아시아초대석] '전문가 무시한 부동산정책 남발…文정부는 아마추어', 김현아 인터뷰, 2020.9.7.

27) 뉴스핌, '공인중개사도 임대차3법 '반발'... "임차인에 불이익 전가될 것"', 2020.8.4.

28) 한국경제, '월세전환 늘자 또 땜질처방 "새 임차인 받을 때 전·월세 폭등할 것"', 최진석, 서민준, 2020.08.19.

29) 서울경제, '조세 부담 월세전가 시작됐다…전문가들의 '섬뜩한 경고'[집슐랭]', 2020.11.9.

30) 독자들의 이해를 돕기 위해 4사분면 모형이라는 어려운 용어보다 시장연동 이론이라고 표현함.

31) 이현석, '공간시장과 자본시장의 연결관계를 고려한 부동산시장 구조분석',

부동산학연구 제7집, 제1호, 2001.

32) 윤주선, '민관협력형 도시개발사업 계획체계 및 균형발전모형에 관한 연구', 홍익대 박사학위논문 1995.12, 1~2쪽.

33) 인터넷월요신문(http://www.wolyo.co.kr)

34) 2018년 12월 기준, 유럽의 자가보유율은 독일(51.5%), 오스트리아(55.4), 덴마크(60.5), 네덜란드(69%), 이탈리아(72.4%), 벨기에(72.7%), 그리스(73.5%), 포루투칼(74.5%), 스페인(76.3%)로 경제력이 높을수록 자가보유율이 낮아지고 있음을 알 수 있다. 2015년, 기준 미국은 63.4%. 일본은 61.9% 정도이다.
※ 참고: 수처작주 블로그: https://blog.naver.com/comeaboard/ 221730351122

35) 머니투데이, '"호텔방을 전셋집으로" 전세난 막을 '영끌대책' 19일 발표', 권화순 외, 2020.11.17.

36) 동아닷컴, '홍남기 "향후 2년간, 임대주택 11만4000가구 공급"', 최윤자, 2020.11.19.

37) 윤주선, '홍남기 권리금과 주거의 질 저하', 문화일보, 2020.11.2.

38) 국토연구원, '현대 공간이론의 사상가들', 한울아카데미, 2018.11.

39) 강창덕, '가로망 공간구조 특성이 토지가격에 미치는 영향' 서울도시연구 제16권 제4호, 서울연구원, 2015.12.1.

40) 이석희·최진호, '미시 도시공간구조 분석과 지가에 대한 영향', 부동산분석 vol.3, no.2, 한국감정원, 2017.

41) 김경민·신상묵, '물리적 도시공간구조가 상업용 부동산시장에 미치는 영향', 한국경제지리학회지 16권1호, 한국경제지리학회, 2013.3.

42) 윤주선, '간선가로변 획지 및 가구의 형태결정요인에 관한 연구', 홍익대 석사학위논문, 1986.12.

43) 윤주선, '서울시 권역별 실질주택수요 기초조사 연구', 건설주택포럼세미나자료집, 2020.6.26.

44) 한겨레, '상위10% 집값 1년 새 1억 오를 때, 하위10% 집값은 100만 원 올랐다', 이경미, 2020.11.17.

45) 중앙일보, '은마 시세 40% 뚝 ⋯ 집값 잡은 유일한 사례, 분당 어땠길래', 안장원, 2020.7.22.

46) 조선닷컴, '집값 폭락의 불똥이 이젠 토지 시장으로 튀고 있다. 개인 대상 토지 분양도 사정은 마찬가지. 지난달 경기도 성남 판교신도시에서 나온 단독주택 용지는 122필지 가운데 무려 35필지가 미달됐다.' 땅집고, 탁상훈, 2008.11.2.

47) 닥터아파트: http://www.drapt.com/family_new/index.htm?page_name=hm_bbs_view&uid=8194&menu_key=

48) 서울특별시, '가을이사철이 두렵다', 내손안에 서울, 서울톡톡 박혜숙, 2012.9.4.

49) KB국민은행 부동산통계정보, '월간 아파트 전세가격 동향', 2013.11월 기준.

50) 한국경제, '남양주 아파트값 20.6% 올라…올들어 경기도 상승률 1위', 정연일, 2020.9.4.

51) 구 도시재개발법 제2조 7항: '순환재개발방식'이라함은 재개발 구역의 일부 지역 또는 당해 재개발 사업지역외의 지역에 주택을 건설하거나 건설된 주택을 활용하여 재개발구역을 순차적으로 개발하거나 재개발구역 또는 재개발 사업시행지구를 수개의 공구로 분할하여 순차적으로 시행하는 재개발방식을 말한다. 출처: https://blog.naver.com/marunet3142/60064714026

52) 뉴스2데이, '깊어지는 전세난, 재건축 완화 등 공급 확대가 시장의 대책', 최천욱, 2020.11.2.

53) 설문조사 대상: 서울 및 인천, 경기에 거주하는 일반인 및 도시/부동산/건설 관련 실무 전문가
   • 조사기간/방법: 2020년 5월 25일~6월 14일(3주)/설문조사 전문업체인 EZ서베이에 의뢰
   • 유효표본: 설문응답자 총 1,450명/결측치 및 이상치 제거 412명/최종 유효표본 1,038명(일반인 910명/전문가 128명)

54) 일요신문, '국민들에겐 집 팔라더니… 다주택 보유 고위공직자의 이중행보 왜?', 2018.1.27.

55) 유효주택수요는 분양시장에서 주로 사용되며, 실질주택수요는 주택정책에서 사용되기에 적합하다.

56) 이 현상은 수도권 외곽 → 서울 인근 → 서울 외곽 → 서울 중심으로 이동하는 것을 말함.

57) 제1~제2순환고속도로 사이 지역의 양호한 교통여건으로 신개발이 구슬목걸이처럼 달리는 현상.

58) 1980년대 건설된 일본의 신도시가 잃어버린 20년 동안 젊은 층이 대도시로 이동한 유턴 현상 발생.

59) 조선비즈, '정부 "서울에 36만호 공급"… 이중 60%는 2023년 다음 정권에서나', 이민아, 2020.8.13.

60) 한국경제, '홍남기 "2년간 주택 11만호 공급…공급 부족 해소될 것", 강진규, 2020.11.19.

61) 부동산 114 Reps 통계 데이터 참고.

62) 노컷뉴스, '정부정책 믿다가 발등…불신 증폭', CBS특별취재팀, 2007.11.28.

63) 이데일리, '"6억 올랐는데"…김광규가 끝내 못산 아파트는 어디?', 정두리, 2020.10.5.

64) 최진, '아파트가격거품 검증과 시사점(2012년~2020년 1월), 국토연구원, 2020.9.24.

65) 고속도로가 정체되어 있다가 뚫리면 지체된 시간을 회복하기 위해 급히 달리는 차들이 많다.

66) 장하성, "모든 사람, 강남에 살 이유 없다"는 장하성 발언 분노하는 이유, 세계일보, 2018.9.11.

67) 진선미, "아파트 환상 버려야…임대로 주거 질 실현 확신", 연합뉴스, 2020.11.20.

68) 윤주선, "제2·3의 강남 만들어야 집값 잡힌다", 한경머니 제186호, 줌인터뷰, 2020년 11월호.

제 **7** 장

고밀화와 토지·주택부문의 불평등 해소[1]

서울 집값, 진단과 처방

1. 문제 제기

주택문제와 관련해 빠질 수 없는 주제가 개발이익과 '불로소득'이다. 개발이익 문제가 이렇게 큰 관심을 모으는 것은 무엇보다 서울에서 아파트를 개발하면서 작지 않은 개발이익이 발생하고 개발자가 이 이익 상당 부분을 차지하면서 발생하는 논란 때문이다. 당연히 그 처방은 과세를 통한 개발이익의 환수다. 따라서 도시화 시대에는 계획이 주가 되고 토지조세가 종이 되지만, 도시화 이후 시대에는 토지조세가 주가 되고 계획이 종이 되어야 한다는 주장은 설득력이 있다.

과연 그러한가? 만약 높은 개발이익이 밀도규제 때문이라면 이야기는 달라진다. 즉 서울 전역에서 아파트 용적률을 10%만 올려 아파트를 공급하면 아파트값이 작게는 20% 크게는 50% 이상 떨어진다면 이야기는 완전히 달라진다. 환수할 개발이익의 규모가 현저하게 줄어들기 때문이다. 유동성 사례에서 본 것처럼 밀도규제 완화가 개발이익과 '불로소득'을 줄이는 데도 그 효과가 탁월하다. 만약 밀도규제 완화의 효과가 이렇게 높은 것이라면 토지공개념과 부동산의 탈상품화 논의의 전제, 즉 토지·주택부문발 불평등 담론의 전제를 재검토해야 할 이유가 하나 더 는다.

개발이익과 '불로소득'이라는 화제는 진보계열 학자들이 정상적인 토지공개념을 넘어 토지의 탈상품화가 불가피하다고 주장할 때 사용하는 현실적 논거들이다. 개발이익이 부동산 소유자의 노력에서 발생한 것이 아닐 때 이 개발이익은 불로소득을 포함하게 된다. 이 개발이익을 환수 혹은 제거하는 수단으로서 밀도규제가 얼마나 효과적인지 계산하고 그 결과를 현 제도하에서 환수 혹은 제거가능한 규모와 비교한다. 유사한 계산을 주택관련 정부 프로그램에 대해서도 해본다. 또한 2010년 중반 국내외에서 큰 반향을 일으켰던 피켓티의『21세기 자본론』속 주요 불평등 지표가 밀도규제 완화를 통해 얼마나 개선될 수 있는지에 대해서도 알아본다. 만약 집값 하락효과가 그 정도라면 이들 지표들도 의미 있게 개선되어야 할 것이다. 이러한 논의를 토대로 진보계열 주도 토지·주택부문 불평등 담론이 실천론으로서 어떻게 한국 사회의 불평등을 자기 강화하는지 동학적(動學的) 관점에서 비판한다. 끝으로 이들 전면적 혼란이 사회과학에서 말하는 인과론적 명제의 부재, 즉 비과학에서 발생하고 있다는 점에 대해 설명한다.

2. 개발이익 및 '불로소득' 감소 효과

　남기업 외(2017)는 귀속임대료를 '불로소득'의 일부로 간주하고 2015년 기준 전국 통계를 <표 7-1> 1열과 같이 추정한다. 국토교통부에서 매년 발표하는 전국 공시지가 조사결과 보도자료에 따르면 서울 토지재고의 가격은 전국 토지재고 가격의 30%에 달한다. 이 30%를 전국 자료에 곱하면 서울 소재 부동산에서 매년 '불로소득'이 103.9조 원 발생한다(표 맨 아랫줄). 이제 이 103.9조 원 가운데 밀도규제 완화를 통해 얼마나 제거 가능한지, 그리고 그 크기가 기존 토지조세를 통해 제거 가능한 크기보다 얼마나 큰지 알아본다.

| ⟨표 7-1⟩ 개발이익(단위: 조 원/년)

		전국(a)	서울 (b)=0.3×(a)	용적률 상향 조정의 효과	광의의 개발이익 1.7% 환수시
주택	실현 자본이득	113.6	34.1	-8.1	-0.6
	순임대소득	67.4	20.2	-4.8	-0.3
	계	181.0	54.3		-0.9
비주거용 건물	실현 자본이득	64.5	19.4		-0.3
	순임대소득	61.2	18.4		-0.3
	계	125.7	37.7		-0.6
토지	실현 자본이득	48.8	14.6		-0.2
	순임대소득	-9.4	-2.8		+0.0
	계	39.4	11.8		-0.2
계		346.2	103.9	-12.9	-1.8

주: 표에서 주택은 아파트, 단독주택 등 모든 유형의 주택을 포함. 임대료에는 귀속임
대료가 포함됨.

2.1 개발이익 감소 효과

서울에서 현 아파트 재고의 20%를 더 공급하면 아파트 수요의
가격탄력성이 0.5일 때 아파트가격은 40%(a) 정도 떨어지고 임대소
득도 그에 비례해 떨어진다. 서울에서 주택재고의 시장가치에서 아
파트가 차지하는 비중이 60%(b)라고 보자. 밀도규제를 완화하여 아
파트를 20% 추가 공급할 때, <표 7-1>에서 주택의 실현 자본이
득과 순임대소득은 대략 (a)*(b)=40%*60%=24%씩 하락할 것이
다. 따라서 <표 7-1> '서울'열에 24%를 곱해 용적률 상향조정의

효과를 측정할 수 있다. 3열에 따르면 용적률을 상향조정해서 '불로소득'을 연간 12.9조 원 서울에서 제거할 수 있다.

안균오·변창흠(2010)은 조세와 각종 부담금을 통해 개발이익이 환수되는 규모를 추정한다. <표 7-2>는 이 논문에서 가져온 분류방식이다. 이들에 따르면 1999~2008년간 환수율은 최협의 개발이익 기준 0.1%, 협의의 개발이익 기준 0.4%, 광의의 개발이익 기준 1.7%이다. 개발이익(저량)은 개발 후 매년 발생하는 '불로소득(유량)'이 자본화된 값의 일부다. 편의상 개발이익과 '불로소득'이 개념상 같다고 하자. 그래서 <표 7-1> 3열 맨 아래 수치 12.9조 원을 분석목적상 유량으로서 개발이익이라고 해석하자. 이제 광의의 개발이익 환수율 1.7%를 2열 (b)에 곱하면 마지막 열에 있는 수치들을 구할 수 있다. 마지막 열 모든 수치를 더하면 연간 1.8조 원이라는 개발이익 추정치를 얻는다.

▌〈표 7-2〉 개발이익의 분류

구분	지가변동 요인	구분		
		최협의	협의	광의
토지 가치 증가	토지소유자에 의한 증가	X	X	X
	공공투자에 의한 증가	O	O	O
	토지이용계획의 결정/변경에의한 증가	X	O	O
	기타 사회·경제적 요인에 의한 증가	X	X	O

결국 밀도규제를 완화하면 현제도하에서 환수가능한 개발이익 1.8조 원/년의 7.2배에 달하는 12.9조 원/년을 줄일 수 있다. 그런데 밀도규제 완화의 효과는 매년 12.9조 원보다 더 클 것 같다. 그 이유는 다음과 같다. 첫째, 서울시의 최적 용적률은 현황 용적률의

1.5배 이상이다. <그림 3-6>에서 보았다. 표를 작성하면서 사용했던 용적률 상향조정 수치 20%보다 훨씬 큰 값이다. 서울시를 고밀화할수록 집값은 더 떨어지고 '불로소득'과 개발이익은 표에서보다 더 떨어진다. 둘째, 지금까지 논의하면서 아파트 수요의 가격탄력성이 0.5라고 가정했다. 김의준 외(2015) 표 5-2에 정리된 국내 통계는 최대 0.5(한 사례), 최저 0.11이고 대체로 0.2 전후의 값을 취한다. 만약 0.2라는 값을 가격탄력성으로 이용했다면, 탄력성이 0.5인 경우에 비해 집값의 변화율은 우리가 사용한 값의 $(1 \div 0.2) \div (1 \div 0.5) = 5.0 \div 2.0 = 2.5$배에 달한다. 이때 밀도규제 완화의 개발이익 감소효과는 7.2배가 아니라 $7.2 \times 2.5 = 18.0$배가 된다.

2.2 '불로소득' 감소 효과

기존 문헌에서 말하는 '불로소득'을 밀도규제 시각에서 비판적으로 재구성할 수 있다. <표 7-3> 1열에 남기업 외(2017)가 계산한 '불로소득'이 있다(전국 기준). 밀도규제는 정도의 차이만 있을 뿐 전국 대도시권 어디에서나 관찰되는 현상이다(이혁주(2020b) 그림 2 참고). 따라서 남기업 외(2017)의 전국 수치에 앞서 이용한 개발이익 감소 비율 24%를 적용해 남기업 외가 계산한 수치들을 하향 조정할 수 있다. <표 7-3> 2열이 새로 계산한 값들로서, 매년 불로소득 19.3조 원을 전국적으로 줄일 수 있다. 수치를 계산하면서 아래 가정을 이용했다.

- 아파트 재고의 시장가치가 전체 주택 재고 가치의 2/3
- 주택재고의 시장가격이 (주택+비주거용 건물+토지)의 시장

가격에서 차지하는 비중이 <표 7−1>에 따라 181.0÷346.2
=0.52

- 전국 대도시권 내 부동산의 시장가치가 전국 부동산 가치의
67%

▌〈표 7-3〉 부동산 '불로소득'(단위: 조 원/년, 전국 기준)

	남기업 외 (2017년)	수정 계산	
		용적률 상향조정의 효과	계산 근거
실현 자본이득	227.0	-12.7	227*0.24*2÷3*0.52*0.67
순임대소득	119.3	-6.6	119.3*0.24*2÷3*0.52*0.67
합계	346.1	-19.3	
합계÷GDP	0.221	-0.012	

밀도규제 요인을 고려해 '불로소득'을 다시 계산하면 남기업 외가
제시한 GDP 대비 22.1%에 달하는 '불로소득'을 22.1−1.2=20.9%로
낮춘다. 남기업 외가 제안한 국토보유세는 전국적으로 연간 30조 원
정도 징수한다. 이에 비해 밀도규제 완화는 보수적으로 잡아도 19조
원 이상 조세 저항 없이 시장의 정상화 과정에서 줄일 수 있다. 주
택수요의 가격탄력성 평균을 이용하면 연간 19조 원은 연간 50조
원이 되고, 불로소득을 GDP 대비 20% 아래로 내릴 수 있다.

- 퀴즈: 아파트 수요의 가격탄력성은 −0.1~−0.5로서 아파트 공
급밀도를 20% 높이면 집값 p는 최소 20%÷0.5=100%에서
20%÷0.1=200% 감소한다. 즉 아파트값은 0원 혹은 (−)값이 된
다. 다음 질문에 답하라.

1. 가격 하락폭을 현실적인 값으로 수정하라. 왜 이런 이상한 수치가 나오는지 설명하라.
2. 수정한 수치를 이용해 아래 링크에 나온 헨리 조지의 차액지대 환수론에 대해 코멘트하라.

https://www.youtube.com/watch?v＝sAzzB1DHKdA (유시민 작가의 알릴레오)

• 퀴즈: 3장 <그림 3−5b>에 따르면 서울 전역에서 밀도규제를 완화할 때 집값과 땅값이 모두 큰 폭으로 떨어진다. 다음 질문에 답하라.
1. 3장 <그림 3−2>는 밀도 상한을 5% 올렸을 때 서울 아파트값이 얼마나 떨어지는지 보여준다. <그림 3−2> 분석 맥락에서 <그림 3−5b>를 다시 그리라. 금융부문을 명시적으로 고려했을 때 밀도규제 완화의 집값 하락 효과는 훨씬 크게 나타나는 것으로 보인다. 왜 그런가? <그림 3−5>, <그림 3−6>이 틀린 수치인가?
2. 위 링크에서 논의한 차액지대 환수론에 대해 다시 코멘트하라.

• 퀴즈: 위 두 퀴즈에 대한 논의 결과를 종합해 차액지대 환수론에 대해 다시 코멘트하라. 마찬가지로 <표 7−3> "용적률 상향 조정의 효과"를 다시 추정하라. 고밀화의 '불로소득' 제거 효과는 늘어나나 줄어드나? 이 결과를 토대로 다시 "알릴레오" 참여 논객들의 주장에 대해 코멘트하라.

3. 고밀화와 각종 주택프로그램의 효과 비교

<표 7-4>는 서울시 아파트 단지 전역에서 용적률을 20% 올려 아파트를 공급했을 때 기대할 수 있는 효과를 보여준다. 이 표는 정식 연구의 결과라기보다 간단한 계산과정을 통해 얻은 결과다. 추후 연구를 통해 좀 더 다듬어야 하지만 밀도규제 완화의 효과가 다른 주택프로그램과 어떤 차별성이 있는지 잘 보여준다. 표에는 빈칸이 여러 개 있는데 독자가 상상력을 발휘해 채워보기 바란다.

<표 7-4>와 관련해 몇 가지 기술한다. 첫째, 밀도규제 완화는 다른 프로그램과 달리 별도 재원이 필요 없다. 기존 프로그램은 조세 부과와 징수과정에서 발생하는 자원배분상의 왜곡과 비효율이 존재한다. 규제완화에는 이런 부작용이 없다. 전월세보증금 지원 프로그램의 경우 주택공급과 적절히 결합되지 않을 때 지원금만큼 전세금만 올라가고, 수혜가구의 혜택은 다른 비수혜가구의 전세비용 상승으로 상쇄된다.

▎〈표 7-4〉 주택관련 프로그램의 효과 비교(서울시 대상)

프로그램		효과							설명
		연간 효과	집값 하락	재건축 활성화	연간 소요 재정	다른 유형 주택 보호	시가지 확산 억제	가격 격차 크기 줄이기[5]	
밀도규제 완화[1]	무주택자 임대료 경감	7.3조 원 ~ 18.3조 원	네	네	0원	네	네	네	모든 유형의 주택가격을 내리는 효과 발생
		서울시 전체 주택재고의 시장가격 하락 (아파트=340조 원 하락)							
서울시 2019년 사회복지 분야 주거복지[2]		1.6조 원							서민 주거 안정사업 등
국토보유세[3]		1.4조 원							서울거주 임차 인의 혜택
도시재생기금[4]		270억 원							서울시의 기금 규모
신혼부부 전월세 보증금 지원		1조 원							2020년부터 3년간 25,000명 혜택

1) 170만호(아파트 수)*9억 원/호(아파트값)*0.4(용적률 20% 상향에 따른 집값 하락률) *0.4(임차인 비율)*0.03(할인율)=7.3조 원/년, 아파트 수요의 가격탄력성이 0.2일 때 는 7.3*2.5=18.3조 원

2) 서울시 홈페이지

3) 이혁주(2019) 식(9)

4) 각종 매체

5) 가격격차=수요가격-공급가격=2,400만 원/평

둘째, 밀도규제 완화를 통해 서울시 아파트 재고의 부동산 가

치 하락을 유도할 수 있다. 아파트 단지의 용적률을 현재보다 20% 정도 올린다고 하자. 가격탄력성이 0.5일 때 아파트가격은 40% 정도 하락한다. 밀도규제 완화는 지역경제의 활성화를 통해 실제 가격 하락은 이보다 작게 주어진다고 보고 단기 하락분 40%의 절반인 20%만 효과로 간주해 보자. 최근 서울시 아파트가격이 평균 10억 원 정도이므로, 용적률 상한을 20% 올렸을 때, 서울시 아파트 재고의 가치는 모두 170만×10억 원/호×0.2=340조 원 하락한다. 다른 프로그램의 경우 이러한 효과가 없다. 주거용 부동산이 한국 사회 자본 대 노동간 소득분배와 불평등, 그리고 불로소득 문제에서 차지하는 중요성을 고려하면 이 차이는 밀도규제 완화의 간과할 수 없는 차별성이다. 이 문제는 뒤에서 다시 다룬다.

셋째, 표에 제시된 처방들은 높은 집값과 땅값의 문제를 야기한 원인의 제거와 무관한 대응방식이다. 중국식 토지 공공임대제, 지대의 전액 회수도 마찬가지다. 이들 처방에도 불구하고 문제의 발생기제는 그대로 남아 있으면서 계속 문제를 일으킬 것이다. 여러 프로그램의 장기효과는 별도의 연구가 필요하지만 위에 나열한 논점들은 여전히 유효하다. 이상 논의는 토지공개념과 탈상품화 논의에서 밀도규제 완화 문제는 주요 논제가 되어야 한다는 것을 시사한다.

넷째, 도심 기성시가지 밀도규제 완화가 다른 정책처방과 가장 다른 점 하나를 꼽으라면 대도시권에서 시가지 확산을 억제하는 효과라고 말할 수 있다. 수도권 시가지 면적의 확장 속도는 다른 조건이 같다면 개발밀도에 반비례한다. <그림 7-1>은

$$y = \alpha_0 - \alpha_1 f + \alpha_2 x, \ \alpha_1 > 0$$

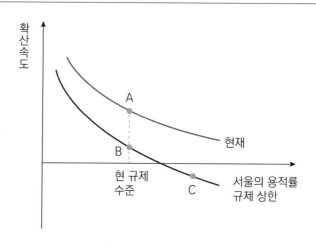

을 그림으로 그린 것이다. 이 식에서 y 는 수도권 시가지의 확장 속
도, f 는 서울시 아파트 단지의 용적률 상한, x 는 민간과 수도권
내 지방자치단체의 개발행위 등 여타 변수, α_0 는 상수항을 말한다.

　수도권은 현재 점 A에 있고 시가지는 계속 팽창 중이다. 국토
교통부와 서울시가 서울시계 내 주거지역 밀도 상한을 상향 조정하
겠다는 의지만 분명히 밝혀도, 민간의 개발수요가 영향을 받고, 다
른 지자체는 기관 간 모방과 학습을 통해 계획밀도를 상향 조정할
것이다. 또한 미래 확산속도에 대한 기대를 낮추어 이들의 선택을
정당화하고 가속화하는 과정이 뒤따른다. 이 경우 수도권 전역에 걸
쳐 배후지에서 중심으로 개발이 다시 모여드는 현상이 발생하고, 이
는 마치 흘러넘치던 개발이 역류해 본래 자리로 돌아오는 것과 같
다. 그 결과 서울시의 각 밀도 상한 f 에 대응하는 〈그림 7-1〉

y축 시가지 확산속도는 하락할 것이다. 즉 <그림 7-1>에서 분명한 정책의지 하나만으로도 곡선이 밑으로 이동할 것이다. 이제 서울시에서 용적률을 실제로 상향 조정하면 점 B가 새 곡선을 따라 점 C로 이동하여 수도권 시가지 면적이 실제 감소할 수도 있다.

4. 불평등 담론의 지수 개선 효과

저성장시대에 진입하면서 소득보다는 축적되고 세습된 부(富)가 경제전반 불평등 지수 결정에 더 큰 영향력을 발휘할 가능성이 높아진다. 따라서 일시적, 정책적 요인 때문에 발생하는 불로소득보다 상수(常數)이면서 거대 규모로 존재하는 수요·공급가격 간 격차가 향후 저성장시대 불평등 문제에 대한 정책논의에서 더 중요한 의미를 가진다. 서울시 주택가격의 상당 부분이 규제로 인한 가격거품이고 따라서 서울시민이 보유한 부(富)의 상당 부분이 규제가 생성한 거품이다. 소득이 주택가격 증가에 미치는 영향은 상당히 크기 때문에, 공급 규제가 클 때 가격거품의 소득탄력성도 커진다 (Oikarinen et al., 2018: Fig. 3). 이런저런 이유로 집값에서 거품은 커진다.

4.1 성장론적 담론의 지수

이제 서울시 아파트 단지 고밀화가 자본/소득 비율, 자본소득 분배율, 지역경제 성장률에 미치는 영향에 대해 알아보자. 이들 지표는 Piketty 교수가 『21세기 자본론』에서 솔로우 교수의 경제성장론을 이용해 불평등을 측정한 주요 지표이다(Piketty, 2014). 이제 아파트 단지 밀도규제 시각에서 경제성장론적 시각에서 다뤘던 불평등 문제를 다시 분설해 보자. 우선 용어부터 간단히 살펴본다.

- 자본/소득 비율 β: 국부÷GDP. 국부는 자본과 동일시되어 지표가 계산됨. 국부는 저량이고 소득은 유량.

- 자본소득 분배율 α: 생산활동에 고용된 생산요소가 자본과 인력 두 가지라고 가정할 때, 생산된 산출물 즉 GDP 가운데 자본에 귀속되는 GDP 비중. 1-자본소득 분배율=노동소득 분배율.

이들 지표는 통상 국민경제를 대상으로 산출하는데, 서울 지역경제를 대상으로 하는 이 글에서 소득은 지역소득, 즉 지역총생산(GRDP)을 의미하고 다른 지표들도 마찬가지다.

4.1.1 지수의 개선

우선 밀도규제가 완화되었을 때 소득 대비 자본의 비율, 즉 자본/소득 비율 β가 어떻게 변하는지 알아본다. 밀도규제가 완화되면 <그림 3-8>에서 본 것처럼 서울 주택재고의 총 시장가격은 하락한다. 따라서 β=자본÷지역소득의 분자를 구성하는 주택이라는 국부(=자본)의 크기가 감소한다. 그 결과 자본/소득 비율 β가 감소한다. 그 감소 규모는 다양한 요인이 작용해 달리 주어지지만 일차

적으로 밀도규제의 완화 정도, 주택수요의 가격탄력성, 현 집값의
수준에 달렸다.

서울시 주택재고의 시장가격이 30% 하락하도록 밀도규제를
완화한 후, 기존 연구와 한국의 국가자산통계를 이용해 자본/소득
비율을 다시 계산한 결과가 다음 식이다.

새 자본/소득 비율 $\simeq$ 0.845*종전 자본/소득 비율
= (1 − 0.16)*종전 자본/소득 비율 ····································· (1)

즉 밀도규제 완화를 통해 서울 집값을 평균 30% 내리면 서울시에
서 자본/소득 비율을 16% 낮출 수 있다.

통계청이 발표한 자본/소득 비율이 2019년 870%인데 관련 통
계 작성 이래 사상 최악인 것 같다. 위 계산에 따르면 밀도규제 완
화를 통해 아파트값만 30% 떨어져도 자본/소득 비율을 870%에서
상당 수준 낮출 수 있다. 전국 대도시권에서 집값을 30% 낮추는 것
은 기술적으로 어려운 일이 아니다. 그 열쇠를 계획가가 쥐고 있는
데, 계획가가 먼저 생각을 바꾸면 가능하다. 다만 고밀화에 수반해
발생하는 과밀·혼잡(3장에서 다룸)과 지역간 불균형 발전 문제(8장
에서 논의)로 인한 걸림돌이 먼저 해결되어야 한다. 현재와 같은 주
택공급 억제 기조는 서울 대 지방간 산업과 인구의 격차 확대를 억
제한다고 말한다. 하지만 자산 가치 기준 서울과 지방간, 대도시권
내 기초자치단체간(아래 <그림 7−4> 참고), 그리고 유·무택자 사
이에서뿐 아니라 유주택자 사이에도 자산 및 소득 불평등을 현 주
택정책 기조가 확대하는 부작용도 동시에 존재한다. 전문가들의 종
합적인 시각이 어느 때보다 필요하다.

다음으로 자본소득 분배율 α를 계산하자. 한국에서 1년에 100 만큼 생산되면 대체로 70 정도는 노동에 귀속되고 나머지 30은 자본에 귀속된다(이우진(2018: 그림 6). 이때 자본소득 분배율은 0.3이 되고 문헌에서 보통 α로 쓴다. 일정한 수학적 조작을 거치면 자본소득 분배율 α를 앞서 유도한 자본/소득 비율 β의 함수로 표현할 수 있다. 이 식을 이용하면 다음과 같은 결과를 얻는다.

$$\Delta\alpha\ /\alpha\ \simeq\ -0.16$$

즉 자본소득 분배율 α는 16% 감소한다. 바꾸어 말하면 자본소득 분배율 α는 종전의 $1-0.16=0.84$, 즉 84% 수준으로 감소한다. 그런데 한국에서 자본소득 분배율이 대체로 30% 수준이므로 밀도규제를 완화함으로써 이 자본소득 분배율을 기존 30% 수준에서

$$새\ 자본소득\ 분배율=(30\%)(0.84)=25\% \cdots\cdots\cdots\cdots (2)$$

수준까지 낮출 수 있다. 작은 값이 아니다.

Solow교수의 경제성장 이론에 따르면 장기 균형상태에서 인구성장률, 자본증가율, 경제성장률 세 값은 일치한다. 장기균형 상태에서 국민경제의 저축률 s, 자본/소득 비율 β, 경제성장률 g 사이에 일정한 수학적 관계가 성립한다. 여기서도 경제성장률이 자본/소득 비율 β의 함수로 주어지는데, 이 식을 이용하면 서울의 지역경제 성장률이 어떻게 되는지 알 수 있다. 다음은 그 결과다.

서울의 새 지역경제 성장률=1.19*종전 지역경제 성장률

즉 서울에서 밀도규제를 완화해 주택을 더 공급하고 그 결과 주택재고의 총시장가치가 하락하면 서울의 지역경제도 종전보다 19% 더 많이 성장한다. 저성장시대에 진입하면서 사회전반의 불평등 문제 해소에 있어 성장이 그만큼 중요하고 밀도규제 완화가 차지하는 역할은 더 커진다.

이 수치는 개략적 계산과정을 거쳐 도출되었지만 나름의 설득력을 갖는다. Hsieh and Moretti(2015)에 따르면 뉴욕, 샌프란시스코, 산호세 등 미국 주요 도시의 토지이용규제(zoning)를 미국 도시 평균수준으로만 완화해도 생산성이 높은 도시에서 주택이 탄력적으로 공급되고 이에 따라 노동이 원활하게 공급되어 총화로서 미국의 국민소득 성장률이 10% 정도 증가할 것이라고 한다.

지역경제는 국민경제에 비해 개방성이 훨씬 높다. 그러나 서울의 지역경제를 국민경제 전체의 맥락에서 보아도 비슷한 결론에 도달한다. 밀도규제는 전국 대도시권 어디에서나 대단히 구속적이고 정도에만 차이가 있을 뿐이다. 따라서 국민경제의 대부분을 차지하는 주요 대도시권에서 밀도규제 완화를 전제로 생각하면 위 분석은 전체적으로 의미가 있다.

┃〈표 7-5〉 주요 지수로 본 효과 비교

	자본/소득 비율	자본소득 분배율	지역경제의 성장률
국토보유세	?	개선	?
개발이익 환수	?	개선	?
토지공공임대제	?	개선	?
고밀화	개선(-16%)	개선(-16%)	개선(+19%)

4.1.2 고밀화 대비 진보적 처방의 효과

국토보유세, 개발이익 환수, 토지공공임대제, 고밀화가 앞서 살펴본 자본/소득 비율, 자본소득 분배율, 지역경제의 성장률에 미치는 효과를 비교하면 <표 7−5>와 같다. 진보적 처방의 효과에 의문 부호를 단 이유는 여러 가지다.

첫째, 국토보유세는 자본, 소득, 지역 경제성장률과 큰 관계가 없다. 국토보유세의 여러 가지 긍정적 간접효과는 무시해도 좋다. 그런 효과는 밀도규제 완화에도 있다. 따라서 표에서 제1행은 모두 의문 부호 처리했다.

둘째, 개발이익이라는 정책수단의 효과가 밀도규제 완화효과에 비해 얼마나 보잘 것 없는지는 이미 <표 7−1>에서 보았다.

셋째, 토지 공공임대제는 일차적으로 소유권과 관련된 이야기로서 부와 자본 및 소득의 생성과정 자체에 대한 것이 아니다. 토지 공공임대제의 간접적 효과로서 긍정적 효과가 있다고 주장할 수 있지만, 그 부작용도 함께 고려하면 위 표의 정성적 판단이 크게 틀릴 것 같지 않다.

전체적으로 태산명동 서일필(泰山鳴動 鼠一匹)이다.

• 퀴즈: Lee and Yoon(2017: Fig.2)에 따르면 한국에서 자본/소득 비율＝800%(2014년 기준)다. 즉 국부가 연간 GDP의 8배다. 이 가운데 정부 보유 국부가 차지하는 비중이 300% 가량 된다. <표 7−5>에서 고밀화하면 자본/소득 비율이 16% 감소한다고 했다. 민간부문 보유 국부(＝국부−정부 보유 국부)를 기준으로 고밀화가 자본/소득 비율 감소에 미치는 영향을 다시 계산하라. 고밀화의 개선효과가 더 커지는가 아니면 더 작아지나?

• 퀴즈: 3장 <그림 3-2>는 실물부문과 금융부문의 상호작용 구조 속에서 고밀화의 영향을 평가한 결과를 보여준다. 실물부문과 금융부문간 상호작용을 허용한 분석환경에서 위 퀴즈에 대해 다시 답하라. 고밀화가 자본/소득 비율을 줄이는 효과가 더 커지나 작아지나?

4.2 부동산 지니계수

2020년 11월 거래된 서울 소재 아파트가 평형과 가격 등 대표성을 지녔다고 가정하자. 아파트 한 채당 거래가격을 오름차순으로 정렬한 후 x축에 배열하고, x축 각 가격 이하로 거래된 아파트의 가격을 모두 더해 y축에 표현하면 <그림 7-2> "원자료" 곡선과 같은 누적분포를 한다. 3기 물량을 모두 아파트로 서울에 공급하면 아파트 값이 전체적으로 하락하고 집값 분포는 왼쪽으로 이동한다. 가격충격이 크기 때문에 이동폭이 크다. 서울 거주 가구의 30%가 무주택자라고 하고 <그림 7-2> 아파트 보유 자산의 100분위 누적분포를 그리면 <그림 7-3>과 같다. 2020년 11월 서울에서 아파트는 금액 기준 2.8조원 거래가 되었다. <그림 7-3>에서 집값 기준 하위 60% 속하는 아파트들의 거래금액을 모두 더하면 약 7,000억 원이다(점 A).

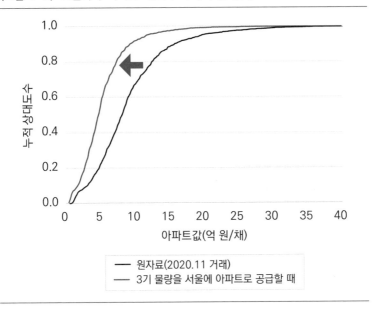

〈그림 7-2〉 고밀화와 아파트 재고의 가격 구성 변화

누적상대도수 (y축)

아파트값(억 원/채) (x축)

— 원자료(2020.11 거래)
— 3기 물량을 서울에 아파트로 공급할 때

<그림 7-3>을 이용해 지니계수를 구하면 0.55 정도 된다. 높은 값이다. 서울의 무주택자를 40%로 올려서 다시 그리면 지니계수는 더 커진다. 소득 기준 한국의 지니계수가 2019년 0.34였다. 서울에 3기 신도시 공급 물량이 풀린 후 <그림 7-3> 누적 거래금액 곡선은 아래쪽으로 이동한다. 모든 아파트가 일률적으로 40%씩 떨어진다고 그렸으므로 지니계수에는 변화가 없다. 정확한 수치는 추후 연구에서 제시되겠지만, 자산 불평등을 시정하는데 있어 밀도규제 완화를 통한 아파트 공급이 얼마나 중요한지 이들 그림은 잘 보여준다. 앞 소절의 이야기도 이런 것이었다. 현 정부의 어떤 정책도 그것이 실제로 집값을 떨어뜨리는데 효과가 없기 때문에 기본적으로 대증요법이다. 활용해도 보조수단으로 활용해야 할 정책들이다.

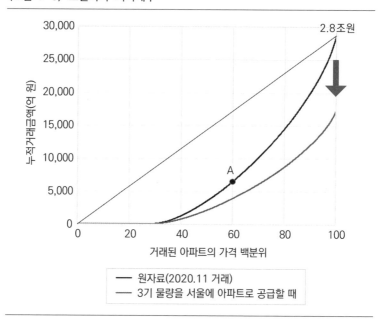

유시민 씨는 "민주주의 역사에선 끔찍한 일이 왕왕 일어난다. 저는 개인적으로 어떤 끔찍한 일이 일어나도 놀라지 않을 준비를 하고 있다"고 최근 세계일보와 가진 인터뷰에서 말했다(2021.1.2.). 이 말은 틀린 말이 아니다. 그러나 이런 결과는 계획 실패에 일차적 원인이 있다. 비전문가는 얼마든지 이런 이야기를 할 수 있다. 그 책임은 계획가, 경제학자, 부동산 전문가, 진보계열 학자가 져야 한다.

전문가가 자기 성찰하지 않고 손쉽게 학문할 때, 무분별한 탈상품화 논의는 설득력을 더하고 그 실행 방안이 하나씩 뒤따른다. 집권당 원내 대표이자 법무부 장관 출신 인사가 중국식 토지소유제도의 필요성을 시사하는 말을 해도 이상하지 않고, '알릴레오'와 같은 영향력 있는 채널에서 차액지대 환수에 대해 논의해도 거부감

없이 들리게 된다. 1980~90년대 신자유주의가 맹위를 떨치던 시대의 정반대 모습을 보아야 할 만큼 한국사회가 양극단을 오고 가는 모습을 보는 것은 씁쓸한 일이다. "끔찍한 일"을 당하기 전에 한국사회가 건강성을 회복할 수 있도록 할 수 있는 것은 다 해야 한다. 계획가가 과밀, 혼잡, 경관을 이유로 고밀화를 반대하는 것이 존경스럽기는(admirable) 하지만 백면서생(白面書生) 느낌이다. 자신이 어떤 말을 하고 있는지, 그 의미에 대해 잘 이해하고서 하는 말인지 가끔 의심이 들 때도 있다.

5. 밀도규제의 자치구 간 부익부 빈익빈 악화 효과

지금까지 불평등 문제를 유·무주택가구 간 문제에 국한해 논의했다. 그러나 밀도규제는 유주택자 간 부익부 빈익빈도 야기한다. 그 원리는 이렇다. 서울 어떤 자치구에서 땅값을 r, 그곳에 있는 아파트 단지 전체의 면적을 Q, 아파트가격을 p, 아파트 상면적 전체를 H, 용적률을 f라고 하자. 이 자치구 아파트값 총액 $pH = rQ + K$로 분해된다. 여기서 K는 땅값을 제외한 여타 비용을 말한다. 땅값이 집값에서 차지하는 비중을 α라고 하면 $rQ = pH - K = \alpha pH$가 된다. 서울 변두리에서 α는 도심보다 낮다. 용적률 f를 이용해 pH를 다시 쓰고 간단한 수학적 조작을 거치면 다음과 같은 수식을 유도할 수 있다.

$$\frac{\Delta r}{\Delta f} = \alpha p \left(1 + \frac{1}{\eta}\right) < 0$$

이 식에서 η는 주택수요의 가격탄력성으로서 한국에서 -0.1~ -0.5값을 취하고, 그 결과 서울 전역에서 용적률을 완화하면 아파트값이 떨어진다(즉 $\Delta f > 0 \rightarrow \Delta r < 0$).

강남 3구 아파트 단지의 $\Delta r \div \Delta f$, 즉 $(\Delta r \div \Delta f)_{강남}$이 서울 아파트 단지 평균 $\Delta r \div \Delta f$, 즉 $(\Delta r \div \Delta f)_{서울}$에 비해 얼마나 큰지 알아보자. 이들 공식을 이용해 강남값을 서울시 평균으로 나누면

$$\frac{(\Delta r \div \Delta f)_{강남}}{(\Delta r \div \Delta f)_{서울}} = \frac{(\alpha p)_{강남}}{(\alpha p)_{서울}} \quad\cdots\cdots\cdots\cdots\cdots\cdots\cdots\cdots\cdots\cdots\cdots \text{(3)}$$

을 얻는다.

그런데 강남에서 아파트 한 평 가격이 9,000만 원, 평당 건축비가 넉넉하게 잡아 1,000만 원이라고 하고, 서울시 평균이 각각 3,000만 원, 700만 원이라고 하자. 강남에서 $\alpha = (9,000 - 1,000) \div 9,000 = 8 \div 9$, $\alpha p = (8 \div 9) \times 9,000 = 8,000$이 된다. 마찬가지 계산 과정을 밟으면 서울 평균 아파트에서 $\alpha p = (3,000 - 700) \div 3,000 \times 3,000 = 2,300$이 된다. 따라서 위 식은 다음과 같이 된다.

$$\frac{(\Delta r \div \Delta f)_{강남}}{(\Delta r \div \Delta f)_{서울}} = \frac{(\alpha p)_{강남}}{(\alpha p)_{서울}} = \frac{8,000}{2,300} = 3.5 \quad\cdots\cdots\cdots\cdots\cdots \text{(4)}$$

즉 현재와 같은 밀도규제는 강남 3구에서 아파트를 재건축할 때 서울 평균 대비 개발이익 3.5배를 보장한다.

<그림 7-4>는 실제 계산 결과다. 강남 3구 '평균' 아파트를 대상으로 식(4)를 계산해 그림으로 그린 것이 아래쪽에 있는 곡선이다. 한편 강남 3구 아파트 상위 10%에 대해서도 비슷한 작업을 할 수 있는데 그 결과가 위쪽에 있는 곡선이다. 부자 자치구일수록 밀도규제는 개발이익을 더 큰 폭으로 증가시키고, 강남에서도 비싼

아파트인 경우 서울 평균에 비해 밀도규제 때문에 최근 기준 4배나
되는 개발이익을 발생시킨다. 즉 밀도규제는 유·무주택자 사이에
서뿐 아니라 유주택자와 자치구 사이에서도 부익부 빈익빈을 악화
한다. 식(4)를 유도한 과정을 집값 pH에 적용해도 비슷한 결과를
얻을 수 있다.

　즉 밀도규제는 집값과 개발이익 양측면에서 집 가진 사람들
사이에도 부익부 빈익빈을 야기하고 공간적으로 자치구간, 강남북
간 격차를 더 벌어지게 한다. 박근혜 정부 말기 곡선 패턴이 그대로
유지되는 것을 보았을 때, 이 현상은 정권의 이념 지향과 큰 관계가
없다. 앞 절에서 밀도규제가 성장론적 지수 3가지 모두를 악화시킨

〈그림 7-4〉 용적률 규제의 차별적 개발이익 확대 효과

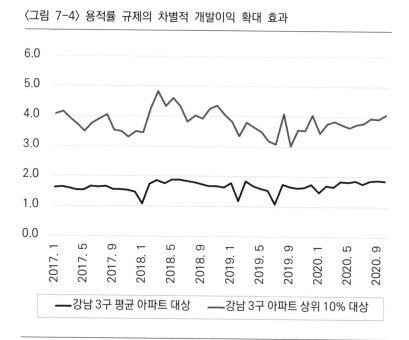

다고 했는데, 이런 추상적 지표가 집값과 개발이익에서 부익부 빈익빈 효과로 구체화되었다. 즉 서울시 자치구 간, 서울 대 지방 간, 유·무주택자 간, 유주택자 간 부익부 빈익빈이 나타났다. 그런데 좀 더 자세히 살펴보면 집값에서보다 개발이익에서 차별적 효과가 더 크게 나타난다(왜?).

6. 진보정권에서 주택부문발 불평등의 자기 강화 과정

부실한 인과론과 그러한 인과론을 토대로 설계되고 집행되는 정책의 결과는 파국을 통해 결론을 맞게 된다. 적어도 이론적 관점에서 그러하다. 그러나 과학적 인과론에 입각한 계획적 대응은 자기 강화적 파괴과정의 진행을 늦추고 다른 정책의 효과를 높인다. 다음과 같은 동적 과정을 통해 왜 밀도규제 완화라는 물리계획적 대응과 정책의 과학성이 중요한지 좀 더 알아보자.

공급위축적 시장 대응 그 자체는 주택시장에서 불평등을 강화한다. 따라서 <그림 7-5>에서 불평등 함수 f_1은 공급위축적 대응에 대해 증가함수이다. 마찬가지로 주택시장에서 불평등이 증가하면서 사람들은 주택시장에서 공급위축적 대응을 더 강하게 요구하고 당국은 이에 응한다. 문재인 정부의 대응방식이 지금까지 그러했다. 따라서 그림에서 보는 바와 같이 공급위축적 대응은 불평등에 대해 증가함수 f_2가 된다. 이제 두 곡선의 교차점인 균형이 어떻게 이동하는지 알아보자. 수요가격이 공급가격의 몇 배나 될 정도로 집값이 높기 때문에 무주택자는 지출하지 않아도 되는 소득을 매년 집세로 유주택자에게 지불하고, 이렇게 지불된 소득은 시간을 두고 누적되면서 아파트발 불평등이 확대된다.

〈그림 7-5〉 공급위축적 대응과 불평등간 상승과정

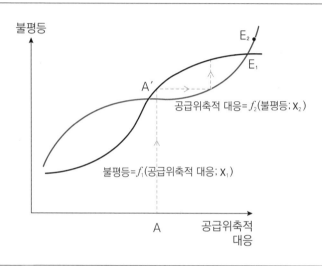

또한 개발이익은 매년 막대한 규모로 발생한다.

"정희남 외(2003) 연구를 보면 2001년을 1980년과 비교해 지가 총액이 135조 원에서 1,419조 원으로 증가해 20여년 동안 발생한 개발이익은 1,284조 원으로 추계.... 안균오·변창흠(2010)은 ... 1999년 이후 10년간 발생한 개발이익 규모는 총 2,130조 원으로 추계했다"(이석희·변창흠, 2019)

따라서 시간이 지나면서 <그림 7-5> 불평등 곡선 f_1은 위쪽으로 이동하고 최초의 균형점 E_1은 이를테면 E_2로 이동한다. 이

과정에서 정부가 아무런 대응을 하지 않을 때 불평등 곡선 f_1은 계속 스스로 상향 이동하고 결국에는 파국을 맞이하게 된다. 이때 불로소득 환수, 소득재분배 정책, 저소득층 대상 각종 주택정책 등(함수 f_1의 이동요인 X_1)이 동원되어 불평등 곡선 f_1의 하향 이동을 도모한다. 이러한 계획적 대응의 효과가 밀도규제발 주택·토지시장의 불평등 문제를 얼마나 해소하느냐의 여부에 따라 곡선 f_1은 정체하거나 위로 계속 이동하거나 아니면 아래쪽으로 이동하게 된다.

여기서 새로운 균형이 종전보다 위쪽에 형성될 가능성이 작지 않다. 첫째, 정부의 강력한 개입이 성공한다고 해도 그 효과가 제한적이라 정책의 성공 여부를 장담하기 어렵다. 현 진보정권의 대응은 기본적으로 대증요법이기 때문에 그렇다. 즉 아파트 단지에 가해진 밀도규제의 악영향은 넓고 깊어서 원인요법이 아닌 한 효과를 기대하기 어렵다. 둘째, 집값, 땅값 문제에 대한 과학적 접근을 거부하는 성향(f_2의 이동요인 X_2)이 강하면 강할수록 곡선 f_2는 오른쪽으로 이동한다. 이때 그림에서 두 곡선의 교차점, 즉 균형은 종전보다 북동쪽에 형성된다. 계획가와 전문가 집단이 밀도규제의 의미에 대해 느끼지(appreciate) 못하고 토지이용규제(zoning)에 관해 산업사회적 전통에 갇혀 있으면서 현대적 주거양식의 현실과 동떨어진 인식을 하면 할수록 f_2는 오른쪽에 있게 되어 문제 해결은 더 어렵게 된다.

이런 이유 때문에 <그림 7-5>에서 불평등 곡선 f_1은 계속 상향이동하고 곡선 f_2와 더 높은 수준에서 새 균형을 달성하게 될 가능성이 크다. 아마도 이것이 한국의 현재 상황인 것 같다. 이 경우 대응 방안은 토지세제 포함 전통적인 국토·도시계획적 수단의 경계를 넘어 지대공유(김윤상, 2019), 대안적 토지재산권(김용창, 2019), 중국식 토지공공임대제[2]처럼 급진적이라고 비판받는 처방뿐이다. 이 딜레마를 피하는 데 꼭 필요한 계획적 대응이 한국 주택시장에서 지배적 위상을 차지하고 있는 아파트 단지에서 밀도규제를 대폭 완화하는 일이다. 토지공개념과 탈상품화 논란에서 주택부문 특히 아파트가 문제의 중심에 있다.

7. 원인론으로서 기성 질서의 비과학 비판

　이 모든 혼란은 결국 스칼라십 문제다. 경제학자와 부동산 전문가는 해법으로서 공급을 이야기하지만 정작 도시지역 공급총량을 제한하는 밀도규제는 보지 못했다. 친숙한 관점에서 친숙한 개념으로 연구한 것이다. 그러한 연구결과는 사회 각 분야 다른 전문가 집단에 전파되었고 그러한 영향 하에서 나온 논설이 높은 집값의 유동성 원인론이고, '알릴레오'에서 본 좌담이다. 계획가가 그 한계 내지 오류를 지적해야 했지만 그러하지 못했다.

　이런 스칼라십 문제가 진보계열에서 증폭되어 나타난다. 주택공급에도 불구하고 집값이 잡히지 않고 투기 등 부작용을 낳았던 그간의 경험은 '주택공급＝부작용론'이라는 명제가 되었고, 이 명제는 집값의 유동성 원인론과 결합하여 진보계열의 집값 투기원인론 형성에 기여했다. 이 투기원인론은 진보계열이 대체로 공유하는 주택정책의 기조 즉 주택정책은 투기억제와 불로소득 환수가 중심이 되어야 한다는 주택수요 관리론이 되었다.

　또한 '주택공급＝부작용론'과 높은 집값의 투기원인론은 물적 계획관에도 영향을 준다. 서순탁(2018)[3])처럼 도시화 이후 시대에 도시계획은 종, 토지조세가 주라고 말하게도 하고, 이러한 견해는 김학열·이혁주(2020)에 참여한 정부투자기관 산하 연구원 소속 전문가의 글에서도 반복된다. 현 정부의 정책기조가 이렇게 형성된 데는 이렇듯 관련 전문가 집단의 스칼라십 한계가 함께 기여했다. "도시계획＝종"이라는 견해에 따르면 계획가는 법률 및 조세전문가의 도우미가 된다. 인과론뿐 아니라 실천적 관점에서도 올바르지 않은 견해다. 이 견해가 계획환경의 변화를 반영한 계획관이기는 해도 주택문제의 인과론과 심각성을 도외시한 언명이다. 진보적 수요관리 중심 정책관은 이제 계획가의 '위생'과 '안전'처럼 이들의 신화가 되었다.

밀도규제와 집값 문제를 두고 필자와 논쟁했던 이들 모두 현 밀도규제의 정당성을 구성적으로 논변 내지 논증한 사람은 없었다.[4] 일부는 김학열·이혁주(2020)로 답을 미루다 결국 침묵한 사례도 있다. 이들이 구성적 논변을 할 수 없었던 것은 밀도규제의 정당성과 주택수요 관리론이 사회과학적 명제의 형태로 기술되지 않고 시사적 증거와 논변의 집합 정도로 기술되었기 때문이다.

의심이 든다면 서울에서 주택 공급이 충분하다는 명제에 대해 논증해 보라. 서울과 서울대도시권은 공간이라는 점을 염두에 두고 이를 명시적으로 고려한 논증이어야 한다. 과밀과 혼잡은 기본적으로 공간현상이기 때문에 그렇다. 또한 계획적 관점에서 시가지 확산은 중요한 계획 이슈다. 공간적 시각이 없으면 계획가를 설득할 수 없다. 밀도규제는 계획가라는 전문가 집단이 통제한다. 경제학자가 아무리 주택공급이 필요하다고 외쳐도 계획가가 과밀과 혼잡은 어쩌고요 하면 이야기는 단 한 걸음도 나가지 못한다.

시사적 논변은 장삼이사(張三李四)도 할 수 있지만 체계적 논

변 내지 논증은 다르다. 시사적 논변으로 서로 다투게 되면서 상대
방이 듣고 싶어하고 궁금해 하는 내용을 설명하고 설득하는 과정이
라기보다 말꼬리 잡기 경쟁이 되었다. 자신의 입장과 일치하는 시
사적 증거는 얼마든지 찾을 수 있기 때문에 이 놀이는 끝없이 진행
되었다.

밀도규제 정당성론과 주택수요 관리론의 출발점으로서 주택공
급 충분론이 반증가능한 인과론적 명제로 기술되지 않았기 때문에,
역설적으로 계획가의 밀도규제와 진보계열 주택수요 관리론의 정당
성은 심각하게 도전받지 않을 수 있었다. Karl Popper에 따르면 반
증가능한 명제의 존재 여부는 과학과 비과학을 구분 짓는 기준이
다. 필자의 밀도규제 완화론이 이렇게 비판에 무차별적으로 노출되
었던 것은 그것이 명제 형태로 기술되고 공개되었기 때문이다. 과
학과 비과학의 차이다. 이것이 가장 큰 차이다.

이러한 비과학이 현실의 정책논의를 어떻게 왜곡하는지 보겠
다. 다음 인용은 이미 출판된 문헌에서 가져온 것으로서 같은 사람
의 발언 내용이다. 출처 없이 인용한다.

> 인용 1: 우리나라에선 토지문제를 수요와 공급의 원리에
> 따라 해결해야 한다는 주장이 있어 왔고, 오랫동안 토지에 대한
> 규제 완화와 시장 자율 확대를 뒷받침하는 주요 논거였다. 이 관
> 점에 따르면 … 공급을 확대하는 것이 부동산 가격의 상승을 억
> 제하는 근본적인 해법이라고 주장한다. … 이와는 다른 관점이
> 지만 도시계획상 밀도규제의 완화를 통한 토지 활용도를 증가하
> 는 정책이 단순한 토지공급 확대나 실효성이 떨어지는 토지공개
> 념 입법보다 근본적인 해법이라는 주장도 제시되고 있다. 토지
> 용도변경과 규제완화, 조세 감면 등 규제완화 조치는 토지 소유

를 집중시킬 뿐 아니라 토지 투기를 유발하고 토지 가격이 급등 [하는] 문제가 생겨난다. 이를 방지하기 위해 투기적 심리를 억제하도록 불로소득과 개발이익에 대한 관리와 환수 방안이 병행되기도 한다.

인용 2: 전문가들은 앞서 서울 집값의 비정상적인 급등은 수요 공급에 따른 시장효과라기보다 심리적인 측면이 크다고 보고 있다. "지난 3년간 서울 지역 주택 인허가, 분양, 준공 건수를 보면 앞선 10년 평균과 비교해 각각 2만 호, 8,000호, 9,000호씩 증가했다. … 앞선 서울의 집값 급등은 수요·공급 측면보다 심리적 요인과 일부 부동산 상승 세력이 결합한 측면이 크다."

인용 3: 인용 1은 이혁주 교수의 논설에 적용되지 않는다.

인용 4: "규제를 완화해 살고 싶은 주택을 충분히 공급하겠다"(2020.12)

인용 1에서는 시장 수급원리를 부정하는 듯한 입장에 선다. 그러나 인용 2에서는 공급이 충분하기 때문에 시장이 곧 안정을 찾을 것이라는 견해, 즉 시장 수급원리를 존중하는 입장에 선다. 한편 인용 3에서는 인용 1 자신의 언급을 다시 부정한다. 인용 4에서는 2020년 집값 폭등의 심각성을 인정하고 공급 대책의 강구를 다짐한다. 이 언급은 해당 인사가 밀도규제 완화를 통한 주택공급 확대론에 대해 학술대회 때 전면 부정하던 것과 정면 배치되는 말이다. "고밀화하든 옆으로 늘리든 공급확대 논리로 (부동산)가격을 안정시킬 수 없고 각종 부작용을 낼 수밖에 없다."라고 당시 말한 바 있다.

이렇게 필요에 따라 설명방식과 말이 바뀌는 것은 논의대상 사례와 맥락의 구체성(specificity)에서 차이가 나서라기보다 집값이 왜 높은지 잘 모르기 때문이다. 그 기원을 찾아 오르고 또 오르면 주택공급과 집값 간 관계에 대한 인과론적 오류와 주택공급 충분론의 비과학을 만나게 된다.

인용 1에서 "토지 용도변경과 규제완화, 조세 감면 등 규제완화 조치는 토지 소유를 집중시킬 뿐 아니라"라는 말은 앞서 본 <그림 7-3>, <그림 7-4>, 식(1)~(3) 그리고 3장 <그림 3-5>, <그림 3-6>, <그림 3-7>과 어울리지 않는다. 지향이 비슷한 커뮤니티의 학술성과와 지적 전통에 갇힌 채 사회과학도 과학이라는 점, 즉 옛 가설이 새 가설로 대체되는 동태적 과정이고 그렇게 되자면 자신의 신념조차 의문을 제기하고 답하도록 노력해야 해야 한다는 점을 어떤 이유에서인지 소홀히 해서 발생한 문제다. 필자가 진보계열의 스칼라십에 의문을 제기하는 것은 이런 이유에서다. 경제학 전공자에게서 보는 또다른 사례는 주석 4를 참고하라.

밀도규제의 타당성 혹은 정당성 평가가 계획계 안에서는 서술적(narrative) 논의에 국한되었고, 그간 큰 변화가 없었다. 원인은 여러 가지다.

첫째, 근대 이래 도시계획에서 '위생'과 '안전'이 갖는 계획적 무게가 지나치게 컸다. 서울연구원의 용도제 분석 보고서는 과밀·혼잡이라는 말로 그 정당성을 확인하는 것에서 시작하는 것도 있다. 지배적 계획관의 정당성을 의심하면서 이를 조작적으로 정의하고 측정한 결과를 가지고 그 비과학성을 지적하는 것은 불쾌하게 인식된다. 필자와 정식으로 논쟁한 학자들 대부분이 필자의 주장에 대해 부정적으로 평가한 것, 그리고 해당 주제를 공개적으로 논의하기를 주저하는 학회 분위기 등이 이를 말해준다.

둘째, 계획가의 공학적 교육배경은 밀도규제 타당성에 대한 엄정한 분석을 어렵게 했다. 규제완화의 비용과 편익을 제대로 분석하려면 공간모형이 필요하고 현실성을 더하려면 토지이용－교통 일반균형 모형과 같이 포괄적인 분석모형이 필요하다. 그러나 동시에 소통에 좋은 직관성도 구비해야 한다. 이해하지 못하면 느끼지 못하고, 느끼지 못하면 공감하지 못하고 표준과 상식을 회의(懷疑)할 수 없다. 그러자면 분석과정이 이해하기 쉬워야 한다. 그러나 포괄성과 간결성 등 상충적 특성을 구비한 분석적 결과를 만들어 내는 것은 전공자에게도 쉬운 일이 아니다.

셋째, 지방자치 미성숙 단계인 현 계획과정에서 계획가는 지배적 지위를 누린다. 계획가가 주민의 의사를 중시할 제도적 유인(incentive)이 크지 않다. 계획가에게 주민은 배려의 대상이지 계획의 주체는 아니다. 도시계획위원회가 그 한 예다. 현 도시계획위원회는 계획부서 기술관료가 자신이 기술검토한 결과를 공학도 출신 전문가들 앞에서 통상 민간 제안자는 참관조차 허용되지 않은 채 한 번 더 검토받는 기술과정이다. 이런 제도적 환경과 실무여건에서 계획가가 유구한 계획전통을 통해 지켜온 계획가치를 비판적 시각에서 바라보는 것은 쉽지 않은 일이다.

집값 문제 해결의 열쇠를 계획가가 쥐고 있다. 계획가가 변하지 않으면 문제는 해결되지 않는다. 보수정권이 들어서도 마찬가지다. 진보정권에서 좀 더 심할 뿐이다.

1) 이 글은 필자가 이미 작성해 발표한 글들을 자유롭게 인용해 기술했다. 자세한 출처는 인용문헌을 참고하라. 일부는 발췌해 옮겼다.

2) http://www.newdaily.co.kr/site/data/html/2018/06/19/2018061900090.html

3) 김학열·이혁주(2020)에 참여한 필진 가운데 한 명도 같은 입장이다.

4) 진보계열의 스칼라십과 관련된 사례를 하나 더 든다. 현정부의 주택정책 기조를 지지하는 열정적 논설 여러 편이 2020년 하반기 진보계열로 분류할 수 있는 한 일간지에 실린 바 있다. 이들 논설은 어떤 경제학과 교수가 쓴 것이다. 이 교수에게 본서 3장 3.1절 유동성과 서울 집값 간 관계를 다룬 필자의 논문을 주고 논평을 부탁한 바 있다. 이 부탁은 2020.12.3.에 이메일로 전달되었고, 당시 심사중인 필자의 논문 부록에 필자의 반론 없이 논평으로 싣겠다고 했다. 며칠 후 "시간을 들여서 읽어보고 다시 메일 올리겠습니다."라는 회신을 받았다. 2021년 1월 18일 현재 논평을 받지 못했다. 그간 필자의 혹독한 비판에 대해 진보계열 학자들은 필자와 약속한 글로 된 논평조차 피한 이력이 있다. 전공으로 따지면 경제학자가 공학도인 필자보다 유동성과 집값 문제에 더 밝아야 한다. 이번에는 예외이기를 기대한다.

제8장

지역 균형발전 대(對) 서울 시민의 주거권[1]

서울 집값, 진단과 처방

1. 문제 제기와 분석틀

밀도규제 완화문제를 지역 균형성장 관점에서 다시 살펴봐야 한다. 두 가지 이유가 있다. 첫째, 자치권의 확대와 더불어 지방정부가 지역 실정에 맞게 고밀화 등 주택공급 기반을 확대할 수 있다고 해도 여전히 문제는 있다. 서울에 집을 더 짓고 인구가 늘면 국토의 균형발전에 부정적 영향을 줄 우려가 있기 때문이다. 3장에서 고밀화의 타당성을 검토했는데, 이제 확장된 분석환경에서 서울 고밀화의 타당성에 대해 다시 검토해 본다. <표 8-1>에는 서울을 고밀화할 때 발생하는 여러 가지 비용과 편익이 나열되어 있다. 지금까지 주거권 보장의 사회적 가치 (h)와 지역불균형 확대에 따른 사회적 비용 (i)는 고려하지 않았다.

둘째, 필자가 계획가들과 벌인 논쟁에서 시각은 대체로 공간적 범위가 서울에 국한되었다. 필자의 논리를 수긍하면서도 결국 반대할 때 이용하는 논리가 바로 이 국토 균형발전론이다. 문재인 정부의 주택정책 기조와 달리 재개발·재건축을 지지하는 계획가들에게서도 보는 논리다. 지금부터 논의할 내용은 개인의 지향과 관계없이 누구라도 생각해보아야 할 질문들이다.

서울시를 고밀화하면 서울 안과 밖에서 기반시설 투자 수요가 각각 늘고 준다. 3장에서 그랬던 것처럼 이 두 값은 상쇄된다고 하자. 즉 <표 8－1>에서 (c)＝(d)라고 가정하자. 대체로 계획가들은 고밀화하면 기반시설 투자 수요는 오히려 줄어든다고 생각한다 (즉 (c)＜(d)). <표 8－1>에서 용적률 규제가 서울 안과 밖에서 교통혼잡에 미치는 영향 역시 상쇄처리하자. 밀도규제가 교통혼잡을 통제하는 수단으로서 그 효과가 무시할 정도로 작다는 점은 이미 3장에서 알아보았다. 주거 밀도 및 인구규모가 유발하는 집적의 경제 또한 관행에 따라 사상(捨象)하자. 계획가들이 용도지역제를 논의할 때 집적의 경제에 대해 대체로 주목하지 않는다.

▌〈표 8-1〉 서울 고밀화의 비용과 편익

	서울시내	서울 밖
교통 혼잡	증가(a)	완화(b)
교통 기반시설 증설 수요	증가(c)	감소(d)
경관 및 환경	악화(e)	개선(f)
주택	도심 공급증가에 따른 비효율 감소(g)	
	서울 시민의 주거권 신장(h)	
지역 간 불균형	악화(i)	

2. 고밀화에 따른 비용과 편익

이상 가정을 토대로 서울 아파트 단지 고밀화에 따른 비용과 편익을 다음과 같이 정리할 수 있다.

- 서울 고밀화에 따른 사회적 순편익 ·····························(1)
  $\simeq$ 2,400만 원/평 + 환경 관련(f) − (e)
  + 주거권 신장의 가치(h) − 지역 불균형 심화(i)

우선 경관 가치에 대한 사람들의 평가에 대해 알아본다. 김준근(2018)이 문헌조사한 결과에 따르면 한강, 녹지, 북한산 등 좋은 경관에 대해 사람들이 부여하는 가치는 집값의 12%를 넘지 않는다. 그리고 Lee(2016)의 헤도닉 모형에 따르면 용적률을 250%에서 300%로 올릴 때 아파트 단지 내부에서 발생하는 비용은 연간 가구당 20만보다 작다. 이들 값을 이용해 식(1)을 다음과 같이 다시 쓸 수 있다.

- 서울 고밀화에 따른 사회적 순편익 ·····························(2)
  $\simeq$ 2100만 원/평 + 서울 밖 환경개선 효과(f)

+주거권 신장의 사회적 가치(h) − 지역간 불균형 심화(i)

= 서울 아파트값 평균의 70% + (f) + (h) − (i)

이 식에서 가장 평가하기 어려운 항은 마지막 두 항 (h), (i)다.

〈그림 8-1〉 가격격차(=수요가격−공급비용)

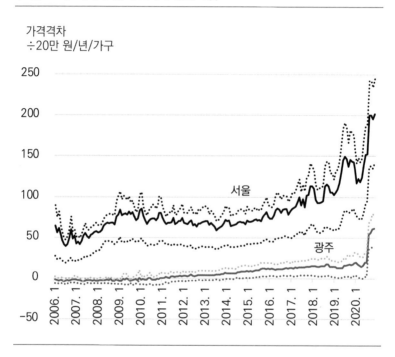

3. 시나리오 분석

3.1 분석

시나리오 1: $(h) = (i)$

서울시민의 주거권과 국토 균형발전을 똑같이 존중하는 경우, 서울시내 아파트 단지 고밀화의 사회적 순편익 = 서울 아파트값 평균의 70% + (f) > 0이고 고밀화는 타당하다. 그런데 아파트 단지에 적용되는 밀도규제는 서울시에서만 구속적인 것이 아니고 전국 주요 대도시권에서 정도의 차이만 있을 뿐 마찬가지로 구속적이다. <그림 8-1>은 서울과 광주광역시에서 수요가격과 공급가격 간 격차, 즉 할당지대(유량)를 20만 원/년/가구로 나눈 값의 분포를 보여준다(가운데 곡선은 중위수, 위 아래 곡선은 각각 제3, 제1 사분위수). 여기서 20만 원은 Lee(2016)에서 말하는 아파트 단지 내 쾌적성 악화에 따른 아파트 거주자의 후생감소 비용을 말한다(아파트 용적률 250%를 300%로 올렸을 때). 그림에 따르면 최근 서울에서 할당지대, 즉 가격격차가 중위수 기준 20만 원의 200배에 달하고 광주광역시에서는 20만 원의 60배에 달한다.

밀도규제는 국토계획법에 따라 전국에 공통적으로 적용되기 때문에 규제가 완화되면 서울뿐 아니라 전국 주요 대도시권에서 시민의 주거 안정성이 크게 개선된다. 이때 (h)는 서울시민뿐 아니라 주거권이 신장되는 국민 모두를 포함하고 밀도규제 완화의 사회경제적 타당성은 더 올라간다.

시나리오 2: $(f) = (h) = 0$

$(f) = 0$, 즉 서울 밖 환경은 중요하지 않다고 하자. 밀도규제와 관련된 문헌에서 밀도규제로 인한 시가지 확산은 거의 언급되지 않는다. 명백한 모순이지만 계획관행이 그러하다. 서울시 계획문건에서 이러한 관행은 이해가 되지만, 경기도 장기발전 구상에서도 모순적 계획관행은 마찬가지고, 다른 계획문헌에서도 마찬가지다. 한편 $(h) = 0$은 단순화 가정이다. $(f) = (h) = 0$이라고 할 때 식(2)를 다음과 같이 다시 쓸 수 있다.

서울 고밀화에 따른 사회적 순편익 ···································· (3)
　　≈ 서울 아파트값 평균의 70%
　　　− 지역 불균형 심화(i)

지역 균형발전을 이유로 서울의 고밀화를 반대하는 것은 서울 거주 각 가구가 지역 균형발전을 위해 자신이 거주하는 아파트값의 약 70%에 해당하는 비용을 지불할 만큼 공익적 가치가 있다는 뜻이다. 엄밀하게 말해 이 분석은 서울 아파트 단지의 밀도를 '부분적'으로 높였을 때를 전제로 하는 분석이다. 따라서 좀 더 현실적인 시나리오에서 식(3)을 다시 계산해보자.

〈그림 8-2〉 3기 물량 서울 공급 시 발생하는 사회적 순편익

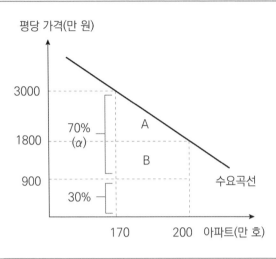

3기 신도시 공급물량을 모두 서울시계 내 아파트로 공급한다고 하자. 이 공급물량은 서울시 아파트 재고 약 165만호의 20%인 30만호다. 주택수요의 가격탄력성이 0.5일 때 서울 아파트값은 40% 하락한다. 서울 아파트값은 현재 3,000만 원/평에서 1,800만 원/평으로 하락할 것이다. 아파트 한 평 공급에 따른 사회적 비용(social marginal cost)은 건축비 600만 원에 경관비용 300만 원을 더한 900만 원으로 잡자. 이 비용이 아파트 30만호를 공급한 후에도 계속 적용된다고 가정했을 때 〈그림 8-2〉를 그릴 수 있다. 3기 신도시 물량을 서울에 대신 공급했을 때 실현되는 사회적 순편익은 그림에서 대략 A+B=89조 원으로 주어진다.

그런데 한국 사회에서 지역 균형발전에 대해 부여하는 가치는 이보다 훨씬 크다. 기획재정부 "지역과 함께하는 지역균형 뉴딜 추

진방안 브리핑문" 2020.10.13.에 따르면 한국판 뉴딜 예산 160조 원 가운데 75조 원이 실질적으로 지역에 투자된다고 한다. 이뿐만 아니라 2020년 지방교부세는 52조 원에 달한다.

그런데 이런 류의 논리 전개는 조금 부자연스럽다. 지역 균형발전이 아무리 중요해도 서울시를 저밀화한다고 그 목표가 달성되리라는 보장이 없기 때문이다. 이때 식(3)에서 말하는 지역 균형발전 가치의 훼손은 고밀화와 직접 관련이 있는 것이 아니라 우리 사회의 전반적 지향과 관련된 무형의 가치(intangible value)가 된다. 식(3)를 유도하면서 서울시민 주거권 신장의 가치(h)도 무형의 가치인데 이 값을 0으로 놓았다. 똑같은 무형의 가치를 지역 균형발전에서는 인정하고 주거권 신장에서는 인정하지 않았다. 전체적으로 논리 전개가 깔끔하지 않다.

3.2 비가치재로서 주택서비스와 지역 균형발전

현재 부분적으로 고밀화를 했을 때 거둘 수 있는 사회적 순편익은 집값의 70%에 달한다. 즉 규제 때문에 집값의 70%에 해당하는 사회적 순손실이 발생한다는 말이고, 그만큼 주택소비자는 한계단위에 대해 집값의 70%에 달하는 비용을 추가로 지불한다. 이 초과 지출분은 자가 소유자의 경우 높은 귀속임대료 형태로 자신에게, 임차인의 경우 높은 집세 형태로 집주인에게 지불한다. 어느 경우이든 이 초과 지출분은 주택공급에 필요한 자원비용을 초과하는 것으로서 규제가 부과한 조세다. 이 세금은 계획가가 과밀과 혼잡, 경관 보호를 위해 주택소비에 대해 부과한 것이기 때문에 과도한 소비의 억제를 위해 부과되는 피구조세(Pigouvian tax)의 성격을 갖는 주택소비세다. 이 '주택소비억제세'에 기존 거래세와 부담금을 포함시켰을 때 밀도규제의 피구조세적 성격은 더 강화된다.

아래는 주요 세율로서 인터넷에서 쉽게 찾을 수 있는 최고 한계 세율들이다.

- 종합소득세율: 0.38(한국)
- 법인세율: 0.25(한국)
- 개인소득세율: 0.57(스웨덴, 핀란드, 덴마크), 0.56(일본), 0.45(독일, 프랑스), 0.60(아이보리 코스트)
- 소비세율: 0.50(부탄), 0.27(헝가리), 0.25(스웨덴), 0.21(유로지역), 0.10(한국, 일본)

개인소득세율 가운데 최고 세율은 아이보리 코스트 0.60이고, 유럽에서 가장 높은 한계 개인소득세율은 0.57이다. 소비세율의 경우도 부탄이 가장 높은 0.50, 유로지역은 0.21이다.

규제가 부과한 주택소비세율 0.7처럼 세율이 0.7 이상인 적이 역사상 없었던 것은 아니다. 오히려 미국과 유럽 등 주요국가에서 20세기 전반기 소득세율과 상속세율에서 어렵지 않게 찾아볼 수 있다. 일례로 미국에서 제1차 세계대전 이후와 1930년대 경제공황 이후 70%가 넘는 최고 소득세율과 상속세율을 채택한다. 전쟁 이후 정부 재정과 대공황에 따른 불평등의 확대, 소득분포 측면에서 구(舊)유럽으로의 퇴행에 대한 우려가 그 배경이 되었다고 한다(Piketty, 2014: 14장). 따라서 이 경우 이런 세율은 몰수적 성격의 세율로서 세입확보가 목적이라기보다 해당 소득과 부동산 상속행위를 "종식(end)"시키고자 하는 목적에서 부과된다.

20세기 전·중반 이들 국가에서 과세대상은 당시 인구의 몇 %

에 불과한 부자들이었다. 이와 대조적으로, 주택소비세율 70%가 부과된 서울에서 주택의 보유자는 집값 기준 평균 가구다. 교과서에서 주택을 가치재라고 가르치고 있지만, '주택'이라는 말만 빼면 이 재화는 사회경제적으로 혹은 도덕적으로 소비가 억제되거나 근절까지도 고려해야 하는 비가치재(demerit good)다.

〈그림 8-3〉 주택소비세율

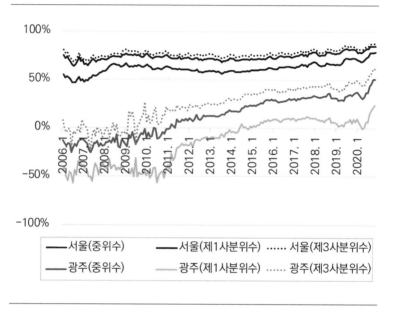

그런데 밀도규제는 서울에서만 주택을 비가치재로 취급하는 것이 아니다. <그림 8-3>에서 보듯이 전국적으로 세율만 다를 뿐이다. 따라서 지역 간 불균형 확대를 이유로 기성시가지 아파트 단지의 고밀화를 반대하는 것은 주택이 비가치재이고 주택소비세가 주택소비 억제세(sumptuary tax on housing consumption)라는 점을

용인하는 것이 된다. 그리고 서울뿐 아니라 전국 대도시권에서 주택이 그러한 대우를 받아야 한다고 주장하는 것과 같다. <표 8-2> 마지막 행에서 보듯이 세율 기준, 한국에서 주택은 담배 정도의 대우를 받는다.

- 퀴즈: 주택소비세율=(집값−건축비)÷집값=1−건축비÷집값이다. <그림 8-3>에서 이 값이 과소평가되었다. 중고주택과 새집 모두 그렇다. 왜 그런가? 추가로 거래세와 부담금까지 고려하면 또 어떤가? 커지나 작아지나?

▌〈표 8-2〉 담배에 붙는 세금과 부담금(단위: 원)

	일반 담배(궐련형)	궐련형 전자담배 (아이코스 등)	액상형 전자담배 (쥴 등)
판매 가격(a)	4,500	4,500	4,500
세전가격	1,177	1,496	2,831
세금 및 부담금(b)	3,323	3,004	1,669
개별소비세	594	529	259
부가가치세	409	409	409
담배소비세	1,007	897	440
지방교육세	443	395	193
국민 건강증진 부담금	841	750	368
폐기물 부담금	24	24	
연초생산 안정화기금 부담금	5	0	
세율 (b)÷(a)	0.74	0.67	0.37

자료: https://biz.chosun.com/site/data/html_dir/2019/09/23/2019092301052.html

또한 밀도규제는 재화를 인위적으로 희소하게 만들어 유주택자 주택의 자산 가치를 올린다. Vrousalis(2013)에 따르면, (1)A가 B의 취약성을 (2)이용해 (3)B로부터 순편익을 얻게 되는 체계적 관계에 A와 B가 있을 때, A는 B를 착취하는 필요·충분조건이 충족되었다고 말한다. 이렇게 불합리한 거래는 자발적 상거래임에도 불구하고 무주택자가 주택을 소유하고 있지 않다는 취약점 때문에 발생한 불가피한 선택의 결과다. 이러한 불가피한 선택은 착취를 구성하는 두 번째 요건 "이용해"가 의미하는 거래의 특성을 말한다. 그러한 관계는 밀도규제라는 제도로 합법화되고 유지되기 때문에 우연히 혹은 일시적이 아니고 안정적으로 관찰되는 현상이다. 따라서 이 거래 관계는 "체계적"이다.

무주택자는 덤으로 집세를 더 지불할 것을 요구당하고, 좋은 (decent) 집에서 살 수 있는 기회가 줄어들거나 박탈된다. 불로소득이자 초과이윤이 포함된 이 소득은 유주택자에게 귀속되고 자산 불평등은 심화된다. 따라서 현행 밀도규제는 전국 주요 대도시권에서 집행되는 '나쁜 계획행위'이자 '나쁜 행정행위'다. 현행 밀도규제는 지역 균형발전과는 별개로 그 자체 어떤 계획이념에도, 행정이념에도 부합하지 않는다. 계획가는 이를 방치하고 오히려 이러한 제도적 부정의(不正義)와 착취를 설계, 집행, 옹호하고 있는 셈이다.

4. 점진 처방 대(對) 충격 처방

　　이제 서울시민의 주거권이 지역 균형발전만큼 존중받는다고 하자. 이때 서울시내 아파트 단지 고밀화는 현 주택문제를 해결하는 최선의 선택이 된다. 문제는 실행과정에서 일시적인 집값 앙등과 투기 문제 그리고 서울 인구 집중 문제를 어떻게 보고 어떻게 부작용을 최소화할 것인가다.

　　우선 고밀화 때문에 서울 인구가 얼마나 증가하는지 알아보자. 서울 인구가 수백만 증가하는지, 그래서 고밀화 여부가 양단간의 선택문제인지 살펴보자. <그림 8-4>는 서울 전역에서 아파트 단지의 용적률 상한을 20%까지 점차 올렸을 때 서울시 인구가 얼마나 증가하는지 그리고 동시에 아파트값이 얼마나 하락하는지 보여준다. 용적률 상한을 20% 올린다는 것은 서울에서 아파트를 약 30만호(＝165만호*20%) 더 공급할 수 있는 기반을 만든다는 것이다. 서울에서 새로 공급되는 아파트의 20%가 서울 밖에 사는 사람이 이주해 거주한다고 보고 그림을 그렸다. 서울 아파트 단지 용적률을 20% 올렸을 때 아파트 값은 40%나 떨어지지만, 인구는 20만 명 증가에 그치고(가구원수＝3명 가정) 서울 인구가 현재 970만 명에

〈그림 8-4〉 고밀화 대(對) 인구증가 및 아파트값

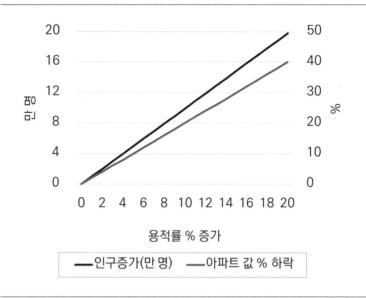

용적률 % 증가

━━ 인구증가(만 명)   ━━ 아파트 값 % 하락

서 990만 명으로 증가한다. 그런데 서울로 유입하는 20만 명 가운데 절반은 서울에 본래 살고자 했으나 서울 밖 경기권에 거주하게 된 사람들, 특히 금수저는 아니었을 30년대 청춘들이 많을 것이다. 서울은 한때 1,030만 명인 적도 있다.

한편 '주택공급＝가격상승＋부작용'까지는 아니더라도 투기와 주변 집값 상승 견인에 대한 우려는 계획당국의 뇌리에 박힌 현실적 두려움이다. 이를 존중하자. 서울에 집이 많이 부족하고 공급만이 그 해결의 첫걸음이라는 점에 동의한다면 그 부작용을 최소화하는 방안을 모색해야 한다.

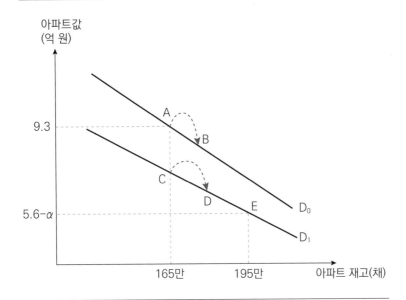

<그림 8-5>에서 점 A는 현재 서울시의 아파트 재고와 아파트값(한 채당 9.3억 원, 국토교통부 2020.12 실거래가격 평균)을 보여 준다. 변창흠 장관의 구상은 A에서 B로 대단히 조심스럽게 움직이겠다는 것 같다. 주거환경이 열악한 곳을 중심으로 주택을 공급할수록 이들 주택이 아파트의 대체재로서 갖는 성격이 약하고, 그에 비례해 아파트값은 조금만 떨어질 것이다. 일부 사업지구에서 일시적으로 집값 앙등과 같은 부작용이 발생할 수 있기 때문에 집값의 변화 경로는 종(鐘) 모양을 하는 것으로 그렸다.

다른 경로는 A → C → D → E로 이어지는 충격 경로다. 서울시내 고밀화를 통해 3기 신도시 물량을 공급하겠다는 의지를 천명하고 제도 개선과 재정비 사업에 착수함으로써 실제로 시장의 신

뢰를 얻게 될 때 예상되는 경로다. 주택 수요곡선을 기대가 부가된 수요곡선으로 확장해 해석하자. 시장의 신뢰를 얻는 주택공급 정책을 발표하게 되면서, '기대 부가' 주택 수요곡선 D_0는 이제 D_1으로 크게 하락할 것이다. 실제 주택 분양과 더불어 사업지구의 아파트값이 일시적으로 상승하면 <그림 8-5>에서 집값이 점 C에서 위쪽으로 이동할 수도 있다. 일시적으로 기대 부가 수요곡선도 함께 오르고 공급량이 늘면, 수요곡선과 주택재고 수직선의 교차점이 그림의 궤적을 그릴 것이다.

시장 참여자에게 신뢰를 많이 얻을수록 기대 부가 주택수요곡선은 크게 하락하고, 들썩이는 집값에도 불구하고 종전 수준보다 낮은, 그래서 감당할 만한 수준에서 부동산 투기가 있을 것이다. 집값 하락 폭이 워낙 크기 때문에 국지적 투기에서 오는 부작용보다 공급기반을 대규모로 확충하는 이득이 더 크다. 아파트를 고밀화하면 유동성(가계부채, M2)을 줄이는 것보다 훨씬 더 많이 가계부채가 줄어들기도 한다. 집계 기준에 따라 수십 배에서 백 배 정도 더 줄기도 한다. 경제학자들이 이런 효과를 보고한 적은 없지만 주목해야 할 부차적 효과다. 오히려 자산 디플레와 그 부작용을 걱정해야 한다.

여기저기서 재정비 사업이 실행되면서 결국 집값은 D로 복귀하고, 시간이 지나 아파트가 실제로 대량 공급되면 아파트값은 D에서 E로 향할 것이다. 이렇게 되면 토지의 탈상품화에 대한 비정상적 유혹도 줄어든다. 밀도규제가 야기한 늪에서 빠져나와 한국 사회 불평등 문제에 대해 좀 더 생산적으로 논의할 수 있게 된다.

• 퀴즈(독자 모두에게): 계획가와 진보계열 학자의 말이 모두 틀

리고 필자의 주장이 모두 맞다고 하자. 또한 유동성이 높은 집값의 원인이라는 경제학자들의 설명도 틀리고, 3장에서 필자가 보인 대로 유동성은 높은 집값과 별 관계가 없다고 하자. 이제 모든 논란이 종결되었다. 그럼에도 불구하고 필자의 주장조차 대증요법이라고 말할 수 있다. 왜 그런가? 불평등 담론에서 거론하는 거창한 사유는 제하고 답하라.

- 퀴즈(계획가와 진보계열 학자에게): 계획관이 일정 부분 신화라는 점을 알게 되었을 것이다. 당혹스러운 경험이었지만 진정하고 더 생각해 보자. 지금까지 필자의 고밀화론을 읽으면서 가졌던 의문, 즉 그 엄정한 잣대를 자신의 밀도관, 주택관, 계획관에 들이대어 보라. 그리고 생각해 보자. 생각하되 가능하면 시사적 논변을 피하고 구성적으로 논변·논증해 보자. 때로는 전가(傳家)의 보도(寶刀)인 '국토 균형발전론'으로 도피하고 싶다는 유혹을 느껴도 가능하면 피했으면 좋겠다. 한 진보계열 학자가 필자의 밀도규제 완화론을 비판하면서 토했던 감동적 사자후(獅子吼)가 어땠을지 상상해 보라. 이 사자후가 여전히 유효한가? 이후 한국 계획계의 대표적 진보계열 학자라고 해도 좋을 만한 학자 여럿은 필자의 비판에 대해 무기력한(dismal) 모습이었다. 이들과 다른 모습을 보이도록 노력하는 수고, 즉 어느 진보계열 학자가 토지공개념과 관련해 필자에게 말했던 "치열한 논쟁"을 자신과 해 줄 수 있는가? 그 결론이야 어떠하든 과학하는 사람으로서 느낀 대로 말하고 행동하는 지적(知的) 정직함으로 필자의 노고와 이 진보계열 학자가 소망했던 치열함에 응답해줄 수 있는가?

부록: 4장 전문가 의견조사용 설문지

　본 의견조사는 최근의 서울·수도권 지역 주택가격 급등의 원인을 진단, 파악하고 합리적이고 타당한 해결방안을 모색코자 부동산분야 전문가 50인을 대상으로 하는 조사입니다. 조사결과 집약된 의견을 정리하여 공표함과 아울러 정부에 정책방향 전환과 제도개선을 촉구함으로써 주택가격 급등으로 고통받고 있는 도시민의 삶의 질을 높이고, 젊은 세대들의 좌절감을 완화하는 데 기여코자 하니 바쁘시더라도 평소의 고견을 잘 밝혀 주시면 고맙겠습니다. 본 조사의 답변내용은 의견정리 및 통계처리에만 사용될 뿐 답변자의 신상은 철저하게 익명으로 관리됨을 밝혀 드립니다.

① 서울·수도권 주택가격 급등의 원인

• 현 정부 출범 이후 지속되고 있는 주택가격 급등의 원인은 어디에 있다고 보시는지요?

① 공급부족(재건축·재개발 규제, 밀도 및 층고 규제 등으로 인한)
② 유동성 증가(저금리 및 시중 유동성 증가 등)
③ 정부의 정책실패(다주택자 규제로 인한 똘똘한 한 채 선호, 법인 임대사업자 혜택 부여에 의한 갭투자 성행 등등)

> * ①항의 공급부족은 주택의 절대수 부족만이 아니라 거주선호도가 높은 양질의 새집 부족을 포함한 개념임
>
> * 두 가지 이상의 원인이 있다고 판단하실 경우는 복수로 응답해 주시되 우선순위와 비중을 표시해 주시면 좋겠고요, 상기한 3가지 이외의 원인이 있다고 생각하실 경우는 그 내용을 아래에 서술해 주시기 바랍니다.
> (   )

② 서울·수도권 주택시장 안정을 위한 해법

• 서울·수도권 지역 주택가격 안정을 위한 정책의 우선순위는 어디에 있어야 한다고 생각하시는지요?

① 도심지내 주택공급 확대(재건축·재개발 규제 완화, 용적률 및 층고 규제 완화 등)
② 투기적 수요 억제(대출 규제 및 다주택자 중과 등)
③ 신도시 개발(신도시 개발을 통한 수요분산)

> * 두 가지 이상의 해법이 있다고 판단하실 경우는 복수로 응답하
> 시되 우선순위와 비중을 표시해 주십시오. 다른 유용한 해법이
> 있다고 생각하실 경우는 아래에 서술해 주시기 바랍니다.
> (   )

③ 서울 도심지 내 주택공급 확대의 가장 큰 장애요인

• 서울 도심지 내에 주택공급을 확대하는 데 있어 가장 큰 장애요인 또는
  효과적인 촉진수단은 무엇이라고 생각하시는지요?

① 재건축 및 재개발 규제 완화
② 용적률 및 층고규제 완화(용도지역 재검토 및 종상향 등 포함)
③ 분양가 규제 완화, 분양가 상한제 적용 폐지 등 가격 규제 해소

> * 복수응답도 가능하며, 다른 유용한 대안이 있다면 아래에 서술
> 바랍니다.
> (   )

④ 위의 내용 이외에 주택시장의 안정화를 위한 해법으로 본인이 생각하시는 바를 자유롭게 제시해주시기 바랍니다.

참고문헌

강진철, 1995. 토지의 이용·관리·거래·소유 등에 관련된 제도, 한국민족 문화대백과사전.

국토연구원, 1991. 「토지공개념 백서」, 경기도 안양: 국토연구원.

김근준, 2018. "북한산 조망가치가 아파트가격에 미치는 영향", 한양사이 버대학원 부동산대학원 석사학위 논문.

김용창, 2019. "자본주의 사적 토지소유의 역사적 한계와 대안적 토지 재 산권의 구성", 「국토계획」, 54(2): 141 – 159.

김윤상, 2019. "시장친화적 토지공개념: 지대 공유 사상에 대한 비판 검 토", 「국토계획」, 54(2): 160 – 169.

김의준 외, 2015. 「지역·도시경제학: 이론과 실증」. 서울: 홍문사.

김학열·이혁주(편), 2020, 「토지공개념과 국토·도시계획 – 계획현상의 이해와 실천」, 서울: 보성각.

남기업 외, 2017. "부동산과 불평등 그리고 국토보유세", 「사회경제평론」, 54: 107 – 140.

민혁기 외, 2017. "용적률 규제가 지역총생산에 미치는 영향", 「국토계획」, 52(7): 143 – 160.

박헌주 외, 1998. 「토지공개념 관련제도의 종합평가와 향후 과제」, 경기 도 안양: 국토연구원.

서순탁, 2018. "개헌논의 속의 국토·도시계획과 정책, 어떻게 바라볼 것 인가?", 2018.4.12. 대한·국토도시계획학회 정책토론회, 서울: 한국과 학기술단체총연합회.

서울특별시, 2016.12. 알기 쉬운 도시계획 용어, 서울특별시 도시계획국.

손종칠, 2010. "통화정책 및 실물·금융변수와 주택가격간 동태적 상관관 계 분석", 「경제학연구」, 58(2): 179 – 219.

연합뉴스, 2009.7.3. "미분양주택 크게 줄었다, 11개월만에 최저".

유상균·이혁주, 2019. "기성시가지 용적률 규제와 계획가치", 「국토계획」, 54(5): 107－128.

윤주선, 2019. 「PPT로 쉽게 배우는 부동산마케팅론」, 인천: 넷피플.

윤주선 외, 2013. 「부동산개발 실무 16강」, 인천: 넷피플.

윤주선, 1998. 「정보화신도시개발마케팅」, 서울: 국제개발마케팅연구소.

이석희·변창흠, 2019, "토지공개념 논의와 정책설계 － 개발이익 공유화 관점에서", 「국토계획」, 54(2): 122－140.

이순배, 2017. "기업형 임대주택사업의 공익성과 수혜귀착에 관한 연구", 「토지공법연구」 77: 55－94.

이우진, 2018. "한국의 소득 및 자산의 불평등: 현황과 과제", 「정부학연구」, 24(2): 29－59.

이혁주, 2019. "토지공개념과 밀도규제", 「국토계획」, 54(2): 170－191.

이혁주, 2020a. "개발이익 공유수단으로서 토지조세 대 물적 계획수단", 「도시정보」, 1월호: 54－59.

이혁주, 2020b. "집값과 그 신화 - 최창규 교수의 논평에 대한 반론", 「도시정보」, 11월호.

이혁주·민혁기·유상균, 2020. "계획가 시각에서 본 유동성과 서울 집값", 「국토계획」 심사중.

이혁주·유상균, 2021. "서울의 고밀화와 사회경제적 타당성". 미발표 원고.

최광, 2012. '큰 정부 vs. 작은 정부, 정부의 규모와 역할에 대한 보수, 진보의 관점', 「제도와 경제」, 6(2): 57－96.

최명근·김상겸, 2005. 「우리나라 보유세제 개편을 위한 연구: 종합부동산세 도입 정책에 대한 평가 및 정책제언을 중심으로」, 서울: 한국경제연구원.

황관석, 2020.11.30. "주택금융규제가 주택시장에 미치는 영향", 대한국토·도시계획학회 부동산정책위원회 5차 세미나.

히로 후지타, 1995. 「도시의 논리」, 이정형 역, 도서출판 국제.

Chung, Kyuil, 2006. "Asset Prices and Monetary Liquidity in Korea", Institute for Monetary and Economic Research, Bank of Korea.

Dougherty, Conor, 2020. *Golden Gates: Fighting for Housing in America*, New York: Penguin Press.

Economist, 2020.1.16. "Special Reports on Housing".

Florida, Richard, 2020.7.2. "The Forces that will reshape american cities", Bloomberg CityLab.

Glaeser, Edward, 「도시의 승리」, 이진원 역, 서울: 해냄출판사.

Hsieh, C.−T. and Moretti, E., 2015. "Why Do Cities Matter? Local Growth and Aggregate Growth", Kreisman Working Paper Series in Housing Law and Policy 36.

Lee, J. S., 2016. "Measuring the Value of Apartment Density?: The Effect of Residential Density on Housing Prices in Seoul", *International Journal of Housing Markets and Analysis*, 9(4): 483−501.

Lee, Woojin and Yoon, Younghoon, 2017. "Capital in South Korea: 1966−2014", *Social Choice and Welfare*, 49: 671−708.

Mises Institute, 2019.6.28. "Price Controls Make Life Miserable for New Yorkers", http://mises.org.

Oikarinen, E., Bourassa, S.C., Hoesli, M., and Engblom, J., 2018. "U.S. Metropolitan House Price Dynamics", *Journal of Urban Economics*, 105: 54−69.

O'Sullivan, Feargus, 2019.6.19. "Berlin will freeze Rents for five years", www.citylab.com.

Piketty, Thomas, 2014. *Capital in the Twenty−First Century*, Cambridge, Massachusetts: Harvard University Press.

찾아보기

공저자 약력

김원중(Won Joong Kim)
부동산학박사
건국대 겸임교수
WJ부동산연구소 대표
칼럼니스트
전 LIG, 하이투자증권 이사

이형주(Hyung Joo Lee)
부동산학박사
(사)건설경제연구원 부원장
LHU, 단국대, 동국대 겸임교수
대한국토 · 도시계획학회 이사
(사)건설주택포럼 명예회장

윤주선(Joo-Sun Yoon)
공학박사, 도시계획기술사
홍익대학교 건축도시대학원 교수
대한국토 · 도시계획학회 상임이사
2020년 '도시계획 명예의 전당' 헌액
(사)건설주택포럼 명예회장
한국토지주택공사 비상임이사
국토교통부 중앙도시계획위원

한정탁(추천사 집필)
(사)건설주택포럼 회장
경기그린에너지 사장
한국수력원자력 한울원자력본부장
대림산업 건축사업본부 상무

이혁주(Hyok-Joo Rhee)
서울과학기술대학교 행정학과 교수
서울연구원 연구원(1992~1997)
대한국토 · 도시계획학회 이사
독일 지역학회 학술지 Journal of
　　Regional Research 편집위원
대한국토 · 도시계획학회 학술지
　　'국토계획' (공동)편집위원장
　　(2016-2019)

서울 집값, 진단과 처방

초판발행	2021년 2월 5일
지은이	김원중 · 윤주선 · 이혁주 · 이형주
펴낸이	안종만 · 안상준
편 집	조보나
기획/마케팅	이후근
표지디자인	조아라
제 작	고철민 · 조영환
펴낸곳	(주)박영사
	서울특별시 금천구 가산디지털2로 53, 210호(가산동, 한라시그마밸리)
	등록 1959. 3. 11. 제300-1959-1호(倫)
전 화	02)733-6771
f a x	02)736-4818
e-mail	pys@pybook.co.kr
homepage	www.pybook.co.kr
ISBN	979-11-303-1189-0 93320

copyright©김원중·윤주선·이혁주·이형주, 2021, Printed in Korea

정 가   18,000원